会计学学业水平考试辅导教材

会计学学业水平考试模拟试题及考点点睛

王霞 主编

胡诗偲 全佳瑛 陆怡倩 潘慧婷 副主编

考点解析 + 重点难点梳理 + 试题模拟

- ☑ 紧扣最新版考试大纲
- ☑ 全面涵盖会计学专业知识体系重点内容
- ☑ 37套测试题助力复习备考

Accounting

上海财经大学出版社

图书在版编目(CIP)数据

会计学学业水平考试模拟试题及考点点睛／王霞主编． -- 上海：上海财经大学出版社，2025.6. -- ISBN 978-7-5642-4646-4

Ⅰ．F230

中国国家版本馆 CIP 数据核字第 202549LQ24 号

本书是上海市教育委员会"上海财经大学自学考试专业内涵建设"项目成果

本书由上海市教育委员会"上海财经大学自学考试专业内涵建设"项目资金资助出版

□ 责任编辑　肖　蕾
□ 封面设计　张克瑶

会计学学业水平考试模拟试题及考点点睛

王　霞　主编

胡诗偲　全佳瑛　陆怡倩　潘慧婷　副主编

上海财经大学出版社出版发行
（上海市中山北一路 369 号　邮编 200083）
网　　址：http://www.sufep.com
电子邮箱：webmaster @ sufep.com
全国新华书店经销
上海华教印务有限公司印刷装订
2025 年 6 月第 1 版　2025 年 6 月第 1 次印刷

787mm×1092mm　1/16　18.25 印张　344 千字
定价：56.00 元

前 言

《会计学学业水平考试模拟试题及考点点睛》是上海财经大学成人高等学历教育"会计学专业学位课程"的考试教材,系上海市教育委员会"上海财经大学自学考试专业内涵建设"项目,由上海财经大学会计学院与上海财经大学浙江学院共同完成。编写考试教材的目的在于进一步落实教育部和上海市教委有关学位管理的文件精神,提高人才培养质量,并客观评价会计学专业自考生申请专业学位必须达到的水平与能力。考试教材内容涵盖"中级财务会计""财务管理学"和"审计学"三门自考课程,编写主线、编写特点和编写结构均按照《会计学专业学位课程考试大纲》的要求,适用于会计学专业自考生、会计专业爱好者。

一、编写主线

本书依据教育部会计专业课程标准、财政部及相关立法机构颁布的规范性文件、法律条例,以及《会计学专业学位课程考试大纲》的具体要求编写。由于自考教材的内容往往难以与现行财经法规、会计准则及制度的更新保持完全同步,因此我们在编写过程中借鉴了同类优秀教材的长处,以确保考题能够全面涵盖会计学专业知识体系的重要内容,并体现其科学性、权威性与时效性。

二、编写特点

为便于读者对课程考点内容有大致了解,首先,每章开篇先引入考点解析,清晰列明"本章考点、重点与难点",提纲挈领地阐述了自考生必须掌握和理解的考试课程重要内容。其次,我们按照三门课程的章节顺序,设计了针对自考生必须掌握和理解的会计学专业水平测试题。最后,在本教材末尾,我们另附了三套模拟试题、参考答案,以便于读者进行考前重点复习和领会。

三、编写结构

本教材按照"中级财务会计""财务管理学"和"审计学"的课程顺序依次编写模拟试题。试题的编写结构将学业水平测试题题型分为单选题、多选题、简答题以及应用与计算分析题四大类。每章的题型数量为：单选题20个、多选题10个、简答题3~4个、应用与计算分析题3~4个。除简答题外，其余题型均附有参考答案。

四、本书各章作者

本书由上海财经大学会计学院/上海财经大学浙江学院副教授王霞担任主编，负责全书提纲的拟订以及全书定稿前的修改、补充和总纂工作。上海财经大学浙江学院会计系教师胡诗偲、潘慧婷、全佳瑛和陆怡倩担任副主编。各章节的完成者如下："中级财务会计"由胡诗偲老师执笔，"财务管理学"由全佳瑛和陆怡倩老师共同执笔，"审计学"由潘慧婷老师执笔。

五、致谢和结语

在本教材的编写过程中，我们参考了许多学者的论著和教材，在此谨向这些作者表示衷心的感谢！同时，我们也得到了上海财经大学田静老师以及上海市教育考试院多位教师的支持与帮助。在此，我们全体编写人员向所有给予我们帮助和支持的人们表示衷心的感谢！

主编　王霞

2025年1月28日

目 录

第一部分 "中级财务会计"课程考点与水平测试题 …………… 1

第一章 总论 ………………………………………………………… 1
第一节 本章考点、重点与难点 ………………………………… 1
第二节 本章学业水平测试题 …………………………………… 1

第二章 货币资金 …………………………………………………… 6
第一节 本章考点、重点与难点 ………………………………… 6
第二节 本章学业水平测试题 …………………………………… 6

第三章 存货 ………………………………………………………… 12
第一节 本章考点、重点与难点 ………………………………… 12
第二节 本章学业水平测试题 …………………………………… 12

第四章 金融资产 …………………………………………………… 19
第一节 本章考点、重点与难点 ………………………………… 19
第二节 本章学业水平测试题 …………………………………… 19

第五章 长期股权投资 ……………………………………………… 28
第一节 本章考点、重点与难点 ………………………………… 28
第二节 本章学业水平测试题 …………………………………… 28

第六章 固定资产 …………………………………………………… 37
第一节 本章考点、重点与难点 ………………………………… 37
第二节 本章学业水平测试题 …………………………………… 37

第七章 无形资产和投资性房地产 ………………………………… 44
第一节 本章考点、重点与难点 ………………………………… 44
第二节 本章学业水平测试题 …………………………………… 44

第八章　流动负债 · 52

  第一节　本章考点、重点与难点 · 52
  第二节　本章学业水平测试题 · 52

第九章　非流动负债 · 59

  第一节　本章考点、重点与难点 · 59
  第二节　本章学业水平测试题 · 59

第十章　所有者权益 · 68

  第一节　本章考点、重点与难点 · 68
  第二节　本章学业水平测试题 · 68

第十一章　收入、费用和利润 · 75

  第一节　本章考点、重点与难点 · 75
  第二节　本章学业水平测试题 · 75

第十二章　财务报告 · 84

  第一节　本章考点、重点与难点 · 84
  第二节　本章学业水平测试题 · 84

第二部分　"财务管理学"课程考点与水平测试题 · 93

第十三章　财务管理概述 · 93

  第一节　本章考点、重点与难点 · 93
  第二节　本章学业水平测试题 · 93

第十四章　时间价值与风险收益 · 99

  第一节　本章考点、重点与难点 · 99
  第二节　本章学业水平测试题 · 99

第十五章　财务分析 · 106

  第一节　本章考点、重点与难点 · 106
  第二节　本章学业水平测试题 · 106

第十六章　利润规划与短期预算 · 112

  第一节　本章考点、重点与难点 · 112
  第二节　本章学业水平测试题 · 112

第十七章　长期筹资方式与资本成本 ········· 119
第一节　本章考点、重点与难点 ········· 119
第二节　本章学业水平测试题 ········· 119

第十八章　杠杆原理与资本结构 ········· 126
第一节　本章考点、重点与难点 ········· 126
第二节　本章学业水平测试题 ········· 126

第十九章　证券投资决策 ········· 132
第一节　本章考点、重点与难点 ········· 132
第二节　本章学业水平测试题 ········· 132

第二十章　项目投资决策 ········· 138
第一节　本章考点、重点与难点 ········· 138
第二节　本章学业水平测试题 ········· 138

第二十一章　营运资本决策 ········· 144
第一节　本章考点、重点与难点 ········· 144
第二节　本章学业水平测试题 ········· 144

第二十二章　股利分配决策 ········· 150
第一节　本章考点、重点与难点 ········· 150
第二节　本章学业水平测试题 ········· 150

第三部分　"审计学"课程考点与水平测试题 ········· 157

第二十三章　审计概论 ········· 157
第一节　本章考点、重点与难点 ········· 157
第二节　本章学业水平测试题 ········· 157

第二十四章　注册会计师职业道德 ········· 164
第一节　本章考点、重点与难点 ········· 164
第二节　本章学业水平测试题 ········· 164

第二十五章　注册会计师执业准则体系与法律责任 ········· 172
第一节　本章考点、重点与难点 ········· 172
第二节　本章学业水平测试题 ········· 172

第二十六章　审计目标与计划审计工作 ... 179
第一节　本章考点、重点与难点 ... 179
第二节　本章学业水平测试题 ... 179

第二十七章　审计证据与审计工作底稿 ... 187
第一节　本章考点、重点与难点 ... 187
第二节　本章学业水平测试题 ... 187

第二十八章　重大错报风险的评估与应对 ... 194
第一节　本章考点、重点与难点 ... 194
第二节　本章学业水平测试题 ... 194

第二十九章　销售与收款循环审计 ... 202
第一节　本章考点、重点与难点 ... 202
第二节　本章学业水平测试题 ... 202

第三十章　采购与付款循环审计 ... 211
第一节　本章考点、重点与难点 ... 211
第二节　本章学业水平测试题 ... 211

第三十一章　生产与存货循环审计 ... 220
第一节　本章考点、重点与难点 ... 220
第二节　本章学业水平测试题 ... 220

第三十二章　筹资与投资循环审计 ... 229
第一节　本章考点、重点与难点 ... 229
第二节　本章学业水平测试题 ... 229

第三十三章　货币资金审计 ... 236
第一节　本章考点、重点与难点 ... 236
第二节　本章学业水平测试题 ... 236

第三十四章　审计报告 ... 244
第一节　本章考点、重点与难点 ... 244
第二节　本章学业水平测试题 ... 244

附录 ... 252
上海财经大学会计学专业学位课程考试卷(一) ... 252
上海财经大学会计学专业学位课程考试卷(二) ... 262
上海财经大学会计学专业学位课程考试卷(三) ... 272

第一部分

"中级财务会计"课程考点与水平测试题

第一章 总 论

第一节 本章考点、重点与难点

一、本章考点

本章考核的知识点是：(1)财务会计目标、会计基本假设和会计基础；(2)会计信息质量要求；(3)会计要素；(4)会计计量属性及其应用；(5)我国企业会计准则体系。

二、本章重点与难点

(一)本章重点

理解会计基本假设、会计信息质量要求、会计要素以及会计计量属性。

(二)本章难点

掌握会计信息质量要求在会计实务中的运用或体现以及各会计计量属性的应用原则。

第二节 本章学业水平测试题

一、单选题

1. 与采用历史成本计价相比，采用公允价值计价提高了会计信息的(　　)。

   A. 可比性　　　B. 重要性　　　C. 客观性　　　D. 相关性

2. 会计信息质量要求企业提供的会计信息应当与财务报告使用者的经济决策相关，有助于财务报告使用者对企业作出评价或预测，这种要求是(　　)。

   A. 重要性要求　　B. 谨慎性要求　　C. 可靠性要求　　D. 相关性要求

3. 下列会计处理中,不属于会计计量属性的是( )。

   A. 历史成本　　　　B. 可变现净值　　　C. 货币计量　　　　D. 公允价值

4. 下列各项中,不符合资产定义的是( )。

   A. 购入用于加工产成品的原材料　　　B. 建造工期超过12个月的生产线

   C. 计划购置需要安装的固定资产　　　D. 持有的衍生金融工具形成的资产

5. 关于会计要素,下列说法中错误的是( )。

   A. 收入可能表现为企业负债的减少

   B. 费用可能表现为企业负债的减少

   C. 收入会导致所有者权益增加

   D. 收入只包括本企业经济利益的流入,而不包括为第三方或客户代收的款项

6. 下列各项中,体现实质重于形式会计信息质量要求的是( )。

   A. 将处置固定资产产生的净损失计入资产处置损益

   B. 对不存在标的资产的亏损合同确认预计负债

   C. 商品已售出,企业为确保到期收回货款而暂时保留商品法定所有权(不影响客户取得商品控制权),在满足收入其他确认条件时确认收入

   D. 对无形资产计提减值准备

7. 企业发生的下列各项交易或事项中,将导致所有者权益总额发生变动的是( )。

   A. 提取法定盈余公积　　　　B. 资本公积转增股本

   C. 宣告分派现金股利　　　　D. 盈余公积弥补亏损

8. 企业发生的下列各项交易或事项中,影响利润总额的是( )。

   A. 收到股东投入资本　　　　B. 计提存货跌价准备

   C. 产生的外币财务报表折算差额　　　D. 其他权益工具投资公允价值发生变动

9. 下列关于费用与损失的表述中,正确的是( )。

   A. 损失是由企业非日常活动形成的、会导致所有者权益减少的、与向所有者分配利润无关的经济利益的总流出

   B. 费用和损失都会导致经济利益的流出并最终导致所有者权益的减少

   C. 费用和损失的主要区别在于是否计入企业的当期损益

   D. 企业发生的损失在会计上应计入营业外支出

10. 2×21年1月1日开始,甲公司按照会计准则的规定采用新的财务报表格式进行列报。因部分财务报表列报项目发生变更,甲公司对2×21年度财务报表可比期间的数

据按照变更后的财务报表列报项目调整。甲公司的上述会计处理体现的会计信息质量要求是(　　)。

  A. 重要性　　　　B. 谨慎性　　　　C. 实质重于形式　　D. 可比性

11. 下列各项中,体现实质重于形式会计信息质量要求的是(　　)。

  A. 将自然灾害报废固定资产产生的净损失计入营业外支出

  B. 对不存在标的资产的亏损合同确认预计负债

  C. 有确凿证据表明商品售后回购属于融资交易,不确认商品销售收入

  D. 对无形资产计提减值准备

12. 下列项目中,符合资产定义的是(　　)。

  A. 毁损的存货　　　　　　　　B. 经营租入的设备

  C. 融资租赁固定资产　　　　　　D. 计划购买的专利技术

13. 下列选项中,不属于我国企业财务会计信息质量要求的是(　　)。

  A. 相关性　　　B. 收付实现制　　C. 可靠性　　　D. 可比性

14. 明确会计反映的特定对象,界定会计核算范围的基本假设是(　　)。

  A. 会计基础　　B. 持续经营　　　C. 会计主体　　D. 会计期间

15. 下列各项中,不属于我国企业财务会计信息质量要求的是(　　)。

  A. 可理解性　　B. 权责发生制　　C. 相关性　　　D. 及时性

16. 固定资产采用折旧的会计处理方法将固定资产历史成本分摊到各个会计期间,运用的会计基本假设是(　　)。

  A. 会计主体　　B. 持续经营　　　C. 会计分期　　D. 货币计量

17. 下列选项中,属于企业会计计量属性的是(　　)。

  A. 权责发生制　B. 收付实现制　　C. 历史成本　　D. 稳健性

18. 企业的下列行为中,违背可比性会计信息质量要求的是(　　)。

  A. 上期提取存货跌价准备10万元,鉴于其可变现净值继续降低,本期提取5万元

  B. 鉴于本期经营状况不佳,将固定资产折旧方法由年数总和法改为直线法

  C. 鉴于某项存货已过了保质期,将该项存货的账面余额转销

  D. 鉴于当期现金状况不佳,将原来采用现金股利分配政策改为分配股票股利

19. 以下事项中,不属于企业收入的是(　　)。

  A. 销售商品所取得的收入　　　　B. 提供劳务所取得的收入

  C. 出售无形资产的经济利益流入　　D. 出租机器设备取得的收入

20. 下列说法中,体现了可比性要求的是(　　)。

A. 对融资租入的固定资产视同自有固定资产核算

B. 对有的资产、负债采用公允价值计量

C. 期末对存货采用成本与可变现净值孰低法计价

D. 发出存货的计价方法一经确定,不得随意改变,如有变更需在财务报告中说明

二、多选题

1. 会计信息质量要求包括(   )。

   A. 相关性   B. 实质重于形式   C. 重要性   D. 可理解性

   E. 谨慎性

2. 下列各种会计处理方法中,体现谨慎性原则的有(   )。

   A. 采用成本法对长期股权投资进行核算

   B. 期末存货采用成本与可变现净值孰低法计价

   C. 对固定资产计提减值准备

   D. 先进先出法

   E. 加速折旧法

3. 会计计量属性主要包括(   )。

   A. 历史成本   B. 重置成本   C. 可变现净值   D. 现值

   E. 公允价值

4. 下列概念中,属于会计基本假设的有(   )。

   A. 会计主体   B. 会计目的   C. 会计分期   D. 货币计量

   E. 持续经营

5.《企业会计准则——基本准则》的内容包括(   )。

   A. 关于财务报告目标   B. 关于会计基本假设

   C. 关于会计基础   D. 关于会计信息质量要求

   E. 关于会计要素和财务报告

6. 下列各项业务中,属于企业利得的有(   )。

   A. 出售固定资产的净收益   B. 出售无形资产的净收益

   C. 出售材料收入   D. 违约金收入

   E. 总额法核算下收到补偿已发生损失的政府补助

7. 下列各项关于企业应遵循的会计信息质量要求的表述中,错误的有(   )。

   A. 企业应当以实际发生的交易或事项为依据进行确认、计量和报告,体现了会计信

息质量的可靠性要求

B. 在符合重要性和成本效益原则前提下保证会计信息的完整性,体现了会计信息质量的重要性要求

C. 资产负债表中的资产应按流动资产和非流动资产分别列报,体现了会计信息质量的重要性要求

D. 企业对售出商品可能发生的保修义务确认预计负债,体现了会计信息质量的谨慎性要求

E. 期末存货采用成本与可变现净值孰低法计价,体现了会计信息质量的谨慎性要求

8. 下列项目中,属于财务报告目标的有( )。

A. 向财务报告使用者提供与企业财务状况有关的会计信息

B. 向财务报告使用者提供与企业经营成果有关的会计信息

C. 反映企业管理层受托责任履行情况

D. 仅满足企业内部管理需要

E. 仅满足投资者投资决策需要

9. 下列各项中,不符合资产会计要素定义的有( )。

A. 约定未来购入的存货　　　　　B. 生产成本

C. 筹建期间发生的开办费　　　　D. 尚待加工的半成品

E. 在途物资

10. 根据谨慎性原则的要求,对企业可能发生的损失和费用,做出合理预计,通常的做法有( )。

A. 对应收账款计提坏账准备

B. 存货期末采用成本和可变现净值孰低计量

C. 对固定资产计提减值准备

D. 对长期股权投资计提减值准备

E. 对售出商品可能发生的保修义务确认预计负债

三、简答题

1. 简述所有者权益与负债的区别。
2. 简述会计信息质量的可靠性要求。
3. 什么是财务会计的目标?
4. 会计要素计量属性主要包括哪几个?

第二章　货币资金

第一节　本章考点、重点与难点

一、本章考点

本章考核的知识点是:(1)货币资金概述;(2)现金;(3)银行存款;(4)其他货币资金。

二、本章重点与难点

(一)本章重点

理解货币资金内部控制的内容、现金管理的主要内容、银行结算方式以及其他货币资金收付的核算。

(二)本章难点

掌握银行存款余额调节表的编制方法。

第二节　本章学业水平测试题

一、单选题

1. 下列选项中,不属于货币资金管理和控制原则的是(　　)。

A. 严格职责分工　B. 实行交易分开　C. 现金账目管理　D. 实施定期轮岗制度

2. 如果月末银行存款日记账余额与银行对账单余额之间出现差额,就必须编制(　　)。

A. 现金流量表　　　　　　　　B. 银行存款科目余额表

C. 银行存款余额调节表　　　　D. 银行存款收支明细表

3. 下列款项中,不通过"其他货币资金"科目核算的是(　　)。

A. 银行汇票存款　　　　　　　B. 银行定期存款

C. 信用证保证金存款　　　　　D. 银行本票存款

4. 对于银行已经入账而企业尚未入账的未达账项,企业应当(　　)。

A. 根据银行对账单记录的金额入账

B. 根据银行对账单编制自制凭证入账

C. 待结算凭证到达后入账

D. 在编制银行存款余额调节表的同时入账

5. 下列活动发生的支出中,不可以使用现金结算的是( )。

A. 购买固定资产的支出　　　　B. 向个人收购农副产品的支出

C. 支付职工工资奖金的支出　　D. 出差人员携带的差旅费

6. 企业库存现金的数额,由开户银行根据企业日常零星开支所需的现金核定,一般应满足企业现金周转需要的天数是( )。

A. 1~3 天　　B. 3~5 天　　C. 5~7 天　　D. 7~9 天

7. 进行现金清查,发现现金长款,原因待查,编制会计分录时应贷记的科目是( )。

A. 库存现金　　B. 其他应付款　　C. 管理费用　　D. 待处理财产损溢

8. 出票人签发的,委托付款人在指定日期无条件支付确定金额给收款人或者持票人的票据是( )。

A. 信用卡　　B. 银行本票　　C. 商业汇票　　D. 银行汇票

9. 企业为增值税一般纳税人,2024 年 10 月该企业使用信用卡购买一批办公用品,取得增值税专用发票上注明价款 1 000 元,增值税税额 130 元。不考虑其他因素,下列选项中,关于购买办公用品应记入的相关科目的表述正确的是( )。

A. 借记"管理费用"科目 1 130 元　　B. 借记"材料采购"科目 1 130 元

C. 贷记"其他货币资金"科目 1 130 元　　D. 贷记"银行存款"科目 1 130 元

10. 结算起点以下的零星支出的结算起点是( )元。

A. 1 500　　B. 500　　C. 1 000　　D. 2 000

11. 下列各项中,不会引起其他货币资金发生变动的是( )。

A. 企业销售商品收到银行存款

B. 企业用银行本票购买办公用品

C. 企业将款项汇往外地开立采购专用账户

D. 企业为购买基金将资金存入在证券公司指定银行开立账户

12. 实行定额备用金制度,报销时的会计分录是( )。

A. 借记"管理费用",贷记"库存现金"

B. 借记"备用金",贷记"库存现金"

C. 借记"管理费用",贷记"备用金"

D. 借记"库存现金",贷记"备用金"

13. 在企业开立的诸多账户中,可以办理提现业务,以发放工资的是( )。

   A. 专用存款账户　　　　　　　　B. 一般存款账户

   C. 临时存款账户　　　　　　　　D. 基本存款账户

14. 在企业的银行账户中,不能办理现金支取的账户是( )。

   A. 基本存款账户　　　　　　　　B. 临时存款账户

   C. 专用存款账户　　　　　　　　D. 一般存款账户

15. 银行汇票的提示付款期限为自出票日起( )。

   A. 1个月　　　B. 3个月　　　C. 4个月　　　D. 6个月

16. 银行本票的提示付款期限为自出票日起最长不超过( )。

   A. 2个月　　　B. 6个月　　　C. 1个月　　　D. 3个月

17. 支票的提示付款期限为自出票日起( )。

   A. 10天　　　B. 5天　　　C. 3天　　　D. 6天

18. 企业采购人员持银行汇票到外地办理款项支付结算后,凭有关发票账单报销时,应借记有关科目,贷记"( )"科目。

   A. 银行存款　　B. 应收票据　　C. 应付票据　　D. 其他货币资金

19. 以下结算方式中,只适用于同城办理结算的是( )。

   A. 银行本票　　B. 银行汇票　　C. 商业汇票　　D. 委托收款

20. 通过"应收票据"科目核算的票据是( )。

   A. 商业汇票　　B. 银行汇票　　C. 银行本票　　D. 支票

二、多选题

1. 下面关于企业银行存款账户的说法中,正确的有( )。

   A. 企业可通过一般存款账户办理转账结算和现金交存,但不能办理现金的支取

   B. 一家企业可以在不同银行开立两个基本存款账户

   C. 银行存款总账由出纳保管并核对银行存款日记账与银行对账单的金额

   D. 银行存款账户分为基本存款账户、一般存款账户、临时存款账户和专用存款账户

   E. 基本存款账户是企业办理日常转账结算和现金收付的账户

2. 下列选项中,属于现金使用范围的有( )。

   A. 支付职工生活困难补助费600元

   B. 向个人收购农副产品5 000元价款

   C. 购买价值150元的办公用品

D. 出差人员擅自携带购物款 1 万元

E. 发放职工工资 1 000 元

3. 一般来说,货币资金的管理和控制应当遵循的原则有( )。

A. 严格职责分工　　　　　　B. 实施交易分开

C. 实施内部稽核　　　　　　D. 定期核对账表

E. 实施定期轮岗制度

4. 下列款项中,通过"其他货币资金"科目核算的有( )。

A. 外埠存款　　　　　　　　B. 银行活期存款

C. 银行本票存款　　　　　　D. 银行汇票存款

E. 信用卡存款

5. 下列属于银行结算方式的有( )。

A. 银行本票　　B. 银行汇票　　C. 商业汇票　　D. 托收承付

E. 委托收款

6. 下列各项中,企业应通过"其他货币资金"科目核算的有( )。

A. 用银行本票支付采购办公用品的款项

B. 存入证券公司指定账户的款项

C. 汇往异地银行开立采购专户的款项

D. 存入银行信用证保证金专户的款项

E. 以银行承兑汇票支付购买原材料款

7. 下列事项中,属于现金管理有关规定的有( )。

A. 不准用银行账户代其他单位和个人存入或支取现金

B. 因特殊情况需要坐支现金的,应当事先报经开户银行审批

C. 企业对于当日送存现金有困难的,由开户银行确定送存时间

D. 企业从开户银行提取现金,只要由本单位出纳人员签字盖章即可

E. 如果现金长短款是由于单据丢失或记账产生的差错,就应补办手续入账或更正错误

8. 现金溢缺的核算涉及的会计科目有( )。

A. 其他应收款　　B. 财务费用　　C. 营业外收入　　D. 营业外支出

E. 待处理财产损溢

9. 现金管理必须做到( )。

A. 出纳员兼管会计档案　　　　B. 日清月结

C. 保持大量库存现金　　　　D. 现金收入当日入账

E. 出纳人员定期轮换

10. 银行存款日记账余额与银行转来的对账单余额不符,其原因可能为(　　)。

A. 应收的货款未办理托收手续　　B. 企业方面记账有错误

C. 银行方面记账有错误　　　　　D. 企业没有收到收款通知

E. 持票人未到银行办理转账

三、简答题

1. 什么是未达账项?未达账项包括哪些情况?

2. 货币资金管理和控制的原则是什么?

3. 简述现金的使用范围。

4. 银行结算方式有哪些?

四、应用与计算分析题

1. A公司2024年6月30日下午6点对出纳保管的现金进行盘点,发现以下情况:

(1)库存现金总额8 600元,该单位库存现金限额5 000元;

(2)有一张采购员张某5月15日预支的差旅费借条1 000元没有入账;

(3)将实地盘点的现金与账面记录进行核对,账面余额大于现金余额500元;

(4)事后经进一步调查,上述现金短缺由出纳工作失误造成,应由出纳赔偿。

要求:根据上述资料,指出公司现金管理存在的问题,并编制相应的调整分录。

2. A公司2024年12月31日的银行存款日记账余额为58 000元,银行对账单余额为60 540元。经核对银行日记账与银行对账单,发现有以下未达账项:

(1)12月28日,公司开出转账支票一张4 280元,银行未入账;

(2)12月29日,银行收到公司的外地汇款2 500元,企业未入账;

(3)12月29日,公司存入转账支票一张3 260元,银行未入账;

(4)12月31日,银行从公司账上扣除借款利息980元,企业未入账。

要求:根据上述资料,分别根据企业银行存款日记账余额及银行对账单余额,计算调节后的银行存款余额。(列出必要的计算过程)

3. 甲公司2024年6月30日银行存款日记账的余额为41 100元,同日转来的银行对账单的余额为46 500元,为了确定公司银行存款的实有数,需要编制银行存款余额调节表。经过对银行存款日记账和对账单的核对,发现部分未达账项以及记账方面的错误,情况如下：

(1)6月18日，公司委托银行收取的3 000元的款项，银行已收妥入账，但公司尚未收到收款通知；

(2)6月22日，公司存入银行的3 300元的款项，出纳员误记为3 000元；

(3)6月26日，银行将本公司存入的一笔款项串户记账，金额为1 600元；

(4)6月29日，公司开出转账支票一张，持票人尚未到银行办理转账手续，金额为7 200元；

(5)6月30日，公司存入银行支票一张，金额为1 500元，银行已承办，企业已凭回单记账，对账单并没有记录；

(6)6月30日，银行收取借款利息2 000元，企业尚未收到支息通知。

要求：根据上述资料编制银行存款余额调节表。

4.2024年9月，A公司发生如下业务：

(1)2024年9月2日，A公司申请办理115万元的银行汇票购买原材料。

(2)2024年9月12日，A公司向甲公司购买材料一批，取得的增值税专用发票上的原材料价款为100万元，增值税税额为13万元。已用银行汇票办理结算，多余款项2万元退回开户银行，企业已收到开户银行转来的银行汇票第四联(多余款收账通知)。

要求：根据上述资料，编制A公司相应的会计分录。

第三章 存 货

第一节 本章考点、重点与难点

一、本章考点

本章考核的知识点是:(1)存货概述;(2)原材料;(3)其他存货;(4)存货清查及期末计量。

二、本章重点与难点

(一)本章重点

理解取得存货入账价值的确定;掌握存货发出计量方法的运用;理解原材料按实际成本计价的账务处理;理解原材料按计划成本计价的账务处理;理解成本与可变现净值孰低法的具体运用,并掌握其账务处理。

(二)本章难点

掌握原材料按实际成本计价的账务处理;掌握原材料按计划成本计价的账务处理;理解并掌握成本与可变现净值孰低法的具体运用及其账务处理。

第二节 本章学业水平测试题

一、单选题

1. 企业为外购存货发生的下列各项支出中,应计入存货成本的是(　　)。

   A. 入库后的仓储费(特殊情况除外)　　B. 运输途中的非正常损耗

   C. 不能抵扣的增值税进项税额　　D. 运输途中因自然灾害发生的损失

2. 下列各项中,不应计入存货成本的是(　　)。

   A. 存货加工过程中的制造费用

   B. 存货在生产过程中为达到下一个生产阶段所必需的仓储费用

   C. 为使存货达到可销售状态所发生的符合资本化条件的借款费用

   D. 非正常消耗的直接材料

3. 下列各种物资中,不能作为企业存货核算的是(　　)。

A. 委托加工材料　　　　　B. 工程物资
C. 在产品　　　　　　　　D. 低值易耗品

4. 企业进行存货清查盘点中盘亏的存货,经查实确认应当由保险公司赔偿的金额,应计入(　　)。

A. 主营业务成本　　　　　B. 营业外支出
C. 其他应收款　　　　　　D. 管理费用

5. 属于自然损耗产生的定额内存货损耗,在报经批准后应该(　　)。

A. 作为其他应收款处理　　B. 作为主营业务成本处理
C. 作为营业外支出处理　　D. 作为管理费用处理

6. 按照新《企业会计准则》,下列各项中,不能作为发出存货成本的计量方法的是(　　)。

A. 移动加权平均法　　　　B. 月末一次加权平均法
C. 先进先出法　　　　　　D. 后进先出法

7. 存货的盘点如果出现短缺,应该作出的账务处理是(　　)。

A. 将损失计入主营业务成本
B. 将存货计入生产成本
C. 将损失计入管理费用
D. 将短缺的存货计入"待处理财产损溢"账户

8. 假设存货的成本流转与实物流转相一致,分别按其购入或生产时所确定的单位成本作为发出存货和期末存货成本的方法是(　　)。

A. 个别计价法　　　　　　B. 零售计价法
C. 月末一次加权平均法　　D. 先进先出法

9. 在每次收货以后,立即根据库存存货的数量和总成本,计算出新的平均单位成本,这种存货成本的计价方法是(　　)。

A. 年末一次加权平均法　　B. 个别计价法
C. 移动加权平均法　　　　D. 后进先出法

10. 在物价持续下跌的情况下,将存货计价方法从先进先出法改为加权平均法,会使(　　)。

A. 期末库存价值减少,当期利润减少
B. 期末库存价值增加,当期利润增加
C. 期末库存价值增加,当期利润减少

D. 期末库存价值减少,当期利润增加

11. 一般纳税人委托其他单位加工材料收回后直接对外销售的,其发生的下列支出中不应计入委托加工材料成本的是( )。

　　A. 发出材料的实际成本　　　　B. 支付给受托方的加工费
　　C. 支付给受托方的增值税　　　D. 企业应负担的运费

12. 如果企业的包装物数量不多,可以将包装物并入以下科目中的( )进行核算。

　　A. 周转材料　　B. 低值易耗品　　C. 材料采购　　D. 原材料

13. 甲公司为增值税一般纳税人,购入材料一批,增值税专用发票上标明的价款为50万元,增值税为8.5万元,另支付材料的保险费为4万元。该批材料的采购成本为( )万元。

　　A. 50　　　　B. 54　　　　C. 58.5　　　　D. 62.5

14. 企业某种存货的期初实际成本为200万元,期初"存货跌价准备"账户贷方余额2.5万元,本期购入该种存货实际成本为45万元,生产领用150万元,假定生产领用存货不结转相应存货跌价准备。期末估计库存该种存货的可变现净值为91万元,则本期应计提存货跌价准备为( )万元。

　　A. 1.5　　　　B. 2.5　　　　C. 4　　　　D. 9

15. 甲企业为增值税小规模纳税人,本月采购原材料2 060千克,每千克50元(含增值税),运输途中的合理损耗为60千克,入库前的挑选整理费用为500元,企业该批原材料的入账价值为( )元。

　　A. 100 500　　B. 103 500　　C. 103 000　　D. 106 500

16. 企业对随同商品出售而单独计价的包装物进行会计处理时,该包装物的实际成本应结转到( )科目。

　　A. "制造费用"　　　　　　　　B. "销售费用"
　　C. "管理费用"　　　　　　　　D. "其他业务成本"

17. 甲公司2024年12月份A商品有关收、发、存情况如下:(1)12月1日结存600件,单位成本为2万元;(2)12月8日购入400件,单位成本为2.2万元;(3)12月10日发出800件;(4)12月20日购入600件,单位成本为2.3万元;(5)12月28日发出400件;(6)12月31日购入400件,单位成本为2.5万元。甲公司用先进先出法计算A商品2024年12月发出存货的成本为( )万元。

　　A. 2 676　　　B. 2 540　　　C. 4 460　　　D. 1 920

18. 下列关于原材料损失的说法中,应计入营业外支出的是( )。

A. 计量差错引起的原材料盘亏　　B. 应由责任人赔偿的原材料损失

C. 原材料运输途中发生的合理损耗　　D. 自然灾害造成的原材料损失

19. 下列各项中,应当计入存货成本的是(　　)。

A. 季节性停工损失　　B. 超定额的废品损失

C. 新产品研发人员的薪酬　　D. 采购材料入库后的储存费用

20. 下列各项中,不影响企业资产负债表日存货可变现净值的是(　　)。

A. 存货的账面价值

B. 销售存货过程中估计的销售费用及相关税费

C. 存货的估计售价

D. 存货至完工估计将要发生的成本

二、多选题

1. 下列物资中,属于存货范畴的有(　　)。

A. 工业企业的在产品　　B. 商业企业的包装物

C. 工业企业设备改造用材料　　D. 金融企业办公用建筑物

E. 房地产企业建造的商品房

2. 下列物资中,应当作为企业存货核算的有(　　)。

A. 低值易耗品　　B. 包装物

C. 工程物资　　D. 在产品

E. 委托加工材料

3. 下列项目中,应当计入存货成本的有(　　)。

A. 非正常消耗的直接材料、直接人工和制造费用

B. 已验收入库后原材料发生的仓储费用

C. 已验收入库前原材料发生的仓储费用

D. 为生产产品发生的直接人工费用和制造费用

E. 采购原材料支付的运费

4. 下列支出中,应计入一般纳税人存货采购成本的有(　　)。

A. 增值税　　B. 运杂费

C. 购买价款　　D. 进口关税

E. 运输途中合理损耗

5. 按存放地点分类,存货可分为(　　)。

A. 库存存货 　　　　　　　B. 在途存货

C. 外购存货 　　　　　　　D. 委托代销存货

E. 委托加工存货

6. 下列关于存货的确认与计量的表述中,正确的有(　　)。

A. 委托加工存货成本是指耗用的原材料及支付的加工费、运输费等

B. 外购存货的成本即存货的采购成本,是指从采购到入库前发生的全部、合理必要的支出

C. 自制存货的成本是指自制过程中发生的各项支出,如直接材料、直接人工、制造费用

D. 凡所有权已属于企业的存货,不论企业是否已验收或持有,均应作为本企业的存货

E. 投资者投入存货的成本应按投资合同约定的价值确定,但合同约定不公允的除外

7. 下列关于存货取得成本的表述中,正确的有(　　)。

A. 自行生产的存货的初始成本包括投入的原材料或半成品、直接人工和按照一定方法分配的制造费用

B. 通过提供劳务取得的存货,其成本按从事劳务提供人员的直接人工和其他直接费用以及可归属于该存货的间接费用确定

C. 商品流通企业在采购商品过程中发生的运输费、装卸费、保险费以及其他可归属于存货采购成本的费用等,应当计入存货采购成本

D. 投资者投入存货的成本,应当按照投资合同或协议约定的价值确定

E. 商品采购过程中发生的合理损耗应在发生时确认为当期损益,不计入存货成本

8. 下列各项中,通常表明存货的可变现净值为零的有(　　)。

A. 该存货的市场价格持续下跌,且在可预见的未来无回升的希望

B. 已经霉烂变质的存货

C. 已过期且无转让价值的存货

D. 因产品更新换代,原有库存原材料已不适应新产品的需要

E. 企业使用该项原材料生产的产品的成本大于产品的销售价格

9. 下列各项业务中,可以引起期末存货账面价值发生增减变动的有(　　)。

A. 计提存货跌价准备

B. 转回存货跌价准备

C. 存货出售结转成本的同时结转之前计提的存货跌价准备

D. 存货盘盈

E. 存货盘亏

10. 下列有关存货可变现净值的确定基础的表述中,正确的有(　　)。

A. 无销售合同的库存商品以该库存商品的市场价格为基础确定

B. 有销售合同的库存商品以该库存商品的合同价格为基础确定

C. 用于出售的无销售合同的材料以该材料的市场价格为基础确定

D. 用于生产有销售合同产品的材料以该材料的市场价格为基础确定

E. 用于生产有销售合同产品的材料以该材料的合同价格为基础确定

三、简答题

1. 简述永续盘存制的做法及其优缺点。
2. 企业通常用哪两种方法确定其存货的实物数量,并简要说明各自特点。
3. 简述按计划成本计价的材料收发核算的账务处理。
4. 确定可变现净值应考虑的主要因素有哪些?

四、应用与计算分析题

1. B公司2024年7月份存货的收、发、存数据资料如下:(1)7月1日结存500件,单位成本为30元/件;(2)7月5日购入600件,单位成本为32元/件;(3)7月8日发出存货700件;(4)7月9日购入200件,单位成本为35元/件;(5)7月28日发出存货500件。B公司对存货发出采取先进先出法核算。

要求:计算7月份每次发出存货的成本、发出存货总成本以及7月31日的存货余额。(列出必要的计算过程)

2. D公司为生产性增值税一般纳税人。该公司销售一批原材料360 000元(不含增值税),该批原材料对应的材料计划成本为300 000元,"材料成本差异"借方账户余额10 000元。材料已经发出,款项已通过银行全部收到。适用的增值税税率为13%。

要求:计算相关税额并编制D公司该业务的会计分录。

3. D公司采用成本与可变现净值孰低法对期末某类存货计价,并运用分类比较法计提存货跌价准备。假设该公司2022年至2024年年末该类存货的账面成本均为200万元。其他相关资料如下:

(1)2022年年末该类存货的预计可变现净值为180万元;

(2)2023年年末该类存货的预计可变现净值为170万元；

(3)2024年年末该类存货的可变现净值有所恢复，预计可变现净值为194万元。

要求：根据以上资料编制存货减值的会计分录。(列出必要的计算过程，答案中的金额单位全部用"万元"表示)

4.C公司为增值税一般纳税人，适用增值税税率为13%，原材料按实际成本核算。2024年8月发生业务如下：

(1)8月5日，购入原材料A一批，取得的增值税专用发票注明的原材料价款360 000元，银行存款已支付；

(2)8月19日，仓库发生火灾，损失原材料100 000元，采购时的增值税专用发票税率为13%，原因还在调查中；

(3)8月31日，工会领用原材料10 000元发放给员工，该材料采购时的税金为1 300元。

要求：计算相关税额并编制该业务的会计分录，应交税金要求写出明细科目(保留两位小数)。

参考答案

第四章　金融资产

第一节　本章考点、重点与难点

一、本章考点

本章考核的知识点是：(1)金融资产及其分类；(2)交易性金融资产；(3)债权投资；(4)贷款及应收款项；(5)其他债权投资；(6)其他权益工具投资；(7)金融资产减值。

二、本章重点与难点

(一)本章重点

理解金融资产的分类，以及各类金融资产的账务处理，包括交易性金融资产的账务处理、债权投资的账务处理、贷款及应收款项的账务处理、其他债权投资的账务处理、其他权益工具投资的账务处理、金融资产减值的账务处理。

(二)本章难点

掌握与理解各项金融资产的初始计量、后续计量，以及持有期间的账务处理、处置的账务处理、期末发生减值的计量和账务处理。

第二节　本章学业水平测试题

一、单选题

1. 2024年9月1日，甲公司以银行存款2 400万元购入乙公司发行的股票400万股，占乙公司有表决权股份的1%，其中包含交易费用16万元和已宣告但尚未发放的现金股利24万元，甲公司将其划分为以公允价值计量且其变动计入当期损益的金融资产，不考虑相关税费等其他因素，该金融资产入账价值为(　　)万元。

　　A. 2 400　　　　B. 2 360　　　　C. 2 384　　　　D. 2 376

2. 在备抵法下，已核销的应收账款坏账又收回时，贷记坏账准备科目，借记的科目应是"(　　)"。

　　A. 预收账款　　B. 应收账款　　C. 资产减值损失　　D. 其他应收款

3. 2024年9月1日，甲公司以银行存款600万元购入乙公司发行的股票100万股，占乙公司有表决权股份的1％,其中包含交易费用4万元和已宣告但尚未发放的现金股利6万元,甲公司将其指定为以公允价值计量且其变动计入其他综合收益的金融资产,不考虑相关税费等其他因素,该金融资产入账价值为(　　)万元。

  A. 600   B. 590   C. 596   D. 594

  4. 金融工具不包括(　　)。

  A. 金融负债 B. 权益工具 C. 金融利润 D. 金融资产

  5. 金融资产发生了减值损失,应当(　　)。

  A. 借记"坏账损失"账户   B. 贷记"金融资产"账户

  C. 借记"营业外支出"账户   D. 借记"信用减值损失"账户

  6. 企业折价购入长期债券,是由于债券的票面利率比当时的市场利率(　　)。

  A. 高   B. 低   C. 相等   D. 无关

  7. 甲企业4月30日收到带息应收票据一张,期限6个月,面值100 000元,票面利率6％,应收票据到期值是(　　)元。

  A. 100 000 B. 101 000 C. 103 000 D. 106 000

  8. 甲公司在销售中通常会给予客户一定期间的信用期。为了盘活存量资产,提高资金使用效率,甲公司与银行签订应收账款无追索权保理总协议,银行向甲公司一次性授信10亿元人民币,甲公司可以在需要时随时向银行出售应收账款。历史上甲公司频繁向银行出售应收账款,且出售金额重大,上述出售满足金融资产终止确认的规定。甲公司应将该应收账款分类为(　　)。

  A. 以摊余成本计量的金融资产

  B. 以公允价值计量且其变动计入当期损益的金融资产

  C. 以公允价值计量且其变动计入其他综合收益的金融资产

  D. 衍生金融资产

  9. 下列选项中,不属于"其他应收款"科目核算内容的是(　　)。

  A. 备用金   B. 应收赊销产品的货款

  C. 租入包装物支付的押金   D. 应收出租包装物租金

  10. 下列选项中,不属于金融资产的是(　　)。

  A. 银行存款   B. 应付账款

  C. 债权投资   D. 非交易性权益工具投资

  11. 对于分类为以摊余成本计量的金融资产,企业管理该金融资产的业务模式是以(　　)为目标。

A. 收取合同现金流量

B. 出售该金融资产

C. 收取合同现金流量和出售该金融资产

D. 以上说法均不正确

12. 企业购入的在活跃市场中有报价的债券投资，不可能划分为(　　)。

A. 以公允价值计量且其变动计入当期损益的金融资产

B. 以摊余成本计量的金融资产

C. 长期股权投资

D. 以公允价值计量且其变动计入其他综合收益的金融资产

13. 甲公司在 2024 年 7 月 1 日从公开市场上购入当日发行的 5 年期债券，甲公司管理该债券的业务模式是以收取合同现金流量为目标，则甲公司购入债券时应将该债券分类为(　　)。

A. 以公允价值计量且其变动计入其他综合收益的金融资产

B. 指定为以公允价值计量且其变动计入其他综合收益的非交易性权益工具投资

C. 以公允价值计量且其变动计入当期损益的金融资产

D. 以摊余成本计量的金融资产

14. 企业在非同一控制下的企业合并中确认的或有对价构成金融资产的，该金融资产应当分类为(　　)。

A. 以摊余成本计量的金融资产

B. 以公允价值计量且其变动计入其他综合收益的金融资产

C. 以公允价值计量且其变动计入当期损益的金融资产

D. 长期股权投资

15. 甲公司对其购入债券的业务管理模式是以收取合同现金流量和出售金融资产为目标，该债券的合同条款规定，在特定日期产生的现金流量仅为对本金和以未偿还本金金额为基础的利息的支付。不考虑其他因素，甲公司应将该债券投资分类为(　　)。

A. 其他货币资金

B. 以公允价值计量且其变动计入其他综合收益的金融资产

C. 以摊余成本计量的金融资产

D. 以公允价值计量且其变动计入当期损益的金融资产

16. 甲公司持有的下列金融资产，应分类为"以摊余成本计量的金融资产"的是(　　)。

A. 甲公司赊销商品形成应收账款,该项应收账款的业务模式为保理业务

B. 甲公司购入乙公司债券,该债券持有目的为短期获利

C. 甲公司购入丙公司股票,该股票持有目的为长期持有

D. 甲公司购入丁公司债权,该债权持有目的为收取合同现金流量,该合同现金流量仅为对本金和以未偿付本金金额为基础的利息的支付

17. 2024年3月6日,BK公司以赚取差价为目的从二级市场购入甲公司股票600万股,划分为以公允价值计量且其变动计入当期损益的金融资产,取得时公允价值为每股4.2元,每股含已宣告但尚未发放的现金股利0.2元,另支付交易费用8万元,全部价款以银行存款支付。不考虑其他因素,BK公司取得此项金融资产的入账价值为（　　）万元。

    A. 2 400   B. 2 528   C. 2 408   D. 2 520

18. 2024年1月1日,甲公司溢价购入乙公司当日发行的到期一次还本付息的3年期债券,作为债权投资核算,并于每年年末计提利息。2024年年末,甲公司按票面利率确认当年的应计利息590万元,利息调整的摊销金额10万元,不考虑相关税费及其他因素,2024年度甲公司对该债券投资应确认的投资收益为（　　）万元。

    A. 600   B. 580   C. 10   D. 590

19. 甲公司以3 000万元购入乙上市公司（以下简称"乙公司"）3%有表决权股份,另支付10万元交易费用。因为乙公司股权比较集中,所以甲公司对乙公司不具有重大影响,甲公司准备短期持有。当年乙公司宣告发放现金股利300万元。资产负债表日该股权的公允价值为3 050万元。则该笔交易对甲公司当年损益的影响金额为（　　）万元。

    A. 340   B. 40   C. 49   D. 140

20. 下列关于其他权益工具投资的会计处理的表述中,正确的是（　　）。

A. 取得时将发生的相关交易费用计入当期损益

B. 出售时应将其他综合收益转入留存收益

C. 资产负债表日将公允价值与账面价值的差额计入当期损益

D. 将出售时实际收到的金额与账面价值之间的差额计入当期损益

二、多选题

1. 金融资产可以划分为以下三类（　　）。

A. 以摊余成本计量的金融资产

B. 以公允价值计量且其变动计入其他综合收益的金融资产

C. 以公允价值计量且其变动计入当期损益的金融资产

D. 可供出售金融资产

E. 长期股权投资

2. 下列有关以公允价值计量且其变动计入其他综合收益的金融资产会计处理的说法中,正确的是(　　)。

A. 初始确认时,应按公允价值和相关交易费用之和作为初始确认金额

B. 资产负债表日,应按公允价值进行后续计量

C. 资产负债表日,以公允价值计量且其变动计入其他综合收益的金融资产公允价值变动应计入其他综合收益

D. 以公允价值计量且其变动计入其他综合收益的金融资产为债券投资,持有期间取得的利息,应计入其他综合收益

E. 以公允价值计量且其变动计入其他综合收益的金融资产为股权投资,持有期间取得的股利,应计入其他综合收益

3. 下列各项中,影响以摊余成本计量的金融资产摊余成本的有(　　)。

A. 已计提的减值准备

B. 分期收回的本金

C. 利息调整的累计摊销额

D. 到期一次还本付息债券确认的票面利息

E. 该金融资产期末的公允价值

4. 2023年1月1日,甲公司以银行存款2 054.05万元从公开市场购入乙公司同日发行的5年期公司债券,面值为2 000万元,票面年利率为4.72%,实际年利率为4%,于每年末支付本年度债券利息,本金在债券到期时一次性偿还,另以银行存款支付相关交易费用10万元。合同约定,该债券的发行方在遇到特定情况时可以将债券赎回,且不需要为提前赎回支付额外款项。甲公司在购买该债券时,预计发行方不会提前赎回。甲公司根据其管理该债券的业务模式和该债券的合同现金流量特征,将该债券分类为以摊余成本计量的金融资产。假定不考虑所得税、减值等因素。下列各项会计处理中,正确的有(　　)。

A. 该金融资产入账价值为2 054.05万元

B. 该金融资产2023年12月31日的摊余成本为2 052.21万元

C. 2023年12月31日确认投资收益82.56万元

D. 2024年12月31日确认投资收益82.09万元

E. 该金融资产2024年12月31日的摊余成本为2 039.9万元

5. 2024年1月1日,甲公司以银行存款1 000万元购入乙公司股票200万股,支付价款中包含已宣告但尚未发放的现金股利25万元。甲公司将其指定为以公允价值计量且其变动计入其他综合收益的金融资产,另以银行存款支付手续费15万元。1月15日,甲公司收到乙公司发放的现金股利25万元;6月20日,乙公司宣告并发放现金股利0.25元/股;6月30日,该股票价格为5.5元/股;11月30日,甲公司以6元/股的价格将该股票全部出售。甲公司按净利润的10%提取盈余公积,不考虑其他因素。下列关于2023年甲公司该项金融资产的会计处理中,错误的有( )。

A. 1月1日该金融资产初始入账成本为975万元

B. 1月15日计入投资收益25万元

C. 6月20日计入投资收益50万元

D. 6月30日计入其他综合收益125万元

E. 11月30日留存收益增加210万元

6. 下列各项关于金融资产业务模式评估的说法中,正确的有( )。

A. 企业管理金融资产的业务模式是指如何管理其金融资产以产生现金流量

B. 一个企业只能采用单一业务模式管理其金融资产

C. 企业应当以企业关键管理人员决定的对金融资产进行管理的特定业务目标为基础,确定管理金融资产的业务模式

D. 企业应当以客观事实为依据,确定管理金融资产的业务模式,不得以按照合理预期不会发生的情形为基础确定

E. 企业的业务模式并非企业自愿指定,而是一种客观事实

7. 下列各项关于金融资产的合同现金流量特征的说法中,正确的有( )。

A. 企业分类为以摊余成本计量的金融资产,其合同现金流量特征应当与基本借贷安排相一致

B. 以公允价值计量且其变动计入其他综合收益的金融资产(债务工具投资),其合同现金流量特征应当与基本借贷安排相一致

C. 合同现金流量特征是指相关金融资产在特定日期产生的合同现金流量仅为对本金和以未偿付本金金额为基础的利息的支付

D. 利息包括对货币时间价值、与特定时期未偿付本金金额相关的信用风险,以及其他基本借贷风险、成本和利润的对价

E. 本金是指金融资产在初始确认时的公允价值,本金金额可能因提前还款等原因

在金融资产的存续期内发生变动

8. 企业对下列金融资产进行初始计量时,应将发生的相关交易费用计入初始确认金额的有(　　)。

A. 贷款和应收款项　　　　　　B. 债权投资

C. 交易性金融资产　　　　　　D. 其他债权投资

E. 其他权益工具投资

9. 下列关于金融资产后续计量的表述中,正确的有(　　)。

A. 贷款和应收款项应采用实际利率法,按摊余成本计量

B. 债权投资应采用实际利率法,按摊余成本计量

C. 交易性金融资产应按公允价值计量

D. 其他权益工具投资应按公允价值计量

E. 其他债权投资应采用实际利率法,按摊余成本计量

10. 下列关于企业交易性金融资产会计处理的表述中,正确的有(　　)。

A. 处置时实际收到的金额与交易性金融资产初始入账价值之间的差额计入投资收益

B. 资产负债表日的公允价值变动金额计入投资收益

C. 取得时发生的交易费用计入投资收益

D. 持有期间享有的被投资单位宣告分派的现金股利计入投资收益

E. 持有期间享有的被投资单位宣告分派的现金股利计入其他综合收益

三、简答题

1. 什么是坏账损失?除有确凿证据证明该项应收款不能收回,或收回的可能性不大外,哪些情况一般不能全额计提坏账准备?

2. 什么是金融资产?金融资产分为哪几类?

3. 什么是实际利率法?如何确定实际利率?

四、应用与计算分析题

1. E公司设立于2022年年初,坏账准备采用余额百分比计损,提取比例为10%,各年有关资料如下:(1)2022年年末应收账款余额为100万元;(2)2023年年末应收账款余额为160万元;(3)2024年年末应收账款余额为90万元。

要求:计算E公司各年应计提的坏账准备并编制相关的会计分录。(金额单位用"万元"表示)

2.C公司于2023年1月1日购买了A股票,实际买价为120万元,C公司将A股票划分为交易性金融资产;2023年6月30日,A股票公允价值为150万元;2023年12月31日,A股票公允价值为70万元。C公司于2024年4月2日将A股票全部出售,出售价格为180万元。

要求:编制2023年1月1日、2023年6月30日、2023年12月31日以及2024年4月2日的相关会计分录。(不考虑任何交易税费,金额单位用"万元"表示)

3. 甲公司债券投资的相关资料如下:

资料一:2022年1月1日,甲公司以银行存款2 030万元购入乙公司当日发行的面值总额为2 000万元的4年期公司债券,该债券的票面年利率为4.2%。债券合同约定,未来4年,每年的利息在次年1月1日支付,本金于2026年1月1日一次性偿还,乙公司不能提前赎回该债券,甲公司将该债券投资划分为以摊余成本计量的金融资产。

资料二:甲公司在取得乙公司债券时,计算确定该债券投资的实际年利率为3.79%。甲公司在每年年末对债券投资的利息收入进行会计处理。

资料三:2024年1月1日,甲公司在收到乙公司债券上年利息后,将该债券全部出售,所得款项2 025万元收存银行。

(假定不考虑增值税等相关税费及其他因素)

要求:

(1)编制甲公司2022年1月1日购入乙公司债券的相关会计分录。

(2)计算甲公司2022年12月31日应确认的债券利息收入,并编制相关会计分录。

(3)编制甲公司2023年1月1日收到乙公司债券利息的相关会计分录。

(4)计算甲公司2023年12月31日应确认的债券利息收入,并编制相关会计分录。

(5)编制甲公司2024年1月1日出售乙公司债券的相关会计分录。

("债权投资"科目应写出必要的明细科目)

4.2024年,甲公司发生的与股份投资相关的交易或事项如下:

资料一:2024年2月1日,甲公司以银行存款2 000万元从二级市场购入乙公司2%有表决权的股份,将其指定为以公允价值计量且其变动计入其他综合收益的非交易性权益工具投资。

资料二:2024年4月10日,乙公司宣告发放现金股利5 000万元,2024年4月20日,甲公司收到乙公司发放的现金股利100万元。

资料三:2024年6月30日,甲公司持有的乙公司2%有表决权股份的公允价值为1 850万元。

资料四：2024年8月10日，甲公司为实现与乙公司的战略协议，以银行存款5 500万元进一步购入乙公司5%有表决权的股份，已办妥股份转让手续。当日，甲公司原持有的乙公司2%有表决权股份的公允价值为2 200万元，乙公司可辨认净资产的公允价值为110 000万元。至此，甲公司持有乙公司7%有表决权的股份，能够对乙公司施加重大影响，对该投资采用权益法核算。

其他资料：甲公司按照净利润的10%提取盈余公积，本题不考虑相关税费及其他因素。

要求：

(1)编制甲公司2024年2月1日取得乙公司2%有表决权股份的会计分录。

(2)编制甲公司2024年4月10日确认应收股利，2024年4月20日收到现金股利的会计分录。

(3)编制甲公司2024年6月30日确认所持乙公司2%有表决权股份公允价值变动的会计分录。

(4)计算甲公司2024年8月10日对乙公司长期股权投资的初始投资成本，并编制相关的会计分录。

("其他权益工具投资"科目应写出必要的明细科目)

第五章　长期股权投资

第一节　本章考点、重点与难点

一、本章考点

本章考核的知识点是:(1)长期股权投资的初始计量;(2)长期股权投资的后续计量;(3)长期股权投资的处置与减值。

二、本章重点与难点

(一)本章重点

理解长期股权投资的含义及内容;掌握长期股权投资的初始计量;掌握长期股权投资的后续计量;理解长期股权投资的减值与处置。

(二)本章难点

掌握非企业合并形成的长期股权投资的账务处理;理解并掌握长期股权投资后续计量权益法的账务处理。

第二节　本章学业水平测试题

一、单选题

1. 下列各项中,不是企业对被投资企业拥有实质控制权判断标准的是(　　)。

A. 投资企业在董事会或类似机构会议上有1/3以上的席位

B. 依据章程和协议,企业控制被投资企业的财务和经营决策

C. 投资企业有权任免被投资企业董事会等类似权力机构的多数成员

D. 投资企业拥有被投资企业50%以上表决权资本的控制权

2. 在能够实施控制的权益性投资中,不属于控制基本要素的是(　　)。

A. 拥有对被投资方的权力

B. 通过参与被投资方的相关活动而享有可变回报

C. 投资企业在董事会或类似机构会议上有1/3以上的席位

D. 有能力运用对被投资方的权力影响其回报金额

3. 下列各项中,应当确认为投资损益的是( )。

A. 期末交易性金融资产公允价值变动的金额

B. 长期股权投资处置净损益

C. 长期股权投资减值损失

D. 支付与取得长期股权投资直接相关的费用

4. 下列投资中,不应作为长期股权投资核算的是( )。

A. 对子公司的投资

B. 对联营企业的投资

C. 对合营企业的投资

D. 在活跃市场中没有报价、公允价值无法可靠计量的没有重大影响的权益性投资

5. 长期股权投资采用权益法核算时,初始投资成本大于应享有被投资单位可辨认资产公允价值份额之间的差额,正确的账务处理是( )。

A. 计入投资收益　　　　　　B. 冲减资本公积

C. 计入营业外支出　　　　　D. 不调整初始投资成本

6. 长期股权投资采用权益法核算时,下列各项中,不会引起长期股权投资账面价值减少的是( )。

A. 被投资方实现净利润　　　B. 被投资方发生净亏损

C. 被投资方计提盈余公积　　D. 被投资方宣告发放现金股利

7. 非同一控制下形成的企业合并,合并方以转让非现金资产作为合并对价的,应当以( )作为长期股权投资的初始投资成本。

A. 非现金资产的账面价值

B. 非现金资产的公允价值

C. 在合并日按照取得被合并方所有者权益在最终控制方合并财务报表中的账面价值的份额

D. 在合并日按照取得被合并方所有者权益在最终控制方合并财务报表中的公允价值的份额

8. 投资企业对于下列企业的股权投资,应当采用成本法进行后续计量的是( )。

A. 投资企业对子公司的股权投资

B. 投资企业对联营企业的股权投资

C. 投资企业对合营企业的股权投资

D. 对被投资单位不具有控制、共同控制或重大影响的股权投资

9. 甲公司 2024 年 1 月 1 日取得非同一控制下乙公司 80% 的股权,能够对被投资单位实施控制,初始投资成本为 3 000 万元,2024 年乙公司分派现金股利 520 万元,2024 年当期实现净利润 800 万元,不考虑其他因素,2024 年年末该项长期股权投资的账面价值为( )万元。

A. 3 000　　　　B. 3 500　　　　C. 3 400　　　　D. 3 640

10. 同一控制下形成的企业合并,合并方以转让非现金资产作为合并对价的,应当以( )作为长期股权投资的初始投资成本。

A. 非现金资产的账面价值

B. 非现金资产的公允价值

C. 在合并日按照取得被合并方所有者权益在最终控制方合并财务报表中的账面价值的份额

D. 在合并日按照取得被合并方所有者权益在最终控制方合并财务报表中的公允价值的份额

11. 企业按成本法核算时,下列事项中,会引起长期股权投资账面价值发生变动的是( )。

A. 被投资单位以资本公积转增资本

B. 被投资单位宣告分派的属于投资前实现的现金股利

C. 期末计提长期股权投资减值准备

D. 被投资单位接受资产捐赠

12. 下列各项关于长期股权投资发生减值的相关会计处理中,正确的是( )。

A. 企业拥有的长期股权投资发生减值,应按照《企业会计准则第 8 号——资产减值》的规定进行处理

B. 长期股权投资计提的减值准备可以转回

C. 采用成本法核算的长期股权投资计提的减值准备满足条件时可以转回

D. 采用权益法核算的长期股权投资不需要计提减值准备

13. 2024 年 6 月 1 日,甲公司以银行存款 2 000 万元从非关联方处取得乙公司 80% 表决权的股份,能够控制乙公司的财务和经营决策。当日,乙公司可辨认净资产账面价值为 2 000 万元,公允价值为 2 400 万元。甲公司另支付审计及法律服务费用 20 万元,当日完成股权变更手续。不考虑其他因素,下列说法正确的是( )。

A. 甲公司长期股权投资初始投资成本为 2 020 万元

B. 甲公司长期股权投资初始投资成本为 1 600 万元

C. 甲公司长期股权投资初始投资成本为1 920万元

D. 甲公司应当确认管理费用20万元

14. 2024年4月1日,A公司以一项固定资产作为合并对价,取得属于同一集团内B公司70%的股权,并于当日起能够对B公司实施控制。该项固定资产的原价为2 000万元,已计提折旧500万元,未计提减值准备,公允价值为2 500万元。合并当日,B公司所有者权益相对于最终控制方的所有者权益账面价值为4 000万元。合并过程中发生相关手续费用40万元,不考虑其他因素,则A公司该项长期股权投资的初始投资成本为(   )万元。

  A. 2 500   B. 2 540   C. 1 500   D. 2 800

15. 2024年5月1日,甲公司按每股5.5元的价格增发每股面值为1元的普通股股票10 000万股,并以此为对价取得乙公司70%的股权,能够对乙公司实施控制;甲公司另以银行存款支付审计费、评估费等共计200万元。在此之前,甲公司和乙公司不存在关联方关系。2024年5月1日,乙公司可辨认净资产公允价值为70 000万元。不考虑其他因素,甲公司取得乙公司70%股权时的初始投资成本为(   )万元。

  A. 49 000   B. 55 000   C. 50 200   D. 49 200

16. 丙公司为甲、乙公司的母公司,2024年1月1日,甲公司以银行存款7 000万元取得乙公司60%有表决权的股份,另以银行存款100万元支付与合并直接相关的中介费用,当日办妥相关股权划转手续后,取得了乙公司的控制权;乙公司在丙公司合并财务报表中的净资产账面价值为9 000万元。不考虑其他因素,投资当日甲公司"资本公积——股本溢价"科目余额为2 000万元,则取得长期股权投资时,甲公司应计入资本公积的金额为(   )万元。

  A. 100   B. 0   C. 1 600   D. 1 700

17. 2024年2月1日,甲公司以增发1 000万股本公司普通股股票和一台大型设备为对价,取得乙公司25%的股权,能够对乙公司施加重大影响。其中,所发行普通股面值为每股1元,公允价值为每股10元。为增发股票,甲公司向证券承销机构支付佣金和手续费400万元。作为对价的设备账面价值为1 000万元,公允价值为1 200万元。当日,乙公司可辨认净资产公允价值为40 000万元。不考虑增值税等其他因素影响,甲公司该项长期股权投资的初始投资成本为(   )万元。

  A. 11 600   B. 11 200   C. 11 000   D. 10 000

18. 2024年6月1日,A公司购入B公司20%的普通股股权,对B公司具有重大影响,A公司支付买价1 040万元,其中包含已宣告但尚未发放的现金股利40万元,另支付直接相关费用10万元,A公司购入B公司的股权准备长期持有。2024年6月1日,B公司的所有者权益账面价值总额为3 000万元,可辨认净资产公允价值为3 600万元。A公司取得的该项长期股权投资的初始投资成本为( )万元。

    A. 600　　　　　B. 1 000　　　　　C. 1 010　　　　　D. 720

19. M企业于2023年8月1日以银行存款200万元取得N公司60%的股份,能够对N公司实施控制。N公司当年实现净利润240万元(假定利润在全年均衡实现),2024年4月3日,N公司宣告分配上年度现金股利120万元。不考虑其他因素,则2024年M企业应确认的投资收益为( )万元。

    A. 72　　　　　B. 0　　　　　C. 60　　　　　D. 120

20. 企业处置一项权益法核算的长期股权投资,长期股权投资各明细科目的金额为:投资成本400万元,损益调整借方200万元,其他权益变动借方40万元。处置该项投资收到的价款为700万元。处置该项投资的收益为( )万元。

    A. 700　　　　　B. 640　　　　　C. 60　　　　　D. 100

二、多选题

1. 长期股权投资采用权益法核算时,"长期股权投资"科目下应设置的明细科目有( )。

    A. 投资成本　　　　　　　　　B. 损益调整
    C. 公允价值变动　　　　　　　D. 其他综合收益
    E. 其他权益变动

2. 在采用权益法核算的条件下,被投资企业的下列业务中,可能引起投资企业"长期股权投资"账户增加的有( )。

    A. 支付现金股利　　　　　　　B. 发放股票股利
    C. 用资本公积转增资本　　　　D. 接受母公司的财务捐赠
    E. 实现净利

3. 下列事项中,应计入其他综合收益的有( )。

    A. 同一控制下企业合并中形成的长期股权投资初始投资成本大于支付对价账面价值的差额
    B. 分类为以公允价值计量且其变动计入其他综合收益的金融资产的公允价值变动
    C. 重新计量设定受益计划净负债或净资产的变动额
    D. 非投资性房地产转换为采用公允价值模式后续计量的投资性房地产时,转换日

公允价值大于账面价值的差额

E. 非同一控制下企业合并中形成的长期股权投资初始投资成本大于支付对价账面价值的差额

4. 下列各项中,应采用长期股权投资核算的有(　　)。

A. 在活跃市场中有报价、公允价值能可靠计量的不具有控制、共同控制和重大影响的权益性投资

B. 在活跃市场中没有报价、公允价值无法可靠计量的不具有控制、共同控制和重大影响的权益性投资

C. 对联营企业的投资

D. 对子公司的投资

E. 对合营企业的投资

5. 关于同一控制下的企业合并形成的长期股权投资,下列表述中不正确的有(　　)。

A. 初始投资成本一般为支付的现金、转让非现金资产以及所承担债务的账面价值

B. 合并方取得的净资产账面价值份额与支付对价账面价值(或发行股份面值总额)的差额,应先调整资本公积(资本溢价或股本溢价),资本公积(资本溢价或股本溢价)不足冲减再调整留存收益

C. 直接相关费用均应计入初始投资成本

D. 同一控制下的企业合并,是指参与合并的各方在合并后受同一方或相同的多方最终控制,且该控制并非暂时性的

E. 非同一控制下企业合并中形成的长期股权投资初始投资成本大于支付对价账面价值的差额应确认商誉

6. 采用权益法核算时,不会引起长期股权投资账面价值增减变动的事项有(　　)。

A. 被投资单位实际发放股票股利

B. 持股比例不变的情况下,被投资单位增加资本公积

C. 被投资单位股东大会宣告分派股票股利

D. 实际收到已宣告的现金股利

E. 期末计提长期股权投资减值准备

7. 下列与长期股权投资相关的业务中,投资方应确认投资收益的有(　　)。

A. 成本法核算下被投资单位宣告分配现金股利

B. 成本法核算下被投资单位实现净利润

C. 权益法核算下被投资单位宣告分配现金股利

D. 权益法核算下被投资单位实现净利润

E. 权益法核算下长期股权投资,初始投资成本小于所取得被投资单位可辨认净资产公允价值份额的差额

8. 长期股权投资采用成本法核算时,投资方应确认为投资收益的有( )。

A. 被投资单位实际发放股票股利

B. 被投资单位宣告分派现金股利

C. 期末计提长期股权投资减值准备

D. 出售长期股权投资时,实际收到的金额与其账面价值及尚未领取的现金股利或利润的差额

E. 被投资单位实现净利润

9. 长期股权投资采用权益法核算,下列各项中,会引起长期股权投资的账面价值发生增减变动的有( )。

A. 被投资单位实现净利润
B. 被投资单位宣告分配现金股利
C. 被投资单位发行一般公司债券
D. 被投资单位分配股票股利
E. 被投资单位增加其他综合收益

10. 长期股权投资采用权益法核算时,以下业务发生时投资企业不需要进行会计处理的有( )。

A. 被投资单位实现净利润

B. 被投资单位提取法定盈余公积

C. 被投资单位增加"资本公积——其他资本公积"

D. 被投资单位以盈余公积转增资本、盈余公积弥补亏损

E. 被投资单位宣告分配现金股利

三、简答题

1. 长期股权投资包括哪些内容?
2. 非企业合并方式取得的长期股权投资的初始投资成本如何确定?
3. 什么是成本法?其适用范围是什么?
4. 什么是权益法?其适用范围是什么?

四、应用与计算分析题

1. 2024年1月1日,D公司以银行存款5 000万元购入F公司25%有表决权股份,

采用权益法核算。4月25日,F公司宣告分派现金股利500万元。5月15日,D公司收取现金股利。2024年度F公司实现净利润2 000万元,未发生其他所有者权益变动。

要求:根据以上资料,为D公司编制相应的会计分录。(金额单位以"万元"表示)

2. A公司2022年1月1日购入B公司股票100万股,支付银行存款110万元(含关税费10万元),占B公司普通股股份的25%。购入时,B公司的可辨认净资产公允价值为460万元。

2023年3月,B公司2022年度报告实现净利润100万元,并宣告每股分派现金股利0.05元。

2023年12月31日,由于B公司经营环境发生变化,并开始亏损,股票价格持续下跌,预计投资可收回金额80万元,短期内难以恢复。

2024年5月,A公司将持有的B公司的股票转让,收到转让价款70万元。

要求:编制A公司该长期股权投资的相关会计处理分录,并写清楚明细科目。

3. 甲公司2022年至2024年对乙公司股票投资的有关资料如下:

(1)资料一:甲公司和乙公司均为A公司的子公司,甲公司2022年1月1日定向发行1 500万股普通股股票给乙公司的原股东A公司,以此为对价取得乙公司80%的有表决权股份,能够对乙公司实施控制,所发行股票面值为每股1元,公允价值为每股4.5元,当日办理完毕相关手续,甲公司另以银行存款支付评估费、审计费等相关费用200万元。

2022年1月1日,乙公司所有者权益在最终控制方A公司的合并财务报表中的账面价值为10 000万元,公允价值为15 000万元,甲公司对该投资采用成本法核算。

(2)资料二:乙公司2022年6月3日宣告分派现金股利2 000万元,当年乙公司实现净利润6 000万元,2022年7月1日甲公司收到乙公司分派的现金股利。

其他资料:甲公司的会计政策、会计期间和乙公司一致。假定不考虑增值税和所得税等税费的影响。

要求:

(1)根据资料一,判断甲公司并购乙公司属于何种合并类型,并说明理由。

(2)根据资料一,计算甲公司取得对乙公司股权投资的初始投资成本,并编制合并日甲公司个别报表相关会计分录。

(3)根据资料二,计算甲公司应确认投资收益金额,并编制相关会计分录。

(4)计算2022年年末甲公司长期股权投资的账面价值。

4. 长江股份有限公司(以下简称"长江公司")为上市公司,2024年发生如下与长期股权投资有关的业务：

(1)2024年1月1日,长江公司向A公司定向发行1 000万股普通股(每股面值1元,每股市价5元)作为对价,取得A公司拥有的甲公司60%的股权。在此之前,A公司与长江公司不存在任何关联方关系。长江公司另以银行存款支付评估费、审计费以及律师费50万元;为发行股票,长江公司以银行存款支付了证券商佣金、手续费100万元。

(2)2024年1月1日,甲公司可辨认净资产公允价值为6 000万元,与账面价值相同,相关手续于当日办理完毕,长江公司于当日取得控制权。

(3)2024年3月10日,甲公司股东大会做出决议,宣告分配现金股利300万元。2024年3月20日,长江公司收到该现金股利。

(4)2024年度甲公司实现净利润1 000万元,因投资性房地产转换增加其他综合收益200万元,无其他所有者权益变动。期末经减值测试,长江公司对甲公司的股权投资未发生减值。

要求：

(1)根据上述资料,分析、判断长江公司合并甲公司属于何种合并类型,并说明理由。

(2)根据上述资料,编制长江公司在2024年度的会计分录。

参考答案

第六章　固定资产

第一节　本章考点、重点与难点

一、本章考点

本章考核的知识点是：(1)固定资产概述；(2)固定资产取得；(3)固定资产折旧；(4)固定资产后续支出；(5)固定资产处置；(6)固定资产减值。

二、本章重点与难点

(一)本章重点

理解以不同方式取得固定资产入账价值的确定及账务处理；掌握固定资产折旧方法的选择及其使用；理解固定资产后续支出的账务处理；掌握固定资产处置的情形以及相应的账务处理；掌握固定资产减值的计算及其账务处理。

(二)本章难点

掌握自行建造固定资产的账务处理；理解加速折旧法的应用；掌握资本化的后续支出的账务处理；理解固定资产减值的计算方法。

第二节　本章学业水平测试题

一、单选题

1. 由于科学技术进步等因素而引起的固定资产价值的贬值,被称为(　　)。

    A. 无形损耗　　　　　　　　B. 化学损耗

    C. 有形损耗　　　　　　　　D. 物理损耗

2. 企业对某项固定资产计提折旧,该项资产原值 110 000 元,预计净残值 10 000 元,使用年限 5 年,采用平均年限法,该资产第 4 年的折旧额为(　　)元。

    A. 20 000　　　　B. 22 000　　　　C. 40 000　　　　D. 44 000

3. 某项固定资产的原值 80 000 元,预计净残值 2 000 元,预计使用 5 年,采用双倍余额递减法计提折旧,第 2 年的折旧额应是(　　)元。

    A. 15 600　　　　B. 16 000　　　　C. 18 720　　　　D. 19 200

4. 下列因素中,不会影响固定资产折旧计算的是( )。

   A. 固定资产原始价值   B. 固定资产预计净残值

   C. 固定资产使用部门   D. 固定资产预计使用年限

5. 下列选项中,属于生产经营用固定资产的是( )。

   A. 职工宿舍用房   B. 制造车间用房

   C. 工会俱乐部用房   D. 托儿所用房

6. 下列各项固定资产中,应计提折旧的是( )。

   A. 闲置的机器设备   B. 未提足折旧提前报废的设备

   C. 已提足折旧继续使用的设备   D. 经营租赁租入的设备

7. 某企业改建一条生产线,该设备的原始价值为1 000万元,已经提取折旧500万元,改建过程中已发生支出共计500万元(包括一台新设备),同时替换拆下一台旧设备,该设备账面原值300万元,将其出售取得价款100万元,则改建后该生产线的入账价值为( )万元。

   A. 500   B. 850   C. 1 000   D. 1 200

8. A公司2023年6月13日自行建造的一条生产线投入使用,该生产线建造成本为750万元,预计使用年限为5年,预计净残值为30万元。在采用年数总和法计提折旧的情况下,2024年该设备计提的折旧额为( )万元。

   A. 120   B. 192   C. 216   D. 240

9. 下列各项支出中,不应计入自营工程成本的是( )。

   A. 自营工程领用的自产产品

   B. 自营工程应负担的借款利息

   C. 非正常原因造成的工程报废净损失

   D. 辅助生产部门为工程提供的水电费

10. 下列关于企业计提固定资产折旧会计处理的表述中,不正确的是( )。

   A. 对管理部门使用的固定资产计提的折旧应计入管理费用

   B. 对财务部门使用的固定资产计提的折旧应计入财务费用

   C. 对生产车间使用的固定资产计提的折旧应计入制造费用

   D. 对专设销售机构使用的固定资产计提的折旧应计入销售费用

11. 某企业2024年7月被盗固定资产一台,该固定资产原值120万元,已提折旧12万元。经过调查,该损失由企业保管不善所致,保险公司赔偿金为20万元。报经批准后这笔款项应记为( )。

A. 管理费用 88 万元　　　　　　B. 营业外支出 88 万元

C. 资产减值损失 88 万元　　　　D. 其他应收款 88 万元

12. 某企业以 400 万元购入 A、B、C 三项没有单独标价的固定资产。这三项资产的公允价值分别为 180 万元、140 万元和 160 万元。若不考虑其他因素，则 A 固定资产的入账成本为（　　）万元。

A. 150　　　　B. 180　　　　C. 130　　　　D. 125

13. 企业在盘盈固定资产时，应通过"（　　）"科目核算。

A. 待处理财产损溢　　　　　　B. 以前年度损益调整

C. 资本公积　　　　　　　　　D. 营业外收入

14. 下列各项中，应通过"固定资产清理"科目核算的有（　　）。

A. 固定资产盘亏的账面价值　　B. 固定资产更新改造支出

C. 固定资产毁损净损失　　　　D. 固定资产计提减值损失

15. 下列固定资产中，应计提折旧的是（　　）。

A. 更新改造过程中停止使用的固定资产（符合固定资产确认条件）

B. 按规定单独计价作为固定资产入账的土地

C. 未交付使用但已达到预定可使用状态的固定资产

D. 未提足折旧提前报废的固定资产

16. A 公司的一台机器设备采用工作量法计提折旧。该设备原价为 153 万元，预计生产产品产量为 494.7 万件，预计净残值率为 3%。若本月生产产品 7 万件，则该设备的本月折旧额为（　　）万元。

A. 2.3　　　　B. 2.2　　　　C. 2.1　　　　D. 2.5

17. 某企业 2023 年 6 月 30 日自行建造的一条生产线投入使用，该生产线建造成本为 3 200 万元，预计使用年限为 5 年，预计净残值为 200 万元。在采用年数总和法计提折旧的情况下，2024 年该设备应计提的折旧额为（　　）万元。

A. 1 000　　　B. 800　　　　C. 900　　　　D. 500

18. 某企业 2023 年 6 月 30 日自行建造的一条生产线投入使用，该生产线建造成本为 3 000 万元，预计使用年限为 5 年，预计净残值为 100 万元。在采用双倍余额递减法计提折旧的情况下，2024 年该设备应计提的折旧额为（　　）万元。

A. 1 200　　　B. 720　　　　C. 600　　　　D. 960

19. 甲公司一台用于生产 M 产品的设备预计使用年限为 5 年，预计净残值为零。假定 M 产品各年产量基本均衡。下列折旧方法中，能够使该设备第一年计提折旧金额最多的是(　　)。

A. 工作量法　　　　　　　B. 年限平均法

C. 年数总和法　　　　　　D. 双倍余额递减法

20. 某企业出售专用设备一台,取得价款 33 万元(不考虑增值税),发生清理费用 5 万元(不考虑增值税),该设备的原价为 40 万元,可使用年限为 8 年,已计提折旧 3 年,采用年限平均法计提折旧。不考虑其他因素,下列各项中,关于此项交易净损益会计处理结果表述正确的是(　　)。

A. 借记"资产处置损益"3 万元　　　B. 贷记"资产处置损益"3 万元

C. 贷记"资产处置损益"8 万元　　　D. 借记"资产处置损益"8 万元

二、多选题

1. 下列选项中,一般可作为固定资产入账价值的有(　　)。

A. 买价　　　　　　　　　B. 运杂费

C. 增值税　　　　　　　　D. 安装成本

E. 进口关税

2. 下列选项中,属于固定资产折旧方法的有(　　)。

A. 工作量法　　　　　　　B. 年限平均法

C. 双倍余额递减法　　　　D. 加权平均法

E. 年数总和法

3. 下列有关固定资产入账价值的说法中,正确的有(　　)。

A. 一笔款项购入多项没有单独标价的固定资产,应当按照各项固定资产的账面价值比例对总成本进行分配,分别确定各项固定资产的成本

B. 购买固定资产的价款超过正常信用条件延期支付,实质上具有融资性质的,固定资产的成本以购买价款的现值为基础确定

C. 企业为建造固定资产通过出让方式取得土地使用权而支付的土地出让金计入在建工程成本

D. 非自然灾害原因导致的盘亏、报废、毁损的工程物资,减去残料价值以及保险公司、过失人等赔款后的差额,工程项目尚未完工的,计入所建工程项目的成本

E. 所建造的固定资产已达到预定可使用状态,但尚未办理竣工决算的,不确认固定资产,待办理竣工决算后,再按工程实际成本确认固定资产

4. 下列各项中,可作为企业固定资产予以确认的有(　　)。

A. 为净化环境或者满足国家有关排污标准的需要购置的环保设备

B. 与相关固定资产组合后才可以发挥效用的备品备件

C. 企业经营性出租有产权的办公楼

D. 房地产开发公司建造完成的准备销售的商品房

E. 单独购入用于建造厂房的土地使用权

5. 下列各项中,不应计入企业固定资产入账价值的有(　　)。

A. 固定资产的预计弃置费用的现值

B. 固定资产的日常维修费

C. 固定资产建造期间因安全事故停工4个月的借款费用

D. 满足资本化条件的固定资产改建支出

E. 购建固定资产过程中发生的专业人员服务费

6. 下列各项固定资产中,不需要计提折旧的有(　　)。

A. 已提足折旧仍继续使用的固定资产

B. 处于更新改造过程中的固定资产

C. 单独计价入账的土地使用权

D. 已达到预定使用状态但尚未办理竣工决算的固定资产

E. 闲置的固定资产

7. 下列资产中,应计提折旧的有(　　)。

A. 当月减少的固定资产

B. 当月增加的固定资产

C. 达到预定可使用状态但未使用的固定资产

D. 季节性停用的固定资产

E. 处于更新改造过程停止使用的固定资产

8. 下列关于固定资产后续支出的会计处理中,正确的有(　　)。

A. 固定资产的大修理费用,符合固定资产确认条件的部分,应予以资本化

B. 固定资产的日常修理费用,金额较大时应采用预提或待摊方式

C. 行政管理部门发生的固定资产修理费用应计入当期管理费用

D. 企业生产车间(部门)发生的固定资产日常修理费用应计入制造费用

E. 财务部门发生的固定资产修理费用应计入当期财务费用

9. 下列关于固定资产的有关核算,表述正确的有(　　)。

A. 生产车间的固定资产日常修理费用应当计入制造费用

B. 固定资产定期检查发生的大修理费用,符合资本化条件的应当计入固定资产成本

C. 盘亏固定资产,应通过"固定资产清理"科目核算

D. 盘盈固定资产,应通过"以前年度损益调整"科目核算

E. 报废固定资产,应通过"待处理财产损益"科目核算

10. 下列各项中,影响固定资产处置损益的有( )。

A. 应收保险公司的赔款　　　　B. 固定资产清理费用

C. 收到残料价值　　　　　　　D. 固定资产减值准备

E. 固定资产出售取得的价款

三、简答题

1. 什么是固定资产?固定资产具备哪些特征?
2. 影响固定资产折旧的因素主要有哪些?
3. 我国对固定资产折旧的范围是如何规定的?
4. 判断固定资产减值的迹象有哪些?

四、应用与计算分析题

1. 珠江公司购置了一条需要安装的生产线,与该生产线有关的业务如下:

(1)2024年3月30日,购入需要安装的生产线一条,增值税专用发票上注明的买价为500 000元,增值税税额为65 000元,款项已经通过银行支付,该生产线交付本公司安装部门安装;

(2)2024年4月5日,安装生产线时领用生产用材料一批,实际成本为40 000元;

(3)2024年6月15日,安装工程应负担职工薪酬45 600元,用银行存款支付其他安装费用14 400元;

(4)2024年6月30日,安装工程结束并投入使用。

要求:根据上述资料,编制相关会计分录。

2. 2024年1月1日,D公司购入一台新设备用于产品生产,设备原值为950万元,预计可使用5年,净残值为50万元。假定D公司采取年数总和法计提折旧,2028年年底设备报废收到残值50万元存入银行。

要求:

(1)分别计算第1年至第5年每年的折旧额;

(2)编制第5年设备报损的会计分录。(金额单位用"万元"表示)

3.2024年11月10日,A公司的一台机器因意外事故报废。机器原价400 000元,已提折旧125 000元。根据相关规定,操作人员王某因操作不当,需赔偿20 000元;根据保险合同,保险公司应赔偿160 000元。12月15日,上述赔偿款收到入账。12月20日,出售报废机器残料,收取价款2 000元。

要求:

为A公司编制如下会计分录:

(1)报废机器转入清理;

(2)确认赔款责任;

(3)收到赔偿款;

(4)收取残料价款;

(5)结转清理净损益。

4.E公司购入一台不需要安装的设备,已交付生产使用,购入时的入账价值为12 000元。该设备预计使用4年,预计残值收入为600元,预计清理费用为200元。该固定资产采用双倍余额递减法计提折旧。两年后,E公司将该设备捐赠给其福利工厂,假定不发生其他相关税费,也不考虑固定资产减值因素。(注:凡要求计算的项目,均须列出计算过程)

要求:

(1)计算第一年该设备折旧额,并编制相应会计分录;(假定折旧每年末计提一次)

(2)计算第二年该设备折旧额,并编制相应会计分录;(假定折旧每年末计提一次)

(3)编制捐赠时会计分录。

第七章　无形资产和投资性房地产

第一节　本章考点、重点与难点

一、本章考点

本章考核的知识点是:(1)无形资产;(2)投资性房地产。

二、本章重点与难点

(一)本章重点

掌握以下无形资产和投资性房地产的会计处理方法:

以不同方式取得无形资产入账价值的确定及其账务处理;无形资产摊销的账务处理;无形资产减值的账务处理;投资性房地产后续计量的成本模式和公允价值模式的账务处理。

(二)本章难点

掌握并理解以下无形资产和投资性房地产的账务处理方法:

自行开发无形资产的账务处理、无形资产摊销的账务处理、无形资产处置的账务处理、投资性房地产后续计量的账务处理、投资性房地产转换的账务处理、投资性房地产处置的账务处理。

第二节　本章学业水平测试题

一、单选题

1. 下面关于无形资产的特征描述中,错误的是(　　)。
   A. 不具有实物形态　　　　　　B. 成本不能可靠计量
   C. 具有可辨认性　　　　　　　D. 属于非货币性资产

2. 下列选项中,不属于投资性房地产范围的是(　　)。
   A. 已出租的土地使用权
   B. 持有并准备增值后转让的土地使用权
   C. 已出租的建筑物

D. 依法获得并计划用于开发后出售的商品房和土地

3. 下列选项中,不属于按经济内容划分的无形资产是( )。

A. 非专利技术　　　　　　　　B. 外来的无形资产

C. 土地使用权　　　　　　　　D. 商标权

4. 下列选项中,不属于企业投资性房地产的是( )。

A. 房地产开发企业将作为存货的商品房以经营租赁方式出租

B. 房地产企业拥有并自行经营的饭店

C. 企业开发完成后用于出租的房地产

D. 企业持有并准备增值后转让的土地使用权

5. 企业购入政府授权的烟草专卖权应作为( )。

A. 无形资产　　　　　　　　　B. 销售费用

C. 长期待摊费用　　　　　　　D. 管理费用

6. 甲公司出售所拥有的无形资产一项,取得收入300万元,增值税税额为18万元。该无形资产取得时实际成本为400万元,已摊销120万元,已计提减值准备50万元。甲公司出售该项无形资产应计入当期损益的金额为( )万元。

A. 100　　　　B. 20　　　　C. 70　　　　D. 88

7. 下列关于无形资产的交易事项中,不影响企业当期营业利润的是( )。

A. 无形资产报废形成的净损失

B. 无形资产出售形成的处置利得

C. 无法区分研究阶段和开发阶段的支出

D. 使用寿命不确定的无形资产计提减值准备

8. 下列项目中,能够确认为无形资产的是( )。

A. 客户关系

B. 自创的商誉

C. 企业内部产生的品牌

D. 通过支付出让金方式取得的土地使用权

9. 按照会计准则规定,下列各项中,应作为无形资产入账的是( )。

A. 无形资产达到预定用途前发生的可辨认的无效和初始运作损失

B. 广告费

C. 为运行该无形资产发生的培训支出

D. 开发无形资产时耗费的材料、劳务成本、注册费等符合资本化条件的支出

10. 甲公司2024年年初购买了一项管理部门使用的专利权,初始确认成本为700万元,法定年限为10年,预计有效使用期限为8年。2024年年初,乙公司与甲公司签订协议,约定5年后,即2029年年初购买甲公司该项专利权,购买价格为52万元,甲公司2024年计提的无形资产摊销额是( )万元。

A. 140 B. 87.5 C. 129.6 D. 70

11. 下列关于无形资产会计处理的表述中,不正确的是( )。

A. 预期不能为企业带来经济利益的无形资产的账面价值应转销转入营业外支出

B. 计提的无形资产减值准备在该资产价值恢复时应予转回

C. 以支付土地出让金方式取得的自用土地使用权应单独确认为无形资产

D. 无形资产的摊销方法至少应于每年年度终了进行复核

12. 企业报废的无形资产发生的净损失,应当计入( )。

A. 主营业务成本 B. 其他业务成本
C. 管理费用 D. 营业外支出

13. 下列各项中,不属于投资性房地产的是( )。

A. 待出租的土地使用权

B. 已出租的办公楼

C. 持有并准备增值后转让的土地使用权

D. 已出租的土地使用权

14. 2022年1月1日,甲企业与乙企业签订了一项经营租赁合同,乙企业将其持有产权的一栋办公楼出租给甲企业,为期5年。甲企业一开始将该办公楼改造后用于自行经营餐馆。由于连续亏损,2024年1月1日,甲企业将餐馆转租给丙公司,以赚取租金差价。下列说法中,正确的是( )。

A. 甲企业于2024年12月31日应将办公楼作为投资性房地产列报

B. 乙企业于2024年12月31日应将办公楼作为投资性房地产列报

C. 丙公司于2024年12月31日应将办公楼作为固定资产列报

D. 甲企业于2024年12月31日应将办公楼作为固定资产列报

15. 投资性房地产进行初始计量时,下列处理方法中,不正确的是( )。

A. 采用公允价值模式和成本模式进行后续计量的投资性房地产,应当按照实际成本进行初始计量

B. 采用公允价值模式进行后续计量的投资性房地产,取得时按照公允价值进行初始计量

C. 自行建造投资性房地产的成本,由建造该项资产达到预定可使用状态前所发生的必要支出构成

D. 外购投资性房地产的成本,包括购买价款、相关税费和可直接归属于该资产的其他支出

16. 下列有关投资性房地产后续计量会计处理的表述中,不正确的是( )。

A. 不同企业可以分别采用成本模式或公允价值模式

B. 满足特定条件时可以采用公允价值模式

C. 同一企业可以分别采用成本模式和公允价值模式

D. 同一企业不得同时采用成本模式和公允价值模式

17. 关于房地产转换日的确定,下列表述中不正确的是( )。

A. 企业将原本用于出租的房地产改用于经营管理,则该房地产的转换日为房地产达到自用状态,企业开始将房地产用于经营管理的日期

B. 房地产开发企业将其持有的开发产品以经营租赁的方式出租,则该房地产的转换日为房地产的租赁期开始日

C. 企业将自用土地使用权改用于资本增值,则该房地产的转换日为计划将自用土地使用权停止自用的日期

D. 自用土地使用权停止自用改用于出租,转换日一般为租赁期开始日

18. 房地产开发企业将作为存货的商品房转换为采用公允价值模式进行后续计量的投资性房地产时,转换日商品房公允价值大于账面价值的差额应当计入( )。

A. 其他综合收益　　　　　　B. 投资收益

C. 营业外收入　　　　　　　D. 公允价值变动损益

19. 企业采用公允价值模式对投资性房地产进行后续计量,则其将自用房地产转为投资性房地产时,转换时其公允价值小于账面价值的差额应计入( )。

A. 其他综合收益　　　　　　B. 公允价值变动损益

C. 资本公积　　　　　　　　D. 资产减值损失

20. 采用公允价值计量的投资性房地产转换为自用房地产时,转换日自用房地产入账价值大于投资性房地产账面价值的差额,正确的会计处理是( )。

A. 计入其他综合收益　　　　B. 计入期初留存收益

C. 计入营业外收入　　　　　D. 计入公允价值变动损益

二、多选题

1. 对于企业内部开发项目发生的开发支出,确认为无形资产须同时满足的条件有

( )。

A. 完成该无形资产以使其能够使用或出售在技术上具有可行性

B. 具有完成该无形资产并使用或出售的意图

C. 该项无形资产能够为企业带来未来经济利益

D. 有足够的技术、财务资源和其他资源支持,以完成该无形资产的开发,并有能力使用或出售该无形资产

E. 归属于该无形资产研究阶段的支出能够预估计量

2. 下列选项中,不属于企业投资性房地产的有( )。

A. 办公用房产　　　　　　　B. 已出租的土地使用权

C. 生产用厂房　　　　　　　D. 已出租的建筑物

E. 持有并准备增值后转让的土地使用权

3. 采用投资性房地产公允价值模式进行后续计量的投资性房地产转换为非投资性房地产时,投资性房地产的公允价值低于其账面余额的差额,则应( )。

A. 借记"资本公积"科目　　　B. 借记"公允价值变动损益"科目

C. 借记"投资收益"科目　　　D. 贷记"投资性房地产减值准备"科目

E. 贷记"投资性房地产"科目

4. 长江公司为一家工业制造企业,2023年1月1日,外购甲地块,用于建造一栋自用厂房;2023年2月1日,购入乙地块,拟持有以备增值之后转让;2023年9月1日,购入一栋办公楼,支付价款中包含办公楼自身及所在丙地块的价款,价款难以在办公楼和土地使用权之间进行合理分配;2024年1月1日,购入丁地块,直接用于对外出租;2024年2月1日,购入一栋办公楼,支付价款中包含办公楼自身及所在戊地块的价款,价款可以在办公楼和土地使用权之间进行合理分配。假定不考虑其他因素,下列各项中,长江公司于2024年12月31日不应单独确认为无形资产(土地使用权)的有( )。

A. 甲地块的土地使用权　　　B. 乙地块的土地使用权

C. 丙地块的土地使用权　　　D. 丁地块的土地使用权

E. 戊地块的土地使用权

5. 下列各项资产中,无论是否存在减值迹象,每年年末均应进行减值测试的有( )。

A. 使用寿命不确定的无形资产

B. 企业合并形成的商誉

C. 满足资本化条件但尚未达到预定用途的研发支出

D. 采用公允价值模式后续计量的投资性房地产

E. 采用成本价值模式后续计量的投资性房地产

6. 下列关于投资性房地产后续计量的表述中,不正确的有(　　)。

A. 同一企业可以分别采用成本模式和公允价值模式对不同的投资性房地产进行后续计量

B. 公允价值模式变更为成本模式的,应当作为会计政策变更处理

C. 采用成本模式进行后续计量的投资性房地产,应当计提折旧或摊销

D. 对投资性房地产采用成本模式进行后续计量的企业,首次取得投资性房地产时其公允价值能够持续可靠取得,应采用公允价值模式进行后续计量

E. 采用公允价值模式进行后续计量的,不对投资性房地产计提折旧或摊销

7. 下列有关"研发支出"科目的会计核算,表述正确的有(　　)。

A. 研发项目成功前"研发支出——资本化支出"科目余额列示于资产负债表"开发支出"项目

B. 期末,企业应将费用化支出金额,借记"管理费用"科目,贷记"研发支出——费用化支出"科目

C. 企业自行开发无形资产发生的研发支出,不满足资本化条件的,借记"研发支出——费用化支出"科目

D. 企业自行开发无形资产发生的研发支出,满足资本化条件的,借记"研发支出——资本化支出"科目

E. 研究开发项目达到预定用途形成无形资产的,应将"研发支出——资本化支出"的余额,转入"无形资产"科目

8. 下列关于无形资产处置的表述中,正确的有(　　)。

A. 企业转让无形资产使用权,摊销的无形资产成本应计入其他业务成本

B. 企业转让无形资产所有权,应当将取得的价款与无形资产账面净值和相关税费之和的差额计入当期损益

C. 企业出售无形资产取得的价款,应当计入其他业务收入

D. 企业出售无形资产,应将无形资产的账面价值结转计入其他业务成本

E. 企业出售无形资产的净损失,应计入资产处置损益

9. 下列关于投资性房地产转换的会计处理中,表述正确的有(　　)。

A. 采用公允价值模式计量的投资性房地产转换为自用房地产时,转换日公允价值与原账面价值之间只要有差额,就会影响当期损益

B. 自用房地产转换为采用公允价值模式计量的投资性房地产时,转换日公允价值与原账面价值之间只要有差额,就会影响当期损益

C. 自用房地产转换为采用成本模式计量的投资性房地产,不会影响当期损益

D. 作为存货的房地产转换为采用成本模式计量的投资性房地产时,应按该项存货在转换日的账面价值,借记"投资性房地产"科目

E. 采用成本模式计量的投资性房地产转换为自用房地产时,转换日公允价值与原账面价值之间只要有差额,就会影响当期损益

10. 关于投资性房地产的处置,下列表述中,不正确的有( )。

A. 处置投资性房地产时,应将相关的其他综合收益转入其他业务收入

B. 处置投资性房地产时,应将相关的公允价值变动损益转入投资收益

C. 处置投资性房地产时,应将取得的价款与其账面价值的差额计入投资收益

D. 处置投资性房地产时,应将其账面价值计入其他业务成本

E. 处置投资性房地产时,应将出售收入计入其他业务收入

三、简答题

1. 对于企业内部开发项目发生的开发支出,确认为无形资产时,需同时满足哪些条件?

2. 无形资产的摊销期限是如何规定的?

3. 什么是投资性房地产?投资性房地产的范围有哪些?

4. 投资性房地产的两种计量模式是什么?

四、应用与计算分析题

1. C公司在2024年10月初以市价购入一幢办公楼用于出租,当时的购入价格是5 000 000元,已经支付。年底,公司对资产进行评估,发现该办公楼的可收回价值是4 850 000元,收到租金40 000元。假设该办公楼的使用年限为50年,残值率为10%,采用平均年限法计提折旧。

要求:请按成本模式编制C公司10月初到年底涉及该业务的会计分录。(金额列出算式,假设不考虑税费影响)

2. D公司于2022年1月1日以银行存款1 000 000元购入一项专利的所有权,该项专利权有效使用年限为10年,预计净残值为零,采用直线法摊销。2024年1月1日,该公司将上述专利权的所有权转让,取得收入900 000元和增值税54 000元,已通过银行

存款收付。

要求：编制该公司购入专利权、每年专利权摊销和转让专利权的会计分录。

3. 甲公司对投资性房地产采用公允价值模式进行后续计量，有关交易事项如下：

(1)2023年1月1日，甲公司以银行存款3 800万元购入一栋办公楼，并于当日以经营租赁方式出租给乙公司使用且已办妥相关手续，租赁期2年，年租金100万元，于每年年末支付。2023年12月31日，甲公司收到租金100万元并存入银行，当日该办公楼的公允价值为3 950万元。

(2)2024年12月31日租赁期届满，甲公司收回该办公楼转为自用，当日办公楼公允价值为4 200万元。该办公楼预计尚可使用15年，按年限平均法计提折旧，预计净残值为零。

要求：

(1)编制2023年甲公司与投资性房地产相关的会计分录。

(2)编制2024年12月31日甲公司收回办公楼转为自用的会计分录。

4. 2023年至2024年甲公司发生的与A专有技术相关的交易或事项如下：

资料一：2023年9月1日，甲公司开始自主研发用于生产产品的A专有技术，2023年9月1日至2023年12月31日为研究阶段，在此期间，耗用原材料20万元，应付研发人员薪酬30万元，计提研发专用设备折旧50万元。

资料二：2024年1月1日，A专有技术研发活动进入开发阶段，至2024年6月30日，耗用原材料30万元，应付研发人员薪酬40万元，计提研发专用设备折旧100万元，以银行存款支付其他费用70万元。上述研发支出均满足资本化条件。2024年7月1日，A专有技术研发完成达到预定用途，并用于生产产品。假定不考虑相关税费及其他因素。

要求：

(1)分别编制甲公司2023年发生和结转研发支出的相关会计分录。

(2)分别编制甲公司2024年发生研发支出、研发完成并达到预定用途的会计分录。

("研发支出"科目应写出必要的明细科目)

参考答案

第八章 流动负债

第一节 本章考点、重点与难点

一、本章考点

本章考核的知识点是:(1)流动负债概述;(2)短期借款;(3)应付及预收款项;(4)应付职工薪酬;(5)应交税费;(6)其他流动负债。

二、本章重点与难点

(一)本章重点

理解并掌握以下内容的核算与账务处理:应付票据和应付账款的核算、应付职工薪酬的账务处理、应交增值税的计算和账务处理、应交消费税的计算和账务处理。

(二)本章难点

掌握并理解以下账务的处理方法及计算:短期薪酬的账务处理、离职后福利的账务处理、一般纳税人应交增值税的计算及其账务处理、应交消费税的计算及其账务处理。

第二节 本章学业水平测试题

一、单选题

1. 企业发生无法支付的应付账款在核销时,应按应付账款账面余额计入( )。

    A. 营业外收入　　　　　　B. 其他业务收入
    C. 资本公积　　　　　　　D. 坏账准备

2. 下列选项中,属于融资活动中形成的流动负债是( )。

    A. 应付账款　　　　　　　B. 短期借款
    C. 预收账款　　　　　　　D. 应交税费

3. 企业在无形资产研究阶段发生的职工薪酬应计入( )。

    A. 无形资产　　　　　　　B. 在建工程
    C. 管理费用　　　　　　　D. 长期待摊费用

4. 下列税金中,与企业计算损益无关的是( )。

A. 消费税 　　　　　　　　　B. 所得税

C. 增值税 　　　　　　　　　D. 城市建设维护税

5. 下列项目中,不属于职工薪酬的是( )。

A. 职工工资 　　　　　　　　B. 职工福利费

C. 医疗保险费 　　　　　　　D. 职工出差报销的火车票

6. 预收账款情况不多的企业,可以不设"预收账款"科目,将预收的款项直接记入的科目是( )。

A. 应收账款 　　　　　　　　B. 预付账款

C. 其他应收款 　　　　　　　D. 应付账款

7. 企业 2024 年 1 月 1 日向银行借款 200 000 元,期限 6 个月,年利率为 6%,按月计息。按银行规定,一般于每季度末收取短期借款利息,2024 年 3 月企业对短期借款利息应当作( )会计处理。

A. 借:财务费用 1 000,贷:银行存款 1 000

B. 借:财务费用 3 000,贷:银行存款 3 000

C. 借:财务费用 1 000,应付利息 2 000;贷:银行存款 3 000

D. 借:财务费用 2 000,应付利息 1 000;贷:银行存款 3 000

8. 下列票据中,可通过"应付票据"核算的是( )。

A. 银行汇票 　　　　　　　　B. 银行本票

C. 银行承兑汇票 　　　　　　D. 转账支票

9. 某企业以一张期限为 6 个月的商业承兑汇票支付货款,票面价值为 100 万元,票面年利率为 6%。该票据到期时,企业应支付的金额为( )万元。

A. 106　　　　B. 103　　　　C. 100　　　　D. 94

10. 企业在资产负债表日,按合同利率计提短期借款利息费用时的会计处理为( )。

A. 借记"短期借款"科目,贷记"应付利息"科目

B. 借记"财务费用"科目,贷记"短期借款"科目

C. 借记"财务费用"科目,贷记"应付利息"科目

D. 借记"应付利息"科目,贷记"财务费用"科目

11. 企业发生赊购商品业务,下列各项中,不影响应付账款入账金额的是( )。

A. 商品价款 　　　　　　　　B. 增值税进项税额

C. 现金折扣 　　　　　　　　D. 销货方代垫运杂费

12. 下列有关应付票据处理的表述中,不正确的是( )。

　　A. 企业开出商业承兑汇票时,按其票面金额贷记"应付票据"

　　B. 不带息应付票据到期支付时,按票面金额结转

　　C. 企业支付的银行承兑手续费,计入当期财务费用

　　D. 企业到期无力支付的银行承兑汇票,应按票面金额转入应付账款

13. 甲公司为增值税一般纳税人,适用的增值税税率为13%。公司将本企业自产的20台电视机作为福利发给本企业管理部门职工,成本为每台1 500元,市场售价为每台3 000元(不含增值税)。下列说法中,正确的是( )。

　　A. 决定发放时,计入管理费用的金额为60 000元

　　B. 决定发放时,计入管理费用的金额为30 000元

　　C. 实际发放时,视同销售,并且要确认收入结转成本

　　D. 实际发放时,确认收入30 000元

14. 企业采购原材料,附有现金折扣条件的,对于实际享受的现金折扣,应当( )。

　　A. 确认当期财务费用　　　　B. 冲减当期主营业务收入

　　C. 确认当期管理费用　　　　D. 冲减当期财务费用

15. 企业作为福利为高管人员配备汽车,计提这些汽车折旧时,应编制的会计分录是( )。

　　A. 借记"管理费用",贷记"累计折旧"

　　B. 借记"应付职工薪酬",贷记"累计折旧"

　　C. 借记"管理费用",贷记"固定资产"

　　D. 借记"管理费用",贷记"应付职工薪酬";借记"应付职工薪酬",贷记"累计折旧"

16. 企业2024年10月末,生产工人工资20万元,车间管理人员工资10万元,企业管理人员工资5万元,按职工工资2%计提工会经费,8%计提职工教育经费,则2024年10月该企业管理部门职工薪酬发生额为( )万元。

　　A. 5　　　　　　B. 35　　　　　　C. 5.5　　　　　　D. 33.5

17. 对于增值税一般纳税人,下列经济业务所涉及的增值税,应作进项税额转出处理的是( )。

　　A. 自行建造厂房领用外购原材料

　　B. 外购原材料因管理不善,发生霉烂变质

　　C. 以自产商品作为福利发放给职工

　　D. 以自产产品作为对价进行对外投资

18. 下列选项中,不属于职工薪酬核算范围的是( )。

A. 支付给外聘大学教授因提供培训而发生的讲课费

B. 支付给退休职工的养老金

C. 支付给未与企业签订劳动合同的董事的相应薪酬

D. 支付给与劳务中介公司签订用工合同、为企业提供劳务的人员的相应福利

19. 下列各项业务或事项中,属于短期职工薪酬的是( )。

A. 失业保险　　　　　　　　B. 职工缴纳的养老保险

C. 医疗保险　　　　　　　　D. 因解除与职工的劳动关系给予的补偿

20. 某企业为增值税一般纳税人,适用的增值税税率为13%。2024 年 12 月,该企业以其生产的每台成本为 150 元的加湿器作为福利发放给职工,每名职工发放 1 台,该型号的加湿器每台市场售价为 200 元(不含税)。该企业共有职工 200 名,其中,生产工人 180 名,总部管理人员 20 名。不考虑其他因素,下列各项中,关于该企业确认非货币性职工薪酬的会计处理结果正确的是( )。

A. 计入管理费用 4 000 元　　　B. 计入管理费用 3 000 元

C. 计入生产成本 27 000 元　　　D. 确认应付职工薪酬 45 200 元

二、多选题

1. 下列各项中,属于金额确定的流动负债的有( )。

A. 应付股利　　　　　　　　B. 应付账款

C. 应交税费　　　　　　　　D. 应付票据

E. 一年内到期的长期负债

2. 下列各项中,属于短期薪酬的有( )。

A. 工资、奖金　　　　　　　B. 职工福利费

C. 离职后福利　　　　　　　D. 住房公积金

E. 非货币性福利

3. 下列各项中,"应交税费——应交增值税"明细科目借方应设置专栏项目的有( )。

A. 进项税额　　　　　　　　B. 销项税额

C. 已交税金　　　　　　　　D. 进项税额转出

E. 转出未交增值税

4. 下列税费中,应计入存货成本的有( )。

A. 由受托方代收代缴的委托加工直接用于以不高于受托方的计税价格对外销售的商品负担的消费税

B. 由受托方代收代缴的委托加工继续用于生产应纳消费税的商品负担的消费税

C. 委托加工物资支付的加工费

D. 小规模纳税人购买原材料交纳的增值税

E. 增值税一般纳税人购买原材料交纳的增值税

5. 下列关于应付账款的处理中,正确的有(　　)。

A. 货物与发票账单同时到达,待货物验收入库后,按发票账单登记入账

B. 货物已到但发票账单未同时到达,待月份终了时暂估入账

C. 现金折扣不影响应付账款的确认金额

D. 应付账款包括购入原材料时应支付的增值税

E. 应付账款应以实际支付价款的现值入账

6. 消费税的征收方法有(　　)。

A. 从价定率　　　　　　　　B. 从价定率和从量定额复合计税

C. 从量定率　　　　　　　　D. 从量定额

E. 从价定额

7. 下列有关职工薪酬的处理中,正确的有(　　)。

A. 生产部门人员的职工薪酬,借记"生产成本""制造费用"科目,贷记"应付职工薪酬"科目

B. 管理部门人员的职工薪酬,借记"管理费用"科目,贷记"应付职工薪酬"科目

C. 销售人员的职工薪酬,借记"销售费用"科目,贷记"应付职工薪酬"科目

D. 应由在建工程负担的职工薪酬,借记"在建工程"科目,贷记"应付职工薪酬"科目

E. 应由研发支出负担的职工薪酬,借记"研发支出"科目,贷记"应付职工薪酬"科目

8. 下列各项中,企业应当作为职工薪酬进行会计处理的有(　　)。

A. 向被辞退员工支付补偿　　　B. 由企业负担的职工住房公积金

C. 支付员工带薪休假期间的工资　D. 为员工租赁住房并垫付租金

E. 由企业代扣代缴的职工医疗保险费

9. 甲公司系增值税一般纳税人,销售商品适用的增值税税率为13%。2024年10月30日,甲公司将其自产的100件取暖器作为福利发放给100名员工,其中生产车间员工60人,车间管理人员10人,销售人员10人,行政人员20人。取暖器生产成本每件300元,市场销售价格每件400元。不考虑其他因素,甲公司会计处理不正确的有(　　)。

A. 应计入应付职工薪酬的金额为 40 000 元

B. 应计入管理费用 40 000 元

C. 应计入生产成本 27 120 元

D. 应确认主营业务收入 40 000 元

E. 应确认主营业务成本 30 000 元

10. 下列各项中,企业应作为短期薪酬进行会计处理的有(　　)。

A. 由企业负担的职工医疗保险费　　B. 向职工发放的高温补贴

C. 由企业负担的职工住房公积金　　D. 向职工发放的工资

E. 向职工发放的非货币性福利

三、简答题

1. 应付账款入账价值如何确定?

2. 职工薪酬的主要内容包括哪些?

3. 应交增值税的金额如何确定?如何进行账务处理?

4. 应交消费税如何进行账务处理?

四、应用与计算分析题

1. E 公司因生产经营的临时性需要,于 2024 年 12 月 1 日向银行借入款项 80 000 元,年利率为 6%,借款期限为 2 个月,按月预提利息费用,到期一次还本付息。

要求:编制 2024 年借入时和年末预提利息时,以及 2025 年 1 月末和借款到期还本付息时的会计分录。(请列出必要的计算过程)

2. 大江公司 2024 年发生了如下经济业务:

(1)按照工资总额的标准分配工资费用,其中,生产工人工资为 12 万元,车间管理人员工资为 2 万元,总部管理人员工资为 3 万元,销售部门人员工资为 1 万元,在建工程人员工资为 5 万元;

(2)根据所在地政府规定,按照工资总额的 10.5% 计提住房公积金;

(3)下设的职工食堂维修领用原材料 20 万元;

(4)12 月 29 日公司用其生产的丙产品作为福利发放给公司职工。产品的实际成本为 80 000 元,市场售价为 90 000 元,增值税税率为 13%;

(5)12 月 31 日公司进行利润结转与利润分配,税后净利润为 600 000 元,假设按当年税后净利润提取 10% 法定盈余公积金。

要求:分别编制大江公司上述第(1)至(5)项业务的会计分录。

3.2024年12月,甲公司发生了如下经济业务:

(1)12月2日,购入一批商品,价格为20 000元,增值税税率为13%,货款尚未支付;

(2)12月10日,购入生产用设备一台,价格为500 000元,增值税税率为13%,以银行存款支付300 000元,余额签出一张1个月期、年利率为10%的商业汇票;

(3)12月15日,全额支付12月2日的货款。

要求:为甲公司编制上述经济业务的会计分录。

4. 甲公司委托外单位乙公司加工一批材料(非金银首饰),原材料价款为70万元,加工费用为20万元,乙公司代扣代缴消费税10万元。材料已经加工完毕验收入库,加工费用等尚未支付,该委托加工材料收回后用于连续生产应税消费品。

要求:为甲公司编制上述经济业务的会计分录。(金额单位以"万元"表示)

参考答案

第九章 非流动负债

第一节 本章考点、重点与难点

一、本章考点

本章考核的知识点是:(1)非流动负债概述;(2)借款费用;(3)长期借款;(4)应付债券;(5)长期应付款;(6)预计负债。

二、本章重点与难点

(一)本章重点

理解并掌握以下账务处理:借款费用的账务处理、长期借款的账务处理、应付债券的账务处理、预计负债的账务处理。

(二)本章难点

掌握并理解借款费用资本化金额的计算及其账务处理;掌握应付债券的账务处理;理解预计负债的账务处理。

第二节 本章学业水平测试题

一、单选题

1. 企业折价购入长期债券,是指债券的票面利率( )。
   A. 高于当时的市场利率 B. 低于当时的市场利率
   C. 等于当时的市场利率 D. 与当时的市场利率无关

2. 下列选项中,不属于或有事项特征的是( )。
   A. 由过去交易或事项形成 B. 结果具有不确定性
   C. 由发生的时间或金额确定 D. 由未来事项确定

3. 建造固定资产完工并达到预定可使用状态后发生的长期借款利息,应计入( )。
   A. 财务费用 B. 管理费用
   C. 在建工程 D. 制造费用

4. 企业发行的债券,在进行利息调整摊销时应采用的方法是( )。

A. 加权平均法　　　　　　　　B. 直线法

C. 年数总和法　　　　　　　　D. 实际利率法

5. 下列选项中,不属于公司债券票面凭证要素的是( )。

A. 债券面值　　　　　　　　　B. 债券的发行日

C. 债券票面利率　　　　　　　D. 债券的到期日

6. 甲公司于 2024 年 1 月 1 日溢价发行 4 年期、分期付息、到期还本的公司债券,债券面值为 100 万元,票面年利率为 6%,发行价格为 90 万元。债券溢价采用实际利率法摊销,假定实际利率是 7.5%,则甲公司 2024 年度应确认的利息费用为( )万元。

A. 4.5　　　　　B. 6　　　　　C. 6.75　　　　　D. 7.5

7. 2024 年 7 月 1 日,甲公司为新建生产车间而向商业银行借入专门借款 2 000 万元,年利率为 4%,款项已存入银行。截至 2024 年 12 月 31 日,因建筑地面上建筑物的拆迁补偿问题尚未解决,建筑地面上原建筑物尚未开始拆迁;该项借款存入银行所获得的利息收入为 19.8 万元。甲公司 2024 年上述借款应予以资本化的利息为( )万元。

A. 0　　　　　　B. 0.2　　　　　C. 20.2　　　　　D. 40

8. 甲公司于 2024 年 1 月 1 日按面值发行 3 年期,每年 1 月 1 日付息、到期一次还本的公司债券,债券面值为 600 万元,票面年利率为 5%。假设不考虑发行费用,甲公司于 2024 年 12 月 31 日该债券的摊余成本为( )万元。

A. 0　　　　　B. 600　　　　　C. 300　　　　　D. 无法确定

9. 债券的票面利率高于市场利率时发行的债券为( )。

A. 折价发行　　　　　　　　　B. 溢价发行

C. 面值发行　　　　　　　　　D. 平价发行

10. 甲公司 2024 年 1 月 1 日按面值发行分期付息、到期还本的公司债券 100 万张,另支付发行手续费 5 万元。该债券每张面值为 100 元,期限为 5 年,票面年利率为 4%。下列会计处理中,正确的是( )。

A. 发行公司债券时支付的手续费直接计入财务费用

B. 应付债券初始确认金额为 9 995 万元

C. 2024 年应确认的利息费用为 400 万元

D. 发行的公司债券按面值总额确认为负债

11. 某股份有限公司于 2024 年 1 月 1 日发行 3 年期,于次年起每年 1 月 1 日付息、到期一次还本的公司债券,债券面值总额为 1 000 万元,票面年利率为 5%,考虑发行费用后的实际年利率为4%,发行价格为1 030万元,另支付发行费用2.25万元。按实际利率法确认利息费用。假定不考虑其他因素,该债券2024年12月31日的摊余成本为(　　)万元。

A. 1 000　　　　　B. 1 018.86　　　　　C. 1 023.54　　　　　D. 1 021.2

12. 关于应付债券,下列说法中,正确的是(　　)。

A. 应按摊余成本和实际利率计算确定应付债券的利息费用

B. 应按摊余成本和合同约定的名义利率计算确定利息费用

C. 企业发行债券所发生的交易费用,计入财务费用或在建工程

D. 企业发行一般公司债券所发生的交易费用,增加应付债券初始确认金额

13. 下列各项中,不属于借款费用的是(　　)。

A. 发行股票的佣金　　　　　　B. 借款辅助费用

C. 发行债券的折价或溢价的摊销　　D. 借款利息

14. 2022年9月1日,甲公司为建造厂房从银行借入一笔期限为3年的专门借款,金额为2 000万元,年利率为8%,每年年末付息。2022年9月10日项目开始施工,并支付材料款、施工费等共计1 500万元;2022年10月1日,甲公司将闲置借款资金用于固定收益债券短期投资,当月收益1万元;2023年1月22日,因新冠疫情暂停施工,2023年6月1日恢复施工;2023年12月20日,该厂房建造完成,达到预定可使用状态;2024年2月1日,甲公司办理竣工决算。不考虑其他因素,下列关于甲公司会计处理的相关表述中,正确的是(　　)。

A. 该笔专门借款的借款费用资本化期间为2022年9月10日至2024年2月1日

B. 该笔专门借款的借款费用应当全部资本化

C. 2022年10月闲置借款资金收益冲减财务费用

D. 2024年1月该笔专门借款的借款费用应当费用化

15. 2024年4月20日,甲公司以当月1日自银行取得的专门借款支付了建造办公楼的首期工程物资款,5月10日开始施工,5月20日因发现文物需要发掘保护而暂停施工,7月15日复工兴建。甲公司该笔借款费用开始资本化的时点为(　　)。

A. 2024年4月1日　　　　　　B. 2024年4月20日

C. 2024年5月10日　　　　　　D. 2024年7月15日

16. 2022年2月1日,甲公司为建造一栋厂房向银行取得一笔专门借款。2022年3月5日,以该借款支付前期订购的工程物资款。因征地拆迁发生纠纷,该厂房延迟至2022年7月1日才开工兴建,开始支付其他工程款。2024年2月28日,该厂房建造完

成,达到预定可使用状态。2024年4月30日,甲公司办理工程竣工决算。不考虑其他因素,甲公司该笔借款费用的资本化期间为( )。

A. 2022年2月1日至2024年4月30日

B. 2022年3月5日至2024年2月28日

C. 2022年7月1日至2024年2月28日

D. 2022年7月1日至2024年4月30日

17. 下列导致固定资产建造中断时间连续超过3个月的事项中,不应暂停借款费用资本化的是( )。

A. 劳务纠纷 B. 安全事故

C. 资金周转困难 D. 可预测的气候影响

18. 下列关于借款费用停止资本化时点的判断中,不正确的是( )。

A. 符合资本化条件的资产的实体建造或者生产工作已经全部完成或者实质上已经完成

B. 所购建或者生产的符合资本化条件的资产与设计要求、合同规定或者生产要求相符或者基本相符,即使有个别与设计要求、合同规定或者生产要求不符,也不影响正常使用或销售

C. 所购建或者生产的符合资本化条件的资产的各部分分别完工,应当暂停与该部分资产相关的借款费用的资本化

D. 继续发生在所购建或生产的符合资本化条件的资产上的支出金额很少或者几乎不再发生

19. 甲企业是一家大型机床制造企业,2024年12月1日与乙公司签订了一项不可撤销合同,约定于2025年4月1日以200万元的价格向乙公司销售大型机床一台。若不能按期交货,甲企业就需按照总价款的20%支付违约金。截至2024年12月31日,甲企业尚未开始生产该机床。由于原料上涨等因素,甲企业预计生产该机床的成本不可避免地升至220万元。甲企业拟继续履约。假定不考虑其他因素,2024年12月31日,甲企业的下列处理中,正确的是( )。

A. 确认预计负债20万元 B. 确认预计负债40万元

C. 确认存货跌价准备20万元 D. 确认存货跌价准备40万元

20. 2024年12月31日,甲公司涉及一项未决诉讼,预计很可能败诉。甲公司若败诉,就需承担诉讼费10万元并支付赔款300万元,但基本确定甲公司可从保险公司获得60万元的补偿。2024年12月31日,甲公司因该诉讼应确认预计负债的金额为( )

万元。

A. 240　　　　　　B. 250　　　　　　C. 300　　　　　　D. 310

二、多选题

1. 下列资产负债表项目中,属于非流动负债的有(　　)。
   A. 应付票据　　　　　　　　　　B. 应付股利
   C. 应付债券　　　　　　　　　　D. 应付账款
   E. 专项应付款

2. 借款费用包括(　　)。
   A. 借款利息　　　　　　　　　　B. 辅助费用
   C. 现金股利　　　　　　　　　　D. 发行债券折价或者溢价的摊销
   E. 因外币借款而发生的汇兑差额

3. 符合借款费用资本化条件的存货,主要包括(　　)。
   A. 企业购入的即可使用的资产
   B. 企业生产时间较短(一年以内)的产品
   C. 企业制造的用于对外出售的大型机器设备
   D. 企业购入后需要安装但所需安装时间较短的机器设备
   E. 房地产开发企业开发的用于对外出售的房地产开发产品

4. 下列各项中,属于或有事项的有(　　)。
   A. 未决诉讼　　　　　　　　　　B. 债务担保
   C. 亏损合同　　　　　　　　　　D. 产品质量保证
   E. 环境污染整治

5. 下列关于企业发行一般公司债券的会计处理中,正确的有(　　)。
   A. 实际收到的价款记入"应付债券——面值"科目
   B. 实际收到的款项与面值的差额,应记入"利息调整"明细科目
   C. 对于利息调整,企业应在债券存续期间内采用实际利率法进行摊销
   D. 资产负债表日,企业应按应付债券的面值和实际利率计算确定当期的债券利息费用
   E. 企业发行债券中发生的相关交易费用,应计入应付债券初始确认金额

6. 根据借款费用准则的规定,符合资本化条件的资产在购建或者生产过程中发生非正常中断,且中断时间连续超过3个月的,应当暂停借款费用的资本化。下列各项中,属

于非正常中断的有( )。

　A. 因资金周转困难导致购建或者生产的中断

　B. 因与施工方发生了质量纠纷导致购建或者生产的中断

　C. 因工程建造到一定阶段必须暂停下来进行质量或者安全检查导致购建的中断

　D. 在北方某地建造某工程期间,因冰冻季节导致施工出现中断

　E. 因工程发生了安全事故导致购建或者生产的中断

7. 下列事项中,应当确认为预计负债的有( )。

　A. 甲公司涉及的一项产品质量未决诉讼案,败诉的可能性为80%,如果败诉,则需支付赔偿金及诉讼费共计60万元

　B. 甲公司为乙公司提供债务担保,乙公司财务状况良好

　C. 甲公司为丙公司提供银行贷款担保,丙公司因资金困难而未按时还款,甲、丙公司被银行起诉,诉讼尚未判决。甲公司律师认为,甲公司败诉的可能性为70%,并需要支付50万元赔偿金

　D. 甲公司因排放废弃物造成环境污染而被起诉,诉讼尚未判决。甲公司律师认为该情况复杂,尚不能可靠估计赔偿金额

　E. 甲公司因经济纠纷而被某企业起诉,甲公司已被判决败诉并需要支付80万元赔偿金,且甲公司不再上诉

8. 下列关于借款费用的说法中,正确的有( )。

　A. 企业为购建或生产符合资本化条件的资产发行债券产生的溢价或折价金额属于借款费用

　B. 企业为购建或生产符合资本化条件的资产所借入外币专门借款,在资本化期间产生的本金和利息的汇兑差额应该全部资本化

　C. 企业为购建或生产符合资本化条件的资产占用外币一般借款的,在资本化期间产生的本金和利息的汇兑差额应该全部费用化

　D. 每一个会计期间的利息资本化金额,不应当超过当期相关借款实际发生的利息金额

　E. 借款费用应予以资本化的借款范围仅包括专门借款

9. 下列各事项中,可能会确认预计负债的有( )。

　A. 购买存在弃置费用的固定资产

　B. 因对外提供担保而涉及的未决诉讼

　C. 附有销售退回条款的商品销售

D. 对使用寿命有限的无形资产进行摊销

E. 对应收账款计提坏账准备

10. 甲股份有限公司(以下简称"甲公司")在编制本年度财务报告时,发现甲公司存在的或有事项如下:(1)正在诉讼过程中的经济案件估计很可能胜诉并可获得 100 万元的赔偿;(2)由于甲公司生产过程中产生的废料污染了河水,有关环保部门已经开出罚单,金额为 60 万元;(3)甲公司为其子公司提供银行借款担保,担保金额为 400 万元,甲公司了解到其子公司近期的财务状况不佳,可能无法支付将于次年 6 月 20 日到期的银行借款。甲公司在本年度财务报告对上述或有事项的处理中,不正确的有(   )。

A. 甲公司将因污染环境发生的 60 万元罚款仅在会计报表附注中作了披露

B. 甲公司将为其子公司提供的、子公司可能无法支付的 400 万元担保确认为负债,并在会计报表附注中作了披露

C. 甲公司将诉讼过程中很可能获得的 100 万元赔偿款确认为资产,并在会计报表附注中作了披露

D. 甲公司未将诉讼过程中很可能获得的 100 万元赔偿款确认为资产,但在会计报表附注中作了披露

E. 甲公司将因污染环境发生的 60 万元罚款确认为负债,并在会计报表附注中作了披露

三、简答题

1. 简述借款费用资本化期间的含义及其资本化的条件。
2. 什么是预计负债?预计负债的确认条件是什么?
3. 简要说明预计负债的确认必须同时满足的条件。
4. 举债非流动负债有哪些不足之处?

四、应用与计算分析题

1. D 公司因生产经营需要,于 2022 年 1 月 1 日向其开户银行借入款项 800 000 元专门用于建造厂房,年利率为 5%,借款期限 3 年,按年预提利息费用,到期一次还本付息。工程于 2022 年 1 月 1 日开始施工,并发生相关支出,已符合资本化条件。2022 年 7 月 1 日发生事故,在 2024 年 1 月 1 日处理完毕后重新开工投入建造,并于 2024 年 12 月 31 日车间完工并达到预定可使用状态。

要求:编制与该笔借款、利息相关的会计分录。

2. 甲股份有限公司(以下简称"甲公司")拟自建厂房,与该厂房建造相关的情况如下:

(1)2023年1月1日,甲公司按面值发行公司债券,专门筹集厂房建设资金。该公司债券为3年期分期付息、到期还本不可提前赎回的债券,面值为20 000万元,票面年利率为7%,发行所得20 000万元存入银行。

(2)甲公司除上述所发行公司债券外,还存在两笔流动资金借款:一笔于2023年1月1日借入,本金为5 000万元,年利率为6%,期限3年;另一笔于2024年1月1日借入,本金为3 000万元,年利率为8%,期限5年。

(3)厂房建造工程于2023年1月1日开工,采用外包方式进行。有关建造支出情况如下:2023年1月1日,支付建造商15 000万元;2023年7月1日,支付建造商5 000万元;2024年1月1日,支付建造商4 000万元;2024年7月1日,支付建造商2 000万元。

(4)2024年12月31日,该工程达到预定可使用状态。甲公司将闲置的借款资金投资于固定收益债券,月收益率为0.3%。假定一年为360天,每月按30天算。

要求:

(1)编制甲公司2023年1月1日发行债券的账务处理。

(2)计算2023年资本化的利息金额,并编制会计分录。

(3)计算2024年建造厂房资本化及费用化的利息金额,并编制会计分录。

3. 甲公司系增值税一般纳税人,有关业务资料如下:

(1)资料一:2024年8月1日,甲公司从乙公司购入1台不需安装的A生产设备并投入使用,已收到增值税专用发票,价款1 000万元,增值税税额为130万元,付款期为3个月。

(2)资料二:2024年11月1日,应付乙公司款项到期,甲公司虽有付款能力,但因该设备在使用过程中出现过故障,与乙公司协商未果,未按时支付。2024年12月1日,乙公司向人民法院提起诉讼,截至当年12月31日,人民法院尚未判决。甲公司法律顾问认为败诉的可能性为70%,预计支付诉讼费5万元,逾期利息在20万元至30万元,且这个区间内每个金额发生的可能性相同。

(3)资料三:2025年5月8日,人民法院判决甲公司败诉,承担诉讼费5万元,并在10日内向乙公司支付欠款1 130万元和逾期利息50万元。甲公司和乙公司均服从判决,甲公司于2025年5月16日以银行存款支付上述所有款项。

(4)资料四:甲公司2024年度财务报告已于2025年4月20日报出,不考虑其他因素。

要求：

(1)编制甲公司购进固定资产的相关会计分录。

(2)判断说明甲公司 2024 年年末就该未决诉讼案件是否应当确认预计负债及其理由；如果应当确认预计负债，编制相关会计分录。

(3)编制甲公司服从判决支付款项的相关会计分录。

第十章 所有者权益

第一节 本章考点、重点与难点

一、本章考点

本章考核的知识点是:(1)所有者权益概述;(2)实收资本(股本);(3)资本公积和其他综合收益;(4)留存收益。

二、本章重点与难点

(一)本章重点

理解以下内容:所有者权益概述、实收资本(股本)的账务处理、资本公积的账务处理、其他综合收益的内容、留存收益的账务处理。

(二)本章难点

掌握并理解以下账务处理:实收资本(股本)的账务处理、资本公积的账务处理、留存收益的账务处理。

第二节 本章学业水平测试题

一、单选题

1. 下列项目中,不属于留存收益的是( )。
   A. 未分配利润　　　　　　　B. 法定盈余公积
   C. 任意盈余公积　　　　　　D. 资产评估增值

2. 下列项目中,属于留存收益的是( )。
   A. 股本溢价　　　　　　　　B. 从净利润中提取的法定盈余公积
   C. 已宣告而未发放的应付股利　D. 资产评估增值

3. 下列项目中,不能作为实收资本增加项的是( )。
   A. 债务重组中的债转股　　　　B. 可转换债券转为股本
   C. 股权激励机制下股份期权行权　D. 交易性金融资产出售

4. 企业收到投资者的超出其在企业注册资本中所占份额的投资,应计入( )。

A. 资本公积 B. 营业外收入
C. 其他业务收入 D. 其他应付款

5. 下列各项经济业务中,会引起公司所有者权益增减变动的是( )。
A. 向投资者分配股票股利 B. 用资本公积转增股本
C. 用盈余公积弥补亏损 D. 向投资者宣告分配现金股利

6. 股份有限公司采用收购本企业股票方式减资的,应按实际支付的金额,在贷记"银行存款"科目的同时,应借记的科目是( )。
A. 股本 B. 库存股
C. 资本公积 D. 盈余公积

7. 甲公司委托某证券公司代理发行普通股 100 000 股,每股面值 1 元,每股以 1.1 元的价格出售,按协议证券公司从发行收入中收取 3% 的手续费,从发行收入中扣除。该公司计入资本公积的数额为( )元。
A. 0 B. 3 000 C. 6 700 D. 110 000

8. 对有限责任公司而言,如有新投资者介入,新介入的投资者缴纳的出资额大于按约定比例计算的其在注册资本中所占份额的部分,则应计入( )。
A. 实收资本 B. 营业外收入
C. 资本公积 D. 盈余公积

9. 某企业年初所有者权益总额 160 万元,当年以其中的资本公积转增资本 50 万元。当年实现净利润 300 万元,提取盈余公积 30 万元,向投资者分配利润 50 万元。该企业年末所有者权益总额为( )万元。
A. 360 B. 410 C. 440 D. 460

10. 下列各项中,能够引起企业所有者权益减少的是( )。
A. 宣告发放现金股利 B. 资本公积转增资本
C. 提取法定盈余公积 D. 盈余公积转增资本

11. 甲股份有限公司委托证券公司发行股票 1 000 万股,每股面值 1 元,每股发行价格为 6 元,向证券公司支付佣金 500 万元。该公司应记入"股本"科目的金额为( )万元。
A. 7 500 B. 1 000 C. 8 000 D. 6 500

12. ABC 公司注册资本为 450 万元,现有 D 出资者出资现金 200 万元,使得注册资本增加到 600 万元,其中 D 出资者占注册资本的比例为 25%。ABC 公司接受 D 出资者出资时,应计入资本公积的金额为( )万元。

A. 0　　　　　　B. 50　　　　　　C. 150　　　　　　D. 200

13. 下列各项中,应通过"资本公积"科目核算的有(　　)。

A. 发行股票取得的股本溢价　　　　B. 转销确实无法偿还的应付账款

C. 出售无形资产利得　　　　　　　D. 企业接受捐赠

14. 某企业盈余公积年初余额为80万元,本年利润总额为600万元,所得税费用为150万元,按净利润的10%提取法定盈余公积,并将盈余公积10万元转增资本。该企业盈余公积年末余额为(　　)万元。

A. 60　　　　　　B. 105　　　　　C. 115　　　　　　D. 130

15. A、B公司均为增值税一般纳税人,适用的增值税税率为13%。甲公司接受乙公司投资转入的原材料一批,账面价值80 000元,投资协议约定的价值100 000元。假定投资协议约定的价值与公允价值相符,该项投资没有产生资本溢价。甲公司实收资本应增加(　　)元。

A. 80 000　　　　B. 113 000　　　C. 100 000　　　　D. 140 400

16. 上市公司股东代上市公司偿还一笔应付账款2 000万元,经济实质表明属于对企业的资本性投入,则下列处理中正确的是(　　)。

A. 公司减少应付账款同时增加其他综合收益

B. 公司减少应付账款同时增加营业外收入

C. 公司减少应付账款同时增加"资本公积——股本溢价"

D. 公司减少应付账款同时增加其他权益工具

17. 下列交易或事项形成的资本公积中,在处置相关资产或行权时应转入当期损益的是(　　)。

A. 同一控制下控股合并中确认长期股权投资时形成的资本公积

B. 长期股权投资采用权益法核算时形成的资本公积

C. 接受投资者投入无形资产时产生的资本公积

D. 以权益结算的股份支付等待期内确认的资本公积

18. 采用权益法核算长期股权投资时,被投资企业因接受大股东捐赠而引起所有者权益的增加,投资企业按其持股比例计算应享有的份额,将其记入的科目是(　　)。

A. 营业外收入　　　　　　　　　　B. 其他综合收益

C. 资本公积　　　　　　　　　　　D. 其他权益工具

19. 下列各项中,不影响其他综合收益的是(　　)。

A. 重新计量设定受益计划导致净资产或净负债的变动

B. 外币财务报表折算差额

C. 接受所有者投资,超出所有者按出资比例享有的出资额部分

D. 存货转换为采用公允价值模式计量的投资性房地产时公允价值大于账面价值的差额

20. 下列事项中,可能会引起留存收益总额发生增减变动的是( )。

A. 收到投资者以非现金资产投入的资本

B. 按照规定注销库存股

C. 投资者按规定将可转换公司债券转为股票

D. 为奖励本公司职工而回购本公司发行在外的股份

二、多选题

1. 所有者权益包括( )。

A. 实收资本　　　　　　　B. 资本公积

C. 应付股利　　　　　　　D. 其他综合收益

E. 投资收益

2. 盈余公积的主要用途有( )。

A. 弥补亏损　　　　　　　B. 对外捐赠

C. 转增资本　　　　　　　D. 对外投资

E. 用于职工福利

3. 下列事项中,会导致企业实收资本或股本发生增减变动的有( )。

A. 发行新股　　　　　　　B. 分配股票股利

C. 盈余公积弥补亏损　　　D. 资本公积转增资本

E. 盈余公积转增资本

4. 同时引起企业资产和所有者权益发生增减变化的项目有( )。

A. 赊购材料　　　　　　　B. 其他债券投资公允价值上升

C. 投资者投入资本　　　　D. 计提长期借款利息

E. 以固定资产对外投资

5. 下列各项中,属于所有者权益的有( )。

A. 坏账准备　　　　　　　B. 应付股利

C. 资本溢价　　　　　　　D. 盈余公积

E. 未分配利润

6. 下列交易或事项中,不影响企业当期损益的有( )。

A. 股票溢价收入

B. 处置长期股权投资、转销相关的资本公积

C. 盈余公积补亏

D. 资本公积转增资本

E. 交易性金融资产期末公允价值变动

7. 下列各项中,年度终了需要转入"利润分配——未分配利润"科目的有(　　)。

A. 本年利润
B. 利润分配——应付现金股利
C. 利润分配——盈余公积补亏
D. 利润分配——提取法定盈余公积
E. 利润分配——提取任意盈余公积

8. 下列关于实收资本和资本公积区别的说法中,正确的有(　　)。

A. 实收资本体现基本产权关系,资本公积不直接表明基本产权关系

B. 实收资本是利润分配的依据,资本公积不能作为利润分配的依据

C. 实收资本是确定所有者参与决策的基础,资本公积不能作为所有者参与决策的基础

D. 实收资本是企业清算时确定所有者对净资产的要求权的依据,资本公积不能作为企业清算时确定所有者对净资产的要求权的依据

E. 实收资本是企业股东或投资者实际投入企业的资金,而资本公积与投资者投入无关

9. 下列项目中,通过"其他权益工具"科目核算的有(　　)。

A. 可转换公司债券权益成分公允价值

B. 发行方发行的金融工具归类为金融负债的部分

C. 发行方发行的金融工具归类为权益工具的部分

D. 发行可转换公司债券的发行费用(权益工具承担的部分)

E. 发行可转换公司债券的发行费用(金融负债承担的部分)

10. 下列关于留存收益的说法中,正确的有(　　)。

A. 留存收益包括盈余公积和未分配利润两部分

B. 在提取法定公积金之前,应当先用当年利润弥补亏损

C. 弥补亏损后的净利润,先提取法定盈余公积,再提取任意盈余公积

D. 企业以当年实现的利润弥补以前年度亏损时,不需要进行专门的会计处理

E. 企业发生的亏损经过五年期间未弥补足额的,尚未弥补的亏损应用所得税后的利润弥补

三、简答题

1. 其他综合收益包括哪些内容？
2. 企业弥补亏损的渠道有哪些？如何进行账务处理？
3. 盈余公积提取和使用有哪些要求？
4. 什么是所有者权益？所有者权益由哪几部分构成？

四、应用与计算分析题

1. E股份有限公司于2024年12月31日股本为5 000万股(每股面值为1元)，资本公积(股本溢价)为1 500万元，盈余公积为1 000万元。经股东大会批准，该公司以现金回购的方式回购本公司股票1 000万股，回购价格每股2.8元。2025年1月30日，该公司已完成股本回购并注销。

要求：根据以上资料，为E公司编制相应的会计分录。(金额单位以"万元"表示)

2. A股份有限公司的股本为10 000万元，每股面值1元。2024年年初未分配利润为贷方8 000万元，2024年实现净利润5 000万元。

假定公司按照2024年实现净利润的10%提取法定盈余公积，5%提取任意盈余公积，同时向股东按每股0.2元派发现金股利，按每10股送3股的比例派发股票股利。2025年3月15日，公司以银行存款支付了全部现金股利，新增股本也已经办理股权登记和相关增资手续。

要求：根据以上资料，为A公司编制相应的会计分录。

3. 甲公司2024年度发生的交易或事项如下：

(1)事项一：1月1日，甲公司与乙公司签订租赁合同，将本公司原作为固定资产核算的一栋写字楼出租给乙公司，租赁期为5年，年租金为400万元，于每年末支付。该写字楼的成本为8 000万元，至出租时已计提折旧1 200万元。按照周边写字楼的市场价格估计，该写字楼的公允价值为9 400万元。12月31日，甲公司收到乙公司支付的当年租金400万元。甲公司采用公允价值模式对投资性房地产进行后续计量。12月31日，因租赁市场短期回调，甲公司上述出租写字楼的公允价值为9 200万元。

(2)事项二：2月10日，甲公司支付价款620万元购入乙公司股票100万股(占乙公司发行在外股份数的1%)，另支付交易费用0.8万元。购入时，乙公司已宣告发放现金股利，甲公司按照购入股份比例计算可分得股利46万元。甲公司将所购入乙公司股票指定为以公允价值计量且其变动计入其他综合收益的非交易性权益工具投资。3月2

日,甲公司收到乙公司分配的现金股利46万元。12月31日,甲公司所持乙公司股票的公允价值为550万元。

(本题不考虑相关税费及其他因素)

要求:根据上述资料,逐项计算上述交易或事项对甲公司2024年度其他综合收益的影响金额,编制相关会计分录。

4.甲公司2023年"未分配利润"年初贷方余额100万元,按10%提取法定盈余公积金,所得税税率25%。甲公司2023年至2024年的有关资料如下:(1)2023年实现净利200万元,提取法定盈余公积后,宣告分派现金股利150万元;(2)2024年发生亏损500万元(假设无以前年度未弥补亏损)。

要求:

(1)编制2023年有结转本年利润和利润分配的会计分录。(盈余公积及利润分配的核算要写出明细科目)

(2)编制2024年结转亏损的会计分录。(答案中的金额单位用"万元"表示)

参考答案

第十一章 收入、费用和利润

第一节 本章考点、重点与难点

一、本章考点

本章考核的知识点是:(1)收入;(2)费用;(3)利润。

二、本章重点与难点

(一)本章重点

理解以下账务处理:商品销售收入的账务处理、提供劳务收入的账务处理、利润的计算、利润分配的账务处理。

(二)本章难点

掌握并理解以下内容:完工百分比法的应用、建造合同收入的账务处理。

第二节 本章学业水平测试题

一、单选题

1. 附有退货条件的销售,如果企业不能合理估计退货可能性的,则确认收入的时间是( )。

   A. 签订销售协议时　　　　　　B. 发出商品时
   C. 售出商品退货期满时　　　　D. 收到销售款时

2. 下列各项中,属于利润分配的是( )。

   A. 股本溢价　　　　　　　　　B. 从净利润中提取的法定盈余公积
   C. 资本公积转增股本　　　　　D. 资产评估增值

3. 下列各项中,不影响营业利润的是( )。

   A. 营业外支出　　　　　　　　B. 投资收益
   C. 资产减值损失　　　　　　　D. 财务费用

4. 企业采用支付手续费的方式委托代销商品,委托方确认商品销售收入的时间是( )。

A. 双方签订代销协议时 B. 委托方发出商品时
C. 委托方收到代销清单时 D. 委托方收到代销款时

5. 下列各项中,应计入管理费用的是( )。

A. 行政管理部门职工工资 B. 广告费
C. 生产车间管理人员的工资 D. 专设销售机构的固定资产修理费

6. 企业销售商品确认收入后,对于客户实际享受的现金折扣,应当( )。

A. 确认当期财务费用 B. 确认当期管理费用
C. 冲减当期主营业务收入 D. 确认当期主营业务成本

7. 下列各项中,应当计入制造业企业产品成本的是( )。

A. 销售费用 B. 管理费用
C. 财务费用 D. 制造费用

8. 企业对于已经发出但不符合收入确认条件的商品,其成本应借记的科目是( )。

A. 在途物资 B. 发出商品
C. 库存商品 D. 主营业务成本

9. 依据收入准则的规定,在确定交易价格时,不属于企业应当考虑的因素的是( )。

A. 可变对价 B. 应收客户款项
C. 非现金对价 D. 合同中存在的重大融资成分

10. 依据收入准则,下列对于合同存在形式的说法中,错误的是( )。

A. 只能是书面形式合同 B. 口头形式合同
C. 其他形式合同 D. 书面形式合同

11. 收入确认的时点是( )。

A. 预收货款时 B. 签订合同时
C. 风险报酬转移时 D. 在客户取得相关商品控制权时

12. 下列情形中,不属于在某一时间段内履行履约义务的是( )。

A. 客户在企业履约的同时即取得并消耗企业履约所带来的经济利益

B. 客户能控制企业履约过程中在建的商品

C. 企业履约过程中所产出的商品具有不可替代用途,且该企业在整个合同期间内有权就累计至今已完成的履约部分收取款项

D. 客户已接受该商品

13. 下列关于取得合同发生的增量成本会计处理的说法中,不正确的是(   )。

   A. 增量成本是指企业不取得合同就不会发生的成本

   B. 企业取得合同发生的增量成本预期能够收回的,应当作为合同取得成本确认为一项资产

   C. 增量成本形成的资产摊销期限不超过一年的,可以在发生时计入当期收益

   D. 企业取得合同发生的、除预期能够收回的增量成本之外的其他支出,应当在发生时计入合同成本

14. 下列关于合同取得成本与合同履约成本的说法中,不正确的是(   )。

   A. 无论是否取得合同均会发生的差旅费,应当在发生时计入当期损益

   B. 合同履约成本减值准备在以后期间可以转回

   C. 与履约义务中已履行部分相关的支出,应计入当期损益

   D. 合同履约成本,在资产负债表中列示为存货

15. 2024年3月1日,甲公司与乙公司签订一项办公楼室内装修合同,约定乙公司从甲公司购买装修材料,甲公司根据其需要和室内环境提供专门的定制化设计服务,直至乙公司验收满意。不考虑其他因素,下列关于甲公司对该合同的处理中,正确的是(   )。

   A. 该合同中只存在一项单项履约义务

   B. 该合同中存在两项单项履约义务

   C. 该合同中存在三项单项履约义务

   D. 购买材料和设计服务是两项履约义务

16. 甲公司为其客户建造一栋办公楼,合同约定的价款为1 000万元,但是,如果甲公司不能在合同签订之日起的100天内竣工,则须支付50万元罚款,该罚款从合同价款中扣除。甲公司对合同结果的估计如下:工程按时完工的概率为90%,工程延期的概率为10%。假定上述金额不含增值税,则该合同的交易价格为(   )万元。

   A. 1 000　　　　　B. 950　　　　　C. 1 050　　　　　D. 50

17. 2024年5月1日,甲公司与客户签订合同,向其销售A、B两种商品,合同价款为5 000元。假定A商品和B商品分别构成单项履约义务,A商品的单独售价为1 500元,B商品的单独售价为6 000元。假定不考虑相关税费影响。A商品和B商品应分摊的交易价格分别是(   )。

   A. 2 500元和2 500元　　　　　B. 1 000元和4 000元

   C. 2 000元和3 000元　　　　　D. 1 500元和6 000元

77

18.2024年10月1日,甲公司与乙公司签订合同,向乙公司销售100台电脑桌和100把电脑椅,总价款为60万元。合同约定,电脑桌于15日内交付,相关电脑椅于20日内交付,且在电脑桌和电脑椅等所有商品全部交付后,甲公司才有权收取全部合同对价。假定上述两项销售分别构成单项履约义务,全部商品交付给乙公司时,乙公司即取得其控制权。上述电脑桌的单独售价为48万元,电脑椅的单独售价为32万元。甲公司电脑桌和电脑椅均按合同约定时间交付。不考虑其他因素,甲公司进行的下列会计处理中,正确的是(　　)。

A. 电脑桌应分摊的交易价格为24万元

B. 电脑椅应分摊的交易价格为32万元

C. 交付电脑桌时,确认合同资产和主营业务收入36万元

D. 交付电脑椅时,确认合同资产和主营业务收入24万元

19. 甲公司于2024年8月接受一项产品安装任务,安装期6个月,合同总收入30万元,在2024年已预收款项4万元,余款在安装完成时收回,当年实际发生成本8万元,预计还将发生成本16万元。假定该安装劳务属于在某一时段内履行的履约义务,且根据累计发生的合同成本占合同预计总成本的比例确认履约进度,则甲公司在2024年度应确认的收入为(　　)万元。

A. 10　　　　B. 8　　　　C. 24　　　　D. 0

20.2023年10月,某企业签订一项劳务合同,合同总价款为300万元,预计合同成本为240万元,合同价款在签订合同时已收取。上述合同对该企业来说属于一段时期内履行的履约义务,且履约进度能够合理确定。2023年已确认收入80万元,截至2024年年底,履约进度为60%。不考虑其他因素,2024年企业应确认的收入为(　　)万元。

A. 64　　　　B. 144　　　　C. 100　　　　D. 180

二、多选题

1. 收入的特征有(　　)。

A. 收入是在企业日常活动中形成的

B. 收入会导致所有者权益增加

C. 收入是与所有者投入资本有关的经济利益的流入

D. 收入是与所有者投入资本无关的经济利益的流入

E. 收入的金额能够可靠计量

2. 下列各项中,影响企业当期利润总额的有(　　)。

A. 投资收益　　　　　　　　B. 所得税费用

C. 销售商品收入　　　　　　D. 固定资产减值损失

E. 投资性房地产公允价值变动收益

3. 当采用完工百分比法确认劳务收入时,需要同时满足的条件有(　　)。

A. 合同总收入能够可靠地计量

B. 合同总成本能够可靠地计量

C. 劳务的完工程度能够可靠地计量

D. 与提供劳务相关的经济利益能够注入企业

E. 收到与劳务相关的现金

4. 下列各项中,影响企业当期营业利润的有(　　)。

A. 其他业务收入　　　　　　B. 所得税费用

C. 营业外收入　　　　　　　D. 固定资产报废损失

E. 长期股权投资处置损益

5. 下列各项中,年度终了需要转入"利润分配——未分配利润"科目的有(　　)。

A. 本年利润

B. 利润分配——应付现金股利

C. 利润分配——盈余公积补亏

D. 利润分配——提取法定盈余公积

E. 利润分配——提取任意盈余公积

6. 2023年6月20日,甲公司与丙公司签订合同约定:甲公司向丙公司销售A、B两种商品,A商品于合同签订后3个月内交付,B商品于A商品交付后6个月内交付;丙公司于A、B商品全部交付并经验收合格后的2个月内支付全部合同价款500万元。甲公司分别于2023年9月10日和2024年2月10日向丙公司交付了A商品和B商品,商品控制权也随之转移给丙公司。丙公司于2024年4月10日以银行存款支付了全部合同价款及相关的增值税。已知,甲公司A商品单独的销售价格为240万元;B商品单独的销售价格为360万元。甲公司销售货物的增值税税率为13%,不考虑除增值税外的税费及其他因素。下列关于甲公司的会计处理中,正确的有(　　)。

A. 2023年9月10日,甲公司转让A商品时确认收入200万元

B. 2023年9月10日,甲公司转让A商品时确认应收账款226万元

C. 2024年2月10日,甲公司转让B商品时确认收入300万元

D. 2024年2月10日,甲公司转让B商品时确认合同负债300万元

E. 2024年4月10日,甲公司确认收入500万元

7. 甲公司于2024年9月1日接受一项设备安装任务,安装期为6个月,合同总价款100万元,截至年底已预收安装费66万元,实际发生安装费用为42万元(假定均为安装人员薪酬),估计还将发生安装费用18万元。假定甲公司按实际发生的成本占估计总成本的比例确定安装任务的履约进度,不考虑增值税等其他因素。2024年,甲公司下列处理中正确的有( )。

A. 实际履约进度为70%

B. 2024年12月31日应确认主营业务收入66万元

C. 预收的安装费应记入"合同负债"科目

D. 实际发生的安装费用应记入"合同履约成本"科目

E. 实际履约进度为63.64%

8. 关于收入的确认,下列表述中正确的有( )。

A. 企业应当在履行了合同中的履约义务,相关商品主要风险和报酬转移时确认收入

B. 没有商业实质的非货币性资产交换,不确认收入

C. 企业因向客户转让商品对价不是很可能收回,应当将已收取的对价部分确认为收入

D. 企业因向客户提供服务的对价不是很可能收回,企业只有在不再负有向客户提供服务的剩余义务,且已向客户收取的对价无需退回时,才能将已收取的对价确认为收入

E. 企业从无关联方处获得捐赠,应确认收入

9. 甲公司与客户签订合同,向其销售A、B、C 3种产品,合同总价款为120万元,这3种产品构成3个单项履约义务。企业经常单独出售A产品,其可直接观察的单独售价为50万元;B产品和C产品的单独售价不可直接观察,企业采用市场调整法估计B产品的单独售价为25万元,采用成本加成法估计C产品的单独售价为75万元。甲公司经常以50万元的价格单独销售A产品,并且经常将B产品和C产品组合在一起以70万元的价格销售。假定上述价格均不包含增值税。假定不考虑其他因素,甲企业的下列有关会计处理中,正确的有( )。

A. 分摊至A产品的交易价格为50万元

B. 分摊至B产品的交易价格为25万元

C. 分摊至B产品的交易价格为17.5万元

D. 分摊至 C 产品的交易价格为 75 万元

E. 分摊至 C 产品的交易价格为 52.5 万元

10. 下列选项中,属于在某一时段内履行的履约义务的判断条件的有( )。

A. 客户在企业履约的同时即取得并消耗企业履约所带来的经济利益

B. 客户能够控制企业履约过程中在建的商品

C. 客户已拥有该商品的法定所有权

D. 企业履约过程中所产出的商品具有不可替代用途,且该企业在整个合同期间内有权就累计至今已完成的履约部分收取款项

E. 企业已将该商品实物转移给客户

三、简答题

1. 简述收入确认和计量的五步法。
2. 什么是期间费用?期间费用包括哪些?
3. 什么是营业利润?营业利润由哪些损益项目构成?
4. 简述利润分配的程序。

四、应用与计算分析题

1. 甲公司为增值税一般纳税人,适用的增值税税率为13%,商品、原材料售价中不含增值税。假定销售商品、原材料和提供劳务均符合收入确认条件,其成本在确认收入时逐笔结转,不考虑其他因素。2024年8月,甲公司发生如下交易或事项:

(1)销售商品一批,按商品标价计算的金额为200万元,开具了增值税专用发票,款项尚未收回。该批商品实际成本为150万元。

(2)向乙公司转让一项软件的使用权,一次性收取使用费20万元并存入银行。

(3)销售一批原材料,增值税专用发票注明售价30万元,款项收到并存入银行。该批材料的实际成本为24万元。

(4)以银行存款支付管理费用30万元,财务费用12万元,营业外支出3万元。

要求:逐笔编制甲公司上述交易或事项的会计分录。("应交税费"科目要写出二级科目,金额单位用"万元"表示)

2. 2024年7月5日,E公司委托A公司销售商品400件,协议价为200元/件,该商品的成本为150元/件,增值税税率为13%;7月20日,E公司收到A公司开具的代销清单列明:销售商品250件,销售不含税总额50 000元,增值税6 500元,应支付A公司的

手续费5 000元,在货款中扣除;7月23日,E公司收到A公司汇来已销售商品的货款。

要求:根据以上资料,为E公司编制委托代销商品的会计分录。

3.2024年度,甲公司发生的与销售相关的交易或事项如下:

(1)资料一:2024年10月1日,甲公司推出一项7天节日促销活动。截至2024年10月7日,甲公司因现销410万元的商品共发放了面值为100万元的消费券,消费券于次月1日开始可以使用,有效期为3个月。根据历史经验,甲公司估计消费券的使用率为90%。

(2)资料二:2024年11月1日,甲公司与乙公司签订一项设备安装合同,安装期为4个月,合同总价款为200万元。当日,甲公司预收合同款120万元。截至2024年12月31日,甲公司实际发生安装费用96万元,估计还将发生安装费用64万元。甲公司向乙公司提供的设备安装服务属于在某一时段内履行的履约义务。甲公司按实际发生的成本占估计总成本的比例确定履约进度。

(3)资料三:2024年12月31日,甲公司向丙公司销售200件商品,单位销售价格为1万元,单位成本为0.8万元,商品控制权已转移,款项已收存银行。根据合同约定,丙公司在2025年1月31日之前有权退货。根据历史经验,甲公司估计该批商品的退货率为5%。

(本题不考虑增值税等相关税费及其他因素)

要求:

(1)计算甲公司2024年10月的促销活动中销售410万元商品时应确认收入的金额,并编制相关会计分录。

(2)计算甲公司2024年提供设备安装服务应确认收入的金额,并编制确认收入的会计分录。

(3)编制甲公司2024年12月31日销售商品时确认销售收入并结转销售成本的会计分录。

4.2024年7月1日,甲公司与客户签订合同,向其销售A、B两种商品。A商品的单独售价为300万元,B商品的单独售价为1 200万元,合计1 500万元,合同预定的价款为1 250万元。同时,合同约定,A商品于合同开始日支付,B商品在一个月后交付,只有当两种商品全部交付之后,甲公司才有权收取1 250万元的合同对价。假定A商品和B商品分别构成单项履约义务,其控制权在交付时转移给客户。假定不考虑相关税费。2024年7月1日甲公司交付A产品,2024年8月1日交付B商品时收到全部货款。

要求:

(1)计算分摊至 A 商品和 B 商品的合同价款。
(2)编制甲公司 2024 年 7 月 1 日交付 A 商品的会计分录。
(3)编制甲公司 2024 年 8 月 1 日交付 B 商品的会计分录。

第十二章 财务报告

第一节 本章考点、重点与难点

一、本章考点

本章考核的知识点是:(1)财务报告概述;(2)资产负债表;(3)利润表;(4)资产负债表和利润表编制举例;(5)现金流量表;(6)所有者权益变动表;(7)附注。

二、本章重点与难点

(一)本章重点

理解以下内容:财务报告的构成、财务报表编制的基本要求、资产负债表的编制、利润表的编制、现金流量表的编制、所有者权益变动表的编制、附注披露的内容。

(二)本章难点

掌握并理解以下三种财务报表的编制:资产负债表、利润表、现金流量表。

第二节 本章学业水平测试题

一、单选题

1. 在所有者权益变动表中,体现某期间综合收益的内容,除按准则规定已确认未实现的可直接计入的未实现的利得和损失外,另一部分是( )。

   A. 净利润　　　　　　　　B. 实收资本
   C. 资本公积　　　　　　　D. 盈余公积

2. 下列各项中,不应在利润表"营业收入"项目中列示的是( )。

   A. 政府补助收入　　　　　B. 设备安装劳务收入
   C. 销售原材料收入　　　　D. 固定资产出租收入

3. 如果"应付账款"科目所属明细账科目中出现借方余额,则编制资产负债表时需将其列示的项目是( )。

   A. 应收账款　　　　　　　B. 预付账款
   C. 预收账款　　　　　　　D. 其他应收款

4. 下列各项中,不在所有者权益变动表"所有者权益内部结转"项目中列示的是( )。

　　A. 资本公积转增资本　　　　　　B. 盈余公积转增资本

　　C. 分配股利　　　　　　　　　　D. 盈余公积弥补亏损

5. 下列项目中,属于筹资活动产生的现金流出的是( )。

　　A. 购买固定资产所支付的现金　　B. 分配股利所支付的现金

　　C. 购买公司股份支付的现金　　　D. 支付的职工薪酬

6. 判断项目在财务报表中是单独列报还是合并列报,应当依据的标准是( )。

　　A. 相关性　　　　　　　　　　　B. 可比性

　　C. 重要性　　　　　　　　　　　D. 实质重于形式

7. 在阅读财务报告时,企业债权人不关注的信息是( )。

　　A. 企业的福利待遇如何　　　　　B. 企业的获利情况怎样

　　C. 企业的财力是否充裕　　　　　D. 是否应该贷给企业更多的资金

8. 下列项目中,属于企业经营活动产生的现金流量是( )。

　　A. 收到的税费返还款　　　　　　B. 取得借款收到的现金

　　C. 分配股利支付的现金　　　　　D. 取得投资收益收到的现金

9. 下列业务产生的现金流量中,属于"筹资活动产生的现金流量"的是( )。

　　A. 收到的现金股利　　　　　　　B. 投资所支付的现金

　　C. 支付的货款　　　　　　　　　D. 偿还债务所支付的现金

10. 下列资产负债表"应收账款"项目填列方法中,正确的是( )。

　　A. 应根据"应收账款"总账科目的期末余额填列

　　B. 应根据"应收账款"明细科目的期末借方余额填列

　　C. 应根据"应收账款"和"预收账款"明细科目的期末借方余额合计减去贷方余额后的差填列

　　D. 应根据"应收账款"和"预收账款"明细科目的期末借方余额合计减去应收账款计提的坏账准备后的余额填列

11. 下列业务产生的现金流量中,属于"投资活动产生的现金流量"的是( )。

　　A. 支付的货款　　　　　　　　　B. 支付的各种税费

　　C. 收到的现金股利　　　　　　　D. 吸收投资所收到的现金

12. 某企业当期净利润为 600 万元,投资收益为 100 万元,与筹资活动有关的财务费用为 50 万元,经营性应收项目增加 75 万元,经营性应付项目减少 25 万元,固定资产折旧为40万元,无形资产摊销为10万元。假设没有其他影响经营活动现金流量的项目,该企业当期经营活动产生的现金流量净额为( )万元。

  A. 400   B. 450   C. 500   D. 850

13. 下列各项中,会引起现金流量表"经营活动产生的现金流量净额"项目发生增减变动的是( )。

  A. 偿还长期借款的现金流出   B. 收取现金股利的现金流入

  C. 购置固定资产的现金流出   D. 购买日常办公用品的现金流出

14. 资产负债表中资产的排列依据是( )。

  A. 项目重要性   B. 项目流动性

  C. 项目金额大小   D. 项目收益性

15. 下列各项中,属于资产负债表中流动资产项目的是( )。

  A. 在建工程   B. 预付款项

  C. 投资性房地产   D. 债权投资

16. 下列项目中,不应在所有者权益变动表中反映的是( )。

  A. 所有者投入资本   B. 盈余公积转增股本

  C. 所有者减少资本   D. 采购原材料

17. 某企业2024年12月31日应收票据的账面余额为500万元,已提坏账准备50万元,应付票据的账面余额为100万元,其他应收款的账面余额为30万元。该企业2024年12月31日资产负债表中"应收票据"项目列示的金额为( )万元。

  A. 450   B. 520   C. 150   D. 500

18. 下列各项中,会引起现金流量净额发生变动的项目是( )。

  A. 计提生产车间设备折旧

  B. 用银行存款购买2个月到期的债券

  C. 将债券转为股权

  D. 支付前期赊购货款

19. 下列项目中,在编制资产负债表时应该作为流动资产或流动负债列报的是( )。

  A. 甲公司违反借款协议被要求当年偿付的长期借款

  B. 航空飞机的高价周转件

  C. 企业自用的厂房

  D. 丙公司在资产负债表日前决定将具有自主展期清偿权利的已到期长期借款自主

展期两年偿还

20. 下列有关编制中期财务报告的表述中,符合会计准则规定的是(　　)。

A. 中期财务报告会计计量以本报告期期末为基础

B. 在报告中期内新增子公司的中期末不应将新增子公司纳入合并范围

C. 中期财务报告会计要素确认和计量原则应与年度财务报告相一致

D. 中期财务报告的重要性判断应以预计的年度财务报告数据为基础

二、多选题

1. 下列各项中,属于投资活动产生的现金流量有(　　)。

A. 取得投资收益收到的现金

B. 出售固定资产所收到的现金

C. 取得短期股票投资所支付的现金

D. 分配股利所支付的现金

E. 收到返还的所得税所收到的现金

2. 下列各项中,应通过"其他应收款"科目核算的有(　　)。

A. 购货预付定金　　　　　　B. 应收包装物押金

C. 应收的各种赔款　　　　　D. 应向职工收取的各种垫付款

E. 预收的各种款项

3. 财务报表至少应当包括的内容有(　　)。

A. 附注　　　　　　　　　　B. 利润表

C. 资产负债表　　　　　　　D. 现金流量表

E. 所有者权益变动表

4. 下列各项中,应填列在资产负债表"存货"项目中的有(　　)。

A. 原材料　　　　　　　　　B. 库存商品

C. 发出商品　　　　　　　　D. 工程物资

E. 委托加工物资

5. 下列各项税费中,应反映在"税金及附加"项目中的有(　　)。

A. 增值税　　　　　　　　　B. 城建税

C. 消费税　　　　　　　　　D. 资源税

E. 教育费附加

6. 在采用间接法将净利润调节为经营活动产生的现金净流量时,下列各调整项目中,属于调增项目的有( )。

A. 投资收益 B. 财务费用

C. 固定资产报废损失 D. 长期待摊费用的减少

E. 经营性应收项目的增加

7. 下列各项中,影响现金流量表中的"购买商品、接受劳务支付的现金"项目的有( )。

A. 预付购货款 B. 偿还应付账款

C. 购买材料支付的货款 D. 购买材料支付的增值税

E. 支付管理部门耗用的水电费

8. 下列关于资产负债表编制方法的表述中,正确的有( )。

A. "开发支出"项目应根据"研发支出"科目中发生的总额填列

B. "预收款项"项目应根据"预收账款"和"应收账款"科目所属明细科目的期末贷方余额合计数填列

C. "长期借款"项目应根据"长期借款"总账科目余额扣除"长期借款"科目所属的明细科目后的金额计算填列

D. "长期应收款"项目应根据"长期应收款"科目的期末余额,减去相应的"未实现融资收益"科目和"坏账准备"科目所属相关明细科目期末余额以及一年内到期部分后的金额填列

E. "货币资金"项目,需根据"库存现金""银行存款""其他货币资金"三个总账科目余额的合计数填列

9. 下列有关中期财务报告的表述中,正确的有( )。

A. 企业中期财务报告的计量应当以本中期作为会计计量的期间基础

B. 中期财务报告附注应当以年初至本中期末为基础披露,而不应当仅仅披露本中期所发生的重要交易或事项

C. 中期会计报表项目重要性程度的判断应当以本中期财务数据为基础,而不得以预计的年度财务数据为基础

D. 中期财务报告中各会计要素的确认和计量原则应当与年度财务报表所采用的原则相一致

E. 企业在中期不得随意变更会计政策,应当采用与年度财务报表相一致的会计政策

10. 下列各方中,与甲企业构成关联方关系的有( )。

A. 对甲企业施加重大影响的投资方

B. 与甲企业发生大量交易而存在经济依存关系的供应商

C. 与甲企业控股股东关键管理人员关系密切的家庭成员

D. 与甲企业受同一母公司控制的其他企业

E. 与甲企业共同控制合营企业的合营者

三、简答题

1. 如何依据重要性原则判断项目在财务报表中是单独列报还是合并列报？
2. 简述编制现金流量表的目的，并各举两例说明现金流量的类别。
3. 企业应当在附注中披露与会计政策变更有关的信息有哪些？
4. 简述企业应当在附注中需要披露的内容。

四、应用与计算分析题

1. 武汉公司为增值税一般纳税企业，适用的增值税税率为13%，商品销售价格中均不含增值税税额，按每笔销售分别结转销售成本，销售商品、零配件以及提供劳务均为主营业务。公司2024年9月发生的经济业务如下：

(1)以交款提货销售方式向A公司销售一批商品。该批商品的销售价格为6万元，实际成本为4.4万元，提货单和增值税专用发票已交A公司，款项已收到并存入银行。

(2)与B公司签订协议，委托其代销一批商品。根据代销协议，B公司按代销商品协议价的6%收取手续费，并直接从代销款中扣除。该批商品的协议价为5万元，实际成本为3.6万元，商品已运往B公司。本月末收到B公司开具的代销清单，列明已售出该批商品的50%；同时，收到已售出代销商品的代销款(已扣除手续费)。

(3)向E公司销售一批零配件。该批零配件销售价格为100万元，实际成本为80万元。增值税专用发票及提货单已交给E公司。E公司已开出承兑的商业汇票。

(4)与H公司签订一项设备维修服务协议。本月末，该维修服务完成并经H公司验收合格，同时收到H公司按协议支付的劳务款50万元(含13%增值税)。为完成该项维修服务，发生相关费用10.4万元。假定该公司适用的所得税税率为25%，本期无任何纳税调整事项。

除上述经济业务外，武汉公司9月份发生的其他经济业务形成的账户余额如下：

①投资收益：贷方余额1.53万元；②营业外收入：贷方余额20万元；③营业外支出：借方余额40万元；④税金及附加：借方余额10万元；⑤管理费用：借方余额5万元；⑥财

务费用:借方余额1万元。

要求:根据武汉公司9月份经济业务计算该公司9月的营业收入、营业成本(列出算式),并根据上述资料编制2024年9月利润表。

(答案中的金额单位全部用"万元"表示,小数点保留两位小数,四舍五入)

表12-1　　　　　　　　　利润表简表

编制单位:武汉公司　　　　　　2024年9月　　　　　　　　　单位:万元

项　目	本期金额
一、营业收入	
减:营业成本	
税金及附加	
销售费用	
管理费用	
财务费用	
加:投资收益(损失以"-"号填列)	
公允价值变动收益(损失以"-"号填列)	
资产减值损失(损失以"-"号填列)	
二、营业利润(亏损以"-"号填列)	
加:营业外收入	
减:营业外支出	
三、利润总额(亏损总额以"-"号填列)	
减:所得税费用	
四、净利润(净亏损以"-"号填列)	

2. 长江公司适用的所得税税率为25%,2024年度发生的相关交易或事项如下:

(1)资料一:年初出售无形资产收到现金净额100万元。该无形资产的成本为150万元,累计摊销25万元,已计提无形资产减值准备35万元。

(2)资料二:以银行存款200万元购入一项固定资产,本年度计提折旧30万元,其中,20万元计入当期损益,10万元计入在建工程。

(3)资料三:以银行存款2 000万元取得一项长期股权投资,拟长期持有,采用成本法核算,本年度从被投资单位分得现金股利120万元,存入银行。假定税法规定企业长期持有的长期股权投资确认的投资收益免税。

(4)资料四:存货跌价准备期初余额为零,本年度计提存货跌价准备500万元。

(5)资料五:本期以公允价值计量且其变动计入其他综合收益的金融资产公允价值上升200万元。

(6)资料六:出售以公允价值计量且其变动计入当期损益的金融资产收到现金220万元。该以公允价值计量且其变动计入当期损益的金融资产系上一年购入,取得时成本为160万元,上期期末已确认公允价值变动收益40万元,出售时账面价值为200万元。

要求:根据上述资料,不考虑其他因素,回答下列问题。

(1)根据资料一,计算长江公司减少年末资产负债表中"无形资产"项目的金额以及处置无形资产而计入利润表"资产处置收益"项目的金额;

(2)根据资料六,计算长江公司出售以公允价值计量且其变动计入当期损益的金融资产影响利润总额的金额并编制相关会计分录;

(3)根据资料一至资料六,计算上述事项对长江公司2024年度营业利润及其他综合收益的影响金额。

3. 甲公司为增值税一般纳税人,销售和购买商品、提供应税劳务适用的增值税税率为13%,商品、原材料售价中均不含增值税。假定销售商品、原材料和提供劳务均符合收入确认条件,其成本在确认收入时逐笔结转。2024年度,甲公司发生如下交易或事项:

(1)事项一:销售一批商品,售价为1 000万元,增值税销项税额为130万元,款项尚未收回。该批商品实际成本为720万元。

(2)事项二:计提并支付职工薪酬320万元,其中,行政管理人员的职工薪酬为200万元,在建工程人员的职工薪酬为120万元。

(3)事项三:购入一批原材料,增值税专用发票注明的购买价款为200万元(不含增值税),款项已经通过银行存款支付。

(4)事项四:以银行存款支付管理费用20万元、财务费用10万元(全部为短期借款的利息支出),支付违约金5万元。

(5)事项五:收到子公司宣告并分派的现金股利20万元。

假定不考虑所得税和其他因素的影响。

要求:判断上述交易或事项是否产生现金流量,如果产生现金流量说明属于哪种活动产生的现金流量并作出相关的会计分录。

第二部分

"财务管理学"课程考点与水平测试题

第十三章 财务管理概述

第一节 本章考点、重点与难点

一、本章考点

本章考核的知识点是：(1)财务管理的含义；(2)财务管理的内容与目标；(3)财务管理环境。

二、本章重点与难点

(一)本章重点

理解财务管理的基本概念、财务管理目标、利息率的构成。

(二)本章难点

掌握并理解财务管理目标的优缺点。

第二节 本章学业水平测试题

一、单选题

1. 已知纯利率为2%，国库券利率为3%，则以下说法中正确的是（　　）。

  A. 可以判断目前存在通货膨胀，但是不能判断通货膨胀补偿率的大小

  B. 可以判断目前不存在通货膨胀

  C. 可以判断目前存在通货膨胀，且通货膨胀补偿率为1%

  D. 无法判断是否存在通货膨胀

2. 企业筹资活动的最终结果是（　　）。

A. 发行股票　　　B. 发行债券　　　C. 银行借款　　　D. 资本流入

3. 由公司股东提供,在经营期间不需要归还的资本是(　　)。

A. 权益资本　　　B. 借入资本　　　C. 长期资本　　　D. 短期资本

4. 公司违约风险由其信用程度决定,公司的信用程度可以分为若干等级,等级越高,信用越好,因此(　　)。

A. 违约风险越高,利率水平越高　　　B. 违约风险越高,利率水平越低
C. 违约风险越低,利率水平越高　　　D. 违约风险越低,利率水平越低

5. 企业价值是指(　　)。

A. 企业账面资产的总价值

B. 企业所能创造的预计未来现金流量的现值

C. 企业有形资产的总价值

D. 企业的清算价值

6. 以资本期限为标准,金融市场可以分为(　　)。

A. 资本市场、外汇市场和黄金市场　　　B. 一级市场和二级市场
C. 发行市场和流通市场　　　D. 短期资本市场和长期资本市场

7. 经济属于财务管理环境分类中的(　　)层次。

A. 微观环境　　　B. 行业环境
C. 宏观环境　　　D. 国际环境

8. 下列选项中,能体现公司与债权人之间财务关系的活动的是(　　)。

A. 向国家缴纳税金　　　B. 向股东支付股利
C. 向银行支付利息　　　D. 向员工支付工资

9. 在财务管理的基本内容中,确定各种长期资本来源比重属于(　　)。

A. 投资管理　　　B. 筹资管理
C. 营运资本管理　　　D. 股利分配管理

10. 公司对外收购其他企业股份的活动属于(　　)。

A. 筹资引起的财务活动　　　B. 投资引起的财务活动
C. 经营引起的财务活动　　　D. 利润分配引起的财务活动

11. 以企业价值最大化作为财务管理目标的缺点是(　　)。

A. 忽视了风险

B. 忽视了利润赚取与投入资本的关系

C. 没有考虑货币的时间价值

D. 企业价值的评估很难做到客观准确

12. 下列公司财务活动中,属于经营活动的是( )。

   A. 销售产品　　　　　　　　　B. 发行股票

   C. 购置固定资产　　　　　　　D. 分配股利

13. 下列公司投资行为中,属于直接投资的是( )。

   A. 购买政府公债　　　　　　　B. 购买公司债券

   C. 购买公司股票　　　　　　　D. 兴建厂房

14. 债权人为了防止其利益被侵害,通常采取的措施是( )。

   A. 实施股权激励　　　　　　　B. 对管理者进行离任审计

   C. 借款合同中设置限制性条款　D. 完善内部控制制度

15. 下列各项中,属于公司财务管理微观环境因素的是( )。

   A. 竞争对手状况　　　　　　　B. 货币供求情况

   C. 国际环境现状　　　　　　　D. 国民经济发展情况

16. ( )是指在无通货膨胀和无风险情况下的社会平均利润率。

   A. 期限风险收益率　　　　　　B. 纯利率

   C. 通货膨胀补偿率　　　　　　D. 流动性风险收益率

17. 下列财务活动中,形成甲公司与债权人之间财务关系的是( )。

   A. 甲公司向乙公司赊购产品　　B. 甲公司向丙公司赊销产品

   C. 甲公司购买丁公司的股票　　D. 甲公司购买戊公司的债券

18. 公司从银行获得贷款,所形成的财务关系是( )。

   A. 公司与被投资单位之间的关系　B. 公司与投资人之间的关系

   C. 公司与债权人之间的关系　　　D. 公司与税务机关之间的关系

19. 下列公司财务活动中,属于投资活动的是( )。

   A. 购买固定资产　　　　　　　B. 偿还银行借款

   C. 发行债券　　　　　　　　　D. 销售产品取得收入

20. 假定目前市场上的短期国库券利率为3.5%,通货膨胀补偿率为1%,则无通货膨胀和无风险情况下的社会平均利润率为( )。

   A. 4.5%　　　B. 1%　　　C. 3.5%　　　D. 2.5%

二、多选题

1. 公司财务管理的主要内容是( )。

A. 投资管理　　　B. 筹资管理　　　C. 营运资本管理　D. 股利分配管理

E. 销售管理

2. 以利润最大化作为财务管理目标的缺点是(　　)。

A. 它只强调股东的利益,对公司其他利益人和关系人的重视程度不够

B. 公司价值的评估很难做到客观和准确

C. 没有考虑货币时间价值

D. 忽视了利润赚取与投入资本的关系

E. 忽视了风险

3. 下列财务活动中,属于公司利润分配范畴的有(　　)。

A. 发放股利　　　　　　　　B. 发行债券

C. 发行股票　　　　　　　　D. 向银行贷款

E. 提取法定公积金

4. 下列各项中,属于公司财务管理宏观环境因素的有(　　)。

A. 地理位置及区域条件　　　B. 经济结构

C. 资本供应者情况　　　　　D. 政府的经济政策

E. 科技环境现状

5. 公司财务管理目标的代表性观点有(　　)。

A. 利润最大化　　　　　　　B. 股东财富最大化

C. 企业价值最大化　　　　　D. 总产值最大化

E. 相关者利益最大化

6. 金融市场的组织形式主要有(　　)。

A. 交易所交易　　　　　　　B. 柜台交易

C. 期货交易　　　　　　　　D. 现货交易

E. 信用交易

7. 影响企业财务管理的经济环境因素主要包括(　　)。

A. 经济结构　　　　　　　　B. 通货膨胀率

C. 国民经济发展水平　　　　D. 货币供求情况

E. 一般民事法规

8. 一般来说,市场利率包括(　　)。

A. 纯利率　　　　　　　　　B. 通货膨胀补偿率

C. 违约风险收益率　　　　　D. 流动性风险收益率

E. 期限风险收益率

9. 下列各项中,属于公司投资引起的财务活动的有( )。

A. 销售商品获取收入　　　　B. 购置无形资产

C. 购置固定资产　　　　　　D. 购买其他公司债券

E. 购买其他公司股票

10. 以交易对象为标准,金融市场可以分为( )。

A. 发行市场　　　　　　　　B. 流通市场

C. 资本市场　　　　　　　　D. 外汇市场

E. 黄金市场

三、简答题

1. 简述以企业价值最大化作为公司财务管理目标的优点。
2. 如何理解财务管理目标的冲突与协调?
3. 利率的构成要素有哪些? 对于不同证券,说明其风险收益。

四、应用与计算分析题

1. 2008 年 9 月 15 日,美国第四大投资银行雷曼兄弟按照美国公司破产法案的相关规定提交了破产申请,成为美国有史以来倒闭的最大金融公司。

雷曼兄弟是美国历史悠久的企业之一,成立于 1850 年,拥有长达 158 年的历史。其起源可以追溯到 1844 年由德国的犹太人亨利·雷曼在美国亚拉巴马州的蒙哥马利建立的 H. Lehman 干货商店。从最初的干货商店,到转型为倒卖当时美国最有利可图的商品——棉花,再到后来在新兴市场中从事铁路债券业务,并进军金融咨询领域。雷曼兄弟公司最终发展成为一家投资银行,并一步步扩展成为美国第四大投资银行。其客户群涵盖了众多世界知名公司,如阿尔卡特、美国在线—时代华纳、戴尔、富士、IBM、英特尔、美国强生、LG 电子、默沙东医药、摩托罗拉、NEC、百事、菲力普·莫里斯、壳牌石油、住友银行及沃尔玛等。

在 1899 年至 1906 年的 7 年间,雷曼兄弟公司从金融门外汉成长为纽约当时最具有影响力的股票承销商之一,其每一次的业务转型都是资本逐利的结果。然而,由于公司在过度追求利润的同时忽视了对经营风险的控制,从而最终为其破产埋下了伏笔。随着公司性质的变化,雷曼兄弟公司财务管理的目标也从最开始的利润最大化转变为股东财富最大化。自 1984 年上市以来,雷曼兄弟公司实现了 14 年连续盈利的显著经营业绩和

10年间高达1 103%的股东回报率。为了使本公司的股票价格维持在一个比较高的水平,雷曼兄弟公司自2000年开始连续7年将公司税后利润的92%用于购买自己的股票。此举虽然对抬高公司的股价有所帮助,但同时减少了公司的现金持有量,降低了其应对风险的能力。

根据以上资料,回答以下问题:

(1)利润最大化的财务管理目标在雷曼兄弟公司发展过程中起到了哪些积极作用?

(2)分析过分强调股东财富最大化对雷曼兄弟公司破产的影响。

(3)雷曼兄弟公司破产对公司制定财务管理目标有什么启示?

2.20世纪30年代,美国经济学家伯利和米恩斯因为洞悉到企业所有者兼任经营者的做法存在着极大的弊端,于是提出了"委托代理理论"。他们倡导所有权与经营权分离,即企业所有者保留剩余索取权,而将经营权利让渡。"委托代理理论"早已成为现代公司治理的逻辑起点。股东、债权人和经营者之间构成了公司最重要的财务关系,同时也是"委托代理理论"的研究对象。

根据以上资料,回答以下问题:

(1)经营者可能会为了自身的目标而背离股东利益,请问这种背离表现在哪两个方面,并举例说明。

(2)为了防止经营者背离股东目标可以采取哪两种方法?

(3)债权人为了防止自身利益被侵害,可以采取哪些措施?

参考答案

第十四章　时间价值与风险收益

第一节　本章考点、重点与难点

一、本章考点

本章考核的知识点是:(1)时间价值;(2)风险收益。

二、本章重点与难点

(一)本章重点

理解时间价值的计算、单项资产风险与收益的计量、资本资产定价模型。

(二)本章难点

掌握与理解插值法的运用、名义利率与实际利率的关系、投资组合的风险与收益的关系。

第二节　本章学业水平测试题

一、单选题

1. 下列关于货币时间价值的计算中,互为逆运算的是(　　)。

　　A. 普通年金终值与现值　　　　B. 预付年金终值与现值

　　C. 递延年金终值与现值　　　　D. 复利终值与现值

2. 下列关于永续年金的表述中,正确的是(　　)。

　　A. 无限期每期期末等额收付的系列款项

　　B. 无限期每期期末不等额收付的系列款项

　　C. 一定时期每期期末等额收付的系列款项

　　D. 一定时期每期期初等额收付的系列款项

3. 甲公司想成立一项永久性员工奖励基金,计划每年颁发奖金20万元。假设年利率为5%,则该奖励基金的初始投入金额为(　　)万元。

　　A. 100　　　　B. 120　　　　C. 200　　　　D. 400

4. 计算复利时,导致名义利率与实际利率出现差异的因素是(　　)。

A. 市场利率 B. 资金总额

C. 每年计息次数 D. 必要报酬率

5. 下列关于名义利率和实际利率的表述中,正确的是( )。

A. 年复利计息一次,名义利率小于实际利率

B. 年复利计息一次,名义利率大于实际利率

C. 年复利计息次数大于一次,名义利率小于实际利率

D. 年复利计息次数大于一次,名义利率大于实际利率

6. 下列各项中,不属于市场风险的是( )。

A. 税制改革 B. 公司工人罢工

C. 战争 D. 经济衰退

7. 下列关于标准离差和标准离差率的表述中,正确的是( )。

A. 标准离差是概率分布中各种可能结果对于期望值的离散程度

B. 如果以标准离差评价方案的风险程度,标准离差越小,投资方案的风险越大

C. 标准离差率是一个绝对指标

D. 标准离差率即风险报酬率

8. 由市场收益率整体变化导致市场上所有资产收益率变化的风险被称为( )。

A. 财务风险 B. 经营风险

C. 系统风险 D. 非系统风险

9. 下列关于证券市场线的斜率和证券市场总体风险的厌恶程度的说法中,正确的是( )。

A. 投资者对风险的厌恶程度越强,证券市场线的斜率越大,对证券所要求的风险补偿越大

B. 投资者对风险的厌恶程度越强,证券市场线的斜率越小,对证券所要求的风险补偿越大

C. 投资者对风险的厌恶程度越强,证券市场线的斜率越大,对证券所要求的风险补偿越小

D. 投资者的风险厌恶程度与证券市场线斜率无明显联系

10. 通常情况下,如果通货膨胀率很低,则可以视为货币时间价值的是( )。

A. 企业债券利率 B. 政府债券利率

C. 金融债券利率 D. 公司可转换债券利率

11. 一年内复利 n 次时,其名义利率 r 与实际利率 i 之间的关系是( )。

A. $i=(1+r/n)^n-1$ B. $i=(1+r/n)-1$
C. $i=(1+r/n)^{-n}-1$ D. $i=(1+r/n)^{-n}$

12. 某企业向银行借款 100 万元,年利率为 10%,半年复利一次,则该项借款的实际利率是(　　)。

　　A. 10%　　　B. 10.5%　　　C. 11%　　　D. 10.25%

13. 下列关于收益与风险的叙述中,错误的是(　　)。

　　A. 风险具有主观性

　　B. 风险通常和不确定性联系在一起

　　C. 风险和收益是投资者必须考虑的两个因素

　　D. 投资者都希望在较低风险的情况下获得相对较高的收益

14. 甲、乙两方案投资收益率的期望值相等,甲方案的标准离差为 12%,乙方案的标准离差为 10%,则下列说法中正确的是(　　)。

　　A. 甲、乙两方案的风险相同　　　B. 甲方案的风险大于乙方案
　　C. 甲方案的风险小于乙方案　　　D. 甲、乙两方案的风险无法比较

15. 下列关于递延年金的表述中,正确的是(　　)。

　　A. 从第一期开始,无限期等额收付的系列款项

　　B. 从若干期后开始,每期期末等额收付的系列款项

　　C. 从第一期开始,在一定时期内每期起初等额收付的系列款项

　　D. 从若干期后开始,在一定时期内每期起初等额收付的系列款项

16. 下列关于普通年金的表述中,正确的是(　　)。

　　A. 从第一期开始,在一定时期内每期期末等额收付的系列款项

　　B. 从第一期开始,在一定时期内每期起初等额收付的系列款项

　　C. 从第一期开始,无限期每期期末等额收付的系列款项

　　D. 从第二期以后开始,在一定时期内每期期末等额收付的系列款项

17. 某人现有退休金 100 000 元准备存入银行,假设银行年利率 5%、复利计息的情况下,那么 10 年后可以从银行取得(　　)元。

　　A. 120 000　　　B. 135 000　　　C. 150 000　　　D. 162 889

18. 个别证券的 β 系数是反映个别证券收益率与市场平均收益率之间变动关系的一个量化指标。下列关于 β 的说法中,正确的是(　　)。

　　A. 如果 $\beta=1$,说明该证券的收益率与市场平均收益率无明显关联

　　B. 如果 $\beta<1$,说明该证券的收益率的变动幅度大于市场组合收益率的变动幅度

C. 如果 $\beta>1$，说明该证券的收益率的变动幅度大于市场组合收益率的变动幅度

D. 如果 $\beta<0$，说明该证券的收益率与市场组合收益率变化方向相同

19. 按照风险可分散性的不同，可以将风险分为（　　）。

A. 系统风险和市场风险　　　　　B. 市场风险和非系统风险

C. 财务风险和经营风险　　　　　D. 投资风险和筹资风险

20. 下列系数中，互为倒数的是（　　）。

A. 复利终值系数和普通年金终值系数　B. 复利现值系数和普通年金现值系数

C. 复利现值系数和复利终值系数　　D. 普通年金现值系数和普通年金终值系数

二、多选题

1. 下列各项因素引起的风险中，可以分散的有（　　）。

A. 世界能源短缺　　　　　　　B. 通货膨胀

C. 公司工人罢工　　　　　　　D. 新产品开发失败

E. 失去重要的销售合同

2. 下列关于投资组合 β 系数的表述中，正确的有（　　）。

A. 反映了投资组合系统风险的大小

B. 反映了投资组合非系统风险的大小

C. 投资组合的 β 系数受组合中各证券 β 系数的影响

D. 投资组合的 β 系数受组合中各证券投资比重的影响

E. 投资组合的 β 系数是组合中各证券 β 系数的加权平均

3. 下列各项中，属于年金形式的有（　　）。

A. 直线法计提的折旧　　　　　B. 产量法计提的折旧

C. 等额年付租金　　　　　　　D. 企业缴纳的所得税

E. 优先股固定股息

4. 下列各项中，可能导致系统风险的因素有（　　）。

A. 通货膨胀　　　　　　　　　B. 战争

C. 经济衰退　　　　　　　　　D. 税制改革

E. 世界能源状况改变

5. 假定某股票的 β 系数为 0.8，无风险利率为 5%，同期市场上所有股票的平均收益率为 10%，根据资本资产定价模型，下列说法中正确的有（　　）。

A. 该股票的风险收益率为 3%　　B. 该股票的风险收益率为 4%

C. 该股票的要求收益率为9%   D. 该股票的要求收益率为10%

E. 该股票的市场风险溢价为5%

6. 某人决定在未来8年内每年年初存入银行1 000元(共存8次),年利率4%,则在第8年年末能一次性取出的款项额应是( )。

A. $1\,000\times(F/A,4\%,8)$

B. $1\,000\times(F/A,4\%,8)\times(1+4\%)$

C. $1\,000\times(F/A,4\%,8)\times(F/P,4\%,1)$

D. $1\,000\times[(F/A,4\%,9)-1]$

E. $1\,000\times(F/A,8)\times(F/P,9)$

7. 已知市场上所有股票的平均收益率为10%,无风险收益率为5%。如果A、B、C三家公司股票的β系数分别为0.5、1.0和2.0,根据资本资产定价模型,则下列说法中正确的有( )。

A. 投资者对A公司的股票要求收益率为7.5%

B. 投资者对A公司的股票要求收益率为8.5%

C. 投资者对B公司的股票要求收益率为8.5%

D. 投资者对B公司的股票要求收益率为10%

E. 投资者对C公司的股票要求收益率为15%

8. 下列关于风险的说法中,正确的有( )。

A. 风险具有客观性

B. 系统风险可以通过风险分散化消除

C. 市场风险不可以通过风险分散化消除

D. 非系统性风险可以通过多元化投资分散

E. 一个充分的投资组合几乎没有风险

9. 下列关于名义利率和实际利率的表述中,正确的有( )。

A. 名义利率只有在给出计息间隔期的情况下才有意义

B. 当每年复利次数等于1时,名义利率等于实际利率

C. 当每年复利次数大于1时,名义利率大于实际利率

D. 当每年复利次数大于1时,名义利率小于实际利率

E. 当每年复利次数大于1时,名义利率等于实际利率

10. 下列关于资本资产定价模型的表述中,正确的有( )。

A. 如果无风险收益率提高,则市场上所有资产的必要收益率均提高

B. 如果某项资产的 $\beta=1$,则该资产的必要收益率等于市场平均收益率

C. 市场上所有资产的 β 系数应是正数

D. 如果市场风险溢价提高,则市场上所有资产的风险收益率均提高

E. 如果投资者对风险的厌恶程度越强,则证券要求的收益率越高

三、简答题

1. 什么是时间价值?
2. 简述年金的含义及其种类。
3. 什么是系统风险和非系统风险?
4. 资产组合的预期收益率和资产组合风险如何度量?

四、应用与计算分析题

1. 甲公司向保险公司借款,预计 10 年后还本付息总额为 600 000 元。为归还这笔借款,甲公司拟在隔年提取相等数额的基金。假定银行的借款年利率为 5%。

要求:

(1)如果甲公司每年年末提取该项基金,计算每年应提取的基金额;

(2)如果甲公司每年年初提取该项基金,计算每年应提取的基金额。

2. 甲公司年初获得一笔金额为 100 万元的贷款,银行要求在取得贷款的 6 年内,每年年底偿还 28 万元,计算该笔贷款的年利率。

3. 某投资者持有 A、B、C 三种股票购成的投资组合,A、B、C 的 β 系数分别为 0.5、1.0 和 2.0,它们在证券投资组合中所占的比例分别为 20%、30% 和 50%,股票市场的平均收益率为 12%,无风险收益率为 6%。

要求:(1)确定该证券组合的风险收益率;(2)如果该投资者为了降低风险,出售部分 C 股票,买进部分 A 股票,使得 A、B、C 三种股票在证券投资组合中所占的比例变为 50%、30% 和 20%,计算此时的风险收益率。

4. 现有甲、乙两个投资项目,其投资额相同。甲项目收益率的期望值、标准离差、标准离差率分别为 12.6%、0.43、5.43%。甲、乙项目预计的收益率及概率分布如表 14—1 所示。

表 14—1　　　　　　　　　　甲、乙项目预计的收益率及概率分布

市场状况	概率	甲项目收益率	乙项目收益率
繁荣	0.4	20%	40%
正常	0.4	10%	15%
萧条	0.2	5%	-10%

要求：

(1)计算甲、乙项目收益率的期望值；

(2)计算甲、乙项目收益率的标准离差和标准离差率。

(计算结果保留小数点后两位)

第十五章 财务分析

第一节 本章考点、重点与难点

一、本章考点

本章考核的知识点是：(1)财务分析概述；(2)财务比率分析；(3)财务综合分析。

二、本章重点与难点

(一)本章重点

理解营运能力比率、短期偿债能力比率、长期偿债能力比率和盈利能力比率指标的计算，以及杜邦分析体系的运用。

(二)本章难点

掌握与理解杜邦分析法与因素分析法的结合使用。

第二节 本章学业水平测试题

一、单选题

1. 反映公司在一定会计期间经营成果的报表是（　　）。
   A. 利润表　　　　　　　　B. 资产负债表
   C. 现金流量表　　　　　　D. 现金预算表

2. 下列各项中，可用于衡量公司短期偿债能力的财务比率是（　　）。
   A. 总资产周转率　　　　　B. 速动比率
   C. 资产负债率　　　　　　D. 权益净利率

3. 某公司20×4年营业收入为8 000万元，应收账款平均余额为1 000万元，则应收账款周转率是（　　）次。
   A. 0.125　　　　　　　　　B. 1.4
   C. 5　　　　　　　　　　　D. 8

4. 下列各项中，不属于企业年度财务报表的是（　　）。
   A. 资产负债表　　　　　　B. 利润表

C. 现金流量表　　　　　　　　D. 比较百分比会计报表

5. 下列关于资产负债表的表述中,正确的是(　　)。

A. 资产负债表是反映公司一定会计期间现金和现金等价物流入和流出的报表

B. 资产负债表是反映公司某一特定日期现金和现金等价物流入和流出的报表

C. 资产负债表是反映公司某一特定日期公司财务状况的报表

D. 资产负债表是反映公司一定会计期间经营成果的报表

6. 流动比率反映的是公司财务分析中的(　　)。

A. 偿债能力　　　B. 盈利能力　　　C. 营运能力　　　D. 发展能力

7. 下列指标中,反映公司利用全部资产获取利润能力的是(　　)。

A. 权益净利率　　　　　　　　B. 资产负债率

C. 总资产周转率　　　　　　　D. 总资产净利率

8. 采用因素分析法进行财务分析时,需要假定其他因素都无变化,依次确定每一个因素单独变化所产生的影响,这体现了(　　)。

A. 因素替代的效益性　　　　　B. 因素替代的可比性

C. 因素替代的顺序性　　　　　D. 因素替代的结构性

9. 下列关于产权比率与权益乘数关系表述中,正确的是(　　)。

A. 权益乘数=1/(1−产权比率)　B. 权益乘数=1/(1+产权比率)

C. 产权比率×权益乘数=1　　　D. 权益乘数=1+产权比率

10. 目前甲企业的速动比率为1.3,假设此时企业赊购一批材料,则企业的速动比率将会(　　)。

A. 提高　　　　　B. 降低　　　　　C. 不变　　　　　D. 不能确定

11. 下列关于已获利息倍数的说法中,不正确的是(　　)。

A. 已获利息倍数又称利息保障倍数

B. 已获利息倍数是衡量企业偿还债务利息的能力

C. 已获利息倍数越大,对债权人越有吸引力

D. 已获利息倍数等于税后利润与利息支出的比率

12. 如果企业速动比率很小,则下列结论中正确的是(　　)。

A. 企业资产流动性很差　　　　B. 企业短期偿债能力很强

C. 企业短期偿债风险很大　　　D. 企业盈利能力很强

13. 假设全年天数按360天计算,下列关于应收账款周转率和应收账款周转天数的表述中,正确的是(　　)。

A. 应收账款周转率＝1/应收账款周转天数

B. 应收账款周转率＝营业收入/应收账款周转率

C. 应收账款周转天数＝360÷应收账款周转率

D. 应收账款周转天数＝360×应收账款周转率

14. 下列指标中,反映公司权益资本获取利润能力的是(　　)。

　　A. 销售毛利率　　　　　　　　B. 销售净利率

　　C. 净资产收益率　　　　　　　D. 总资产净利率

15. 通过财务分析,决定是否为公司继续提供贷款的主体是(　　)。

　　A. 股东　　　　B. 债务人　　　　C. 债权人　　　　D. 经营者

16. 公司进行银行贷款时,银行需对公司进行财务分析,重点关注的内容是(　　)。

　　A. 公司的资本结构　　　　　　B. 公司的发展前景

　　C. 公司的纳税情况　　　　　　D. 公司的行业竞争力

17. 计算下列营运能力比率时,分子为营业成本的是(　　)。

　　A. 应收账款周转率　　　　　　B. 总资产周转率

　　C. 流动资产周转率　　　　　　D. 存货周转率

18. 下列报表中,属于时点报表的是(　　)。

　　A. 利润表　　　　　　　　　　B. 现金流量表

　　C. 资产负债表　　　　　　　　D. 所有者权益变动表

19. 公司进行财务分析的重要依据是(　　)。

　　A. 财务报表　　　　　　　　　B. 工作总结

　　C. 规章制度　　　　　　　　　D. 人事安排

20. 下列关于杜邦分析体系相关指标的表述中,正确的是(　　)。

　　A. 杜邦分析体系的核心指标是权益乘数

　　B. 净资产收益率反映了股东投入资本的获利能力

　　C. 其他条件不变,降低权益乘数可以提高净资产收益率

　　D. 其他条件不变,降低资产周转率可以提高净资产收益率

二、多选题

1. 财务分析的主体包括(　　)。

　　A. 股东　　　　B. 债权人　　　　C. 经营者　　　　D. 政府有关管理部门

　　E. 中介机构

2. 公司财务分析的内容包括（　　）。

A. 偿债能力分析　　　　　　　B. 盈利能力分析

C. 营运能力分析　　　　　　　D. 发展能力分析

E. 综合竞争力分析

3. 下列财务比率中，可以反映公司长期偿债能力的有（　　）。

A. 产权比率　　　　　　　　　B. 流动比率

C. 速动比率　　　　　　　　　D. 资产负债率

E. 利息保障倍数

4. 下列财务比率中，可以反映公司盈利能力的有（　　）。

A. 流动比率　　　　　　　　　B. 销售净利率

C. 销售毛利率　　　　　　　　D. 总资产净利率

E. 净资产收益率

5. 利用因素分析法进行财务分析时，需要注意的问题有（　　）。

A. 因素分解的关联性　　　　　B. 因素替代的可比性

C. 因素替代的顺序性　　　　　D. 因素替代的连环性

E. 计算结果的假定性

6. 下列关于每股收益的说法中，正确的有（　　）。

A. 每股收益是本年净利润与普通股股数的比值

B. 每股收益反映的是公司优先股的获利水平

C. 在分析时，每股收益只能用于对公司间的横向比较，而不能用于对单一公司的纵向比较

D. 每股收益反映的是公司的营运能力

E. 每股收益反映的是公司的盈利能力

7. 下列选项中，反映公司短期偿债能力的有（　　）。

A. 产权比率　　B. 流动比率　　C. 速动比率　　D. 资产负债率

E. 利息保障倍数

8. 下列关于现金流量表的表述中，正确的有（　　）。

A. 现金流量表是反映公司一定会计期间现金和现金等价物流入和流出的报表

B. 现金流量表是反映公司某一时点现金和现金等价物流入和流出的报表

C. 现金流量表的编制遵循收付实现制

D. 公司现金形式的转换不会体现在现金流量表中

E. 现金流量表在结构上将现金流量分为经营活动产生的现金流量、投资活动产生的现金流量和筹资活动产生的现金流量

9. 下列关于利息保障倍数的表述中,正确的有(　　)。

A. 利息保障倍数是营业收入与利息费用的比值

B. 利息保障倍数是息税前利润与利息费用的比值

C. 利息保障倍数可以用来衡量公司短期偿还债务的能力

D. 利息保障倍数越小,说明公司对债权人的吸引力越小

E. 利息保障倍数越大,说明公司支付利息费用的能力越强

10. 应用比较分析法进行财务分析时,以下各项中属于按照比较内容分类的有(　　)。

A. 比较实际指标与计划指标　　B. 比较实际指标与历史指标

C. 比较本公司指标与同行业平均指标　D. 比较会计要素的总量

E. 比较结构百分比

三、简答题

1. 如何理解杜邦分析法是一种综合财务分析方法?

2. 什么是比较分析法?其主要类型有哪些?

3. 如何分析公司的偿债能力?

4. 简述采用因素分析法进行财务分析时应注意的问题。

四、应用与计算分析题

1. 甲公司的流动资产由速动资产和存货构成。已知 20×4 年年初存货为 260 万元,年初应收账款为 220 万元;年末流动比率为 4,年末速动比率为 2,存货周转率为 4 次,且年末流动资产余额为 600 万元(一年按照 360 天计算)。

要求:

(1)计算该公司年末流动负债余额;

(2)计算该公司存货年末余额和年平均余额;

(3)假定本年营业收入为 1 560 万元,应收账款以外的其他速动资产忽略不计,计算该公司应收账款周转率和应收账款周转天数。

2. 甲公司 20×4 年平均总资产为 9 000 万元,平均负债为 5 400 万元,平均所有者权益为 3 600 万元,当年实现净利润 675 万元。

要求：

(1)计算权益乘数；

(2)计算总资产净利率；

(3)计算净资产收益率；

(4)如果权益乘数不变，总资产净利率提高，判断净资产收益率将如何变化。

(计算结果保留小数点后两位)

3. 甲企业20×4年销售净利率、总资产周转率、权益乘数分别为18%、0.5、2；20×3年销售净利率、总资产周转率、权益乘数分别为14%、0.8、1.5。

要求：

(1)计算20×4年净资产收益率；

(2)计算20×3年净资产收益率，并用因素分析法分析销售净利率、总资产周转率、权益乘数变化对净资产收益率的影响。

4. 2021年，新能源上市公司总资产均值达到258.10亿元，同比增幅14%，相比2020年增幅提高了1个百分点。自2017年以来，新能源上市公司总资产连续4年保持较快速度增长，成为中国资本市场亮眼的板块。2021年，新能源上市公司存货均值为27.02亿元，同比增长12%；货币资金均值为32.06亿元，同比增长21%，增幅均为近4年的高点。对于公司来说，随着企业规模(总资产、营收等)的扩大，存货量也会随之增长。然而，市场短期爆发导致存货增长过快，存在不确定风险。

2021年，新能源上市公司整体盈利能力良好。营业收入均值为135.49亿元，同比增长25%，增幅比去年扩大了17个百分点；净利润均值为7.61亿元，同比增长21%，增幅比2020年缩小了40个百分点。在增收又增利的形势下，营业收入增幅与利润增幅基本持平，整体发展势头良好。2021年，中国新能源上市公司净利率均值为5%，净资产收益率均值为4%，同比分别上升了0.2个百分点、下降了1个百分点。从2017—2021年的盈利性指标来看，2018年均呈现大幅下降，而2020年，盈利性指标大幅回升，但仍处于5%左右的低位，这表明新能源上市公司盈利潜力仍待发挥。2021年，中国新能源上市公司总资产周转率均值为0.57，同比上升了0.04；存货周转率均值为17.72，同比上升了5.28。尽管存货有所上升，但销售量大幅增长，提升了周转率。

结合案例，回答以下问题：

(1)什么是净资产收益率？影响净资产收益率的因素有哪些？

(2)若以净资产收益率作为新能源企业业绩的主要评价指标，则其缺陷是什么？

第十六章　利润规划与短期预算

第一节　本章考点、重点与难点

一、本章考点

本章考核的知识点是:(1)利润规划;(2)短期预算。

二、本章重点与难点

(一)本章重点

理解以下内容:成本性态分析;盈亏临界点的计算与分析;安全边际与安全边际率的计算;实现目标利润的影响因素分析以及敏感性分析;日常业务预算和财务预算的编制。

(二)本章难点

掌握并理解利润敏感性分析以及预算的编制。

第二节　本章学业水平测试题

一、单选题

1. 总额在一定时期或一定产量范围内,不直接受产量变动的影响而保持固定不变的成本是(　　)。

　　A. 固定成本　　　　　　　　B. 变动成本
　　C. 沉没成本　　　　　　　　D. 相关成本

2. 成本按其性态分类,可分为(　　)。

　　A. 可控成本与不可控成本　　B. 机会成本与假设成本
　　C. 产品成本和期间成本　　　D. 固定成本和变动成本

3. 销售收入总额与变动成本总额之间的差额被称为(　　)。

　　A. 营业利润　　　　　　　　B. 安全边际率
　　C. 边际贡献　　　　　　　　D. 保本量

4. 下列各项中,不属于本量利分析内容的是(　　)。

　　A. 成本性态分析　　　　　　B. 每股收益分析

C. 盈亏临界点分析　　　　　　D. 实现目标利润的因素分析

5. 利润规划是公司为实现目标利润而综合调整其经营活动规模和水平的一种活动，这种活动属于（　　）。

   A. 生产活动　　　　　　　　B. 筹资活动
   C. 经营活动　　　　　　　　D. 预测活动

6. 下列关于生产预算中"预计生产量"的计算公式中，正确的是（　　）。

   A. 预计生产量＝预计销售量＋预计期末产品存货－预计期初产成品存货
   B. 预计生产量＝预计直接材料采购量×直接材料单价
   C. 预计生产量＝该期预计销售收入＋该期销项税额
   D. 预计生产量＝该期期末应收账款余额＋该期含税销售收入－该期期初应收账款余额

7. 在其他因素不变的条件下，单位变动成本减少，盈亏临界点销售量将（　　）。

   A. 升高　　　　　　　　　　B. 降低
   C. 不变　　　　　　　　　　D. 不一定变动

8. 某企业每月固定成本为 2 000 元，单价为 20 元，计划销售产品 500 件，欲实现目标利润 1 000 元，其单位变动成本则应为（　　）。

   A. 12 元/件　　　　　　　　B. 13 元/件
   C. 14 元/件　　　　　　　　D. 15 元/件

9. 在固定成本总额和单位变动成本不变的前提下，下列关于单价和盈亏平衡点销售量间的表述中，正确的是（　　）。

   A. 单价不影响盈亏临界点销售量
   B. 单价越高，盈亏临界点销售量越低
   C. 单价越低，盈亏临界点销售量越低
   D. 单价与盈亏临界点销售量间的关系不确定

10. 甲公司只生产一种产品，产销平衡，根据本量利的基本公式 $EBIT=Q\times(P-VC)-FC$，当销量为零时，公司的亏损额等于（　　）。

    A. 固定成本　　　　　　　　B. 变动成本
    C. 单位边际贡献　　　　　　D. 变动成本与边际贡献之和

11. 下列各项中，不属于企业全面预算内容的是（　　）。

    A. 财务预算　　　　　　　　B. 财政预算
    C. 日常业务预算　　　　　　D. 特种决策预算

12. 预算是用货币单位表示的财务计划，公司全面预算反映的是（　　）。

A. 某一特定时点全部生产情况的财务计划

B. 某一特定时点全部经营活动的财务计划

C. 某一特定时点全部生产情况和经营活动的财务计划

D. 某一特定时期全部生产情况和经营活动的财务计划

13. 在利润敏感性分析中,销售单价的敏感系数为3,销售量的敏感系数为2.5,固定成本的敏感系数为-1.5,单位变动成本的敏感系数为-4。敏感性最高的项目是( )。

A. 销售量 B. 销售单价

C. 固定成本 D. 单位变动成本

14. 下列各选项中,不属于日常业务预算的内容的是( )。

A. 生产预算 B. 制造费用预算

C. 现金预算 D. 销售预算

15. 下列项目中,能够克服固定预算方法缺点的是( )。

A. 定期预算 B. 弹性预算

C. 滚动预算 D. 零基预算

16. 下列各项中,属于财务预算的是( )。

A. 生产预算 B. 现金预算

C. 产品成本预算 D. 制造费用预算

17. 公司日常业务预算的编制起点是( )。

A. 采购预算 B. 直接材料预算

C. 销售预算 D. 产品成本预算

18. 相较于弹性预算,固定预算编制方法的缺点是( )。

A. 编制过程复杂 B. 公司往往难以控制

C. 计算量大 D. 具有主观性

19. 增量预算方法的假定条件不包括( )。

A. 现有业务活动是企业必需的

B. 在未来预算期内,公司必须至少以现有费用水平继续存在

C. 现有费用已得到有效利用

D. 所有的预算支出以零为出发点

20. 相较于滚动预算,定期预算的优点是( )。

A. 远期指导性强 B. 连续性好

C. 便于考核预算执行结果　　　　　D. 灵活性强

二、多选题

1. 下列选项中,一般可纳入变动成本的项目有(　　)。

    A. 直接材料　　　　　　　　　　B. 生产工人的计件工资

    C. 按直线法计提的折旧费用　　　　D. 按产量法计提的折旧费用

    E. 职工培训费

2. 日常业务预算的内容包括(　　)。

    A. 现金预算　　　　　　　　　　B. 生产预算

    C. 销售预算　　　　　　　　　　D. 直接材料预算

    E. 制造费用预算

3. 下列关于盈亏临界点的表述中,不正确的有(　　)。

    A. 它是公司边际贡献为零时的状态

    B. 它是公司经营达到不盈不亏的状态

    C. 它是公司边际贡献刚好可以补偿变动成本时的状态

    D. 它是公司边际贡献刚好可以补偿固定成本时的状态

    E. 它是公司边际贡献补偿固定成本后仍有剩余时的状态

4. 在利润敏感性分析中,下列因素中能够对息税前利润产生影响的有(　　)。

    A. 所得税　　　　　　　　　　　B. 销售单价

    C. 销售量　　　　　　　　　　　D. 固定成本

    E. 单位变动成本

5. 下列公式中,正确的有(　　)。

    A. 利润＝边际贡献率×安全边际额　　B. 安全边际率＋边际贡献率＝1

    C. 安全边际率＋保本作业率＝1　　　D. 边际贡献率＝(固定成本＋利润)/销售收入

    E. 利润＝安全边际销售量×产品单位边际贡献

6. 销售预算的主要内容有(　　)。

    A. 销售数量　　　　　　　　　　B. 销售单价

    C. 销售收入　　　　　　　　　　D. 销售费用

    E. 销售时间

7. 下列各项中,属于固定成本的有(　　)。

    A. 管理人员月工资　　　　　　　　B. 按直线法计提的机器设备折旧费

C. 按产量法计提的机器设备折旧费　　D. 厂房租金

E. 职工培训费

8. 全面预算的编制方法包括(　　)。

A. 固定预算　　　　　　　　　B. 弹性预算

C. 定期预算　　　　　　　　　D. 滚动预算

E. 零基预算

9. 下列关于零基预算的说法中,正确的有(　　)。

A. 零基预算可以合理、有效地进行资源分析

B. 零基预算有助于公司内部沟通,激励各基层单位参与预测编制的积极性和主动性

C. 零基预算有助于提高管理人员的投入产出意识

D. 零基预算的工作量较大

E. 零基预算可能具有不同程度的主观意识,容易引起部门之间的矛盾

10. 假设20×4年度甲公司仅销售一种产品,该产品销售单价为2元,单位变动成本为1.2元,固定成本为1 600元,销售量为2 000件。甲公司2021年的目标利润为1 500元。若不考虑企业所得税,根据保利量分析的基本公式,则下列各项中,企业为达到目标利润应采取的措施有(　　)。

A. 在其他因素不变的情况下,将单价提高至2.75元

B. 在其他因素不变的情况下,将销售量增加至3 875件

C. 在其他因素不变的情况下,将固定成本降低至200元

D. 在其他因素不变的情况下,将单位变动成本降低至0.45元

E. 在其他因素不变的情况下,将单位边际贡献提高至1.5元

三、简答题

1. 简述固定成本和变动成本的特点。

2. 简述盈亏临界点、安全边际和安全边际率的含义。

3. 简述全面预算的含义及其构成。

4. 简述日常业务预算的编制流程。

四、应用与计算分析题

1. 甲公司只生产一种产品,产销平衡。该产品销售单价为150元,单位变动成本为90元。甲公司全年固定成本总额为600 000元,20×5年预测的销量为60 000件。公司

财务部门正在进行该产品的利润敏感性分析,测算影响利润各因素的临界值。

要求:

(1)计算 20×5 年的预计息税前利润;

(2)计算单位变动成本的盈亏临界值(最大允许值);

(3)计算固定成本的盈亏临界值(最大允许值);

(4)计算销售单价的盈亏临界值(最大允许值)。

2. 甲公司生产和销售一种产品,产销平衡。该产品单价为 15 元,单位变动成本为 12 元,全月固定成本为 100 000 元。由于某些原因,20×5 年该产品单价将降低至 13.5 元;同时,每月还将增加广告费 20 000 元。

要求:

(1)计算该产品此时的全年盈亏临界点;

(2)假设 20×4 年甲公司年销量为 600 000 件,20×5 年甲公司销售多少产品才能使利润比原来售价时增加 5%。

3. 甲企业有关预算资料如下:

(1)该企业 6~9 月份的销售收入分别为 40 000 元、50 000 元、60 000 元、70 000 元,每月销售收入中,当月收到现金的 30%,下月收到现金的 70%。

(2)各月直接材料采购成本按下一个月销售收入的 60% 计算,所购材料款于当月支付现金 50%,下月支付现金 50%。

(3)该企业 7、8 月份的制造费用分别为 4 000 元、4 500 元,每月制造费用中包括折旧费 1 000 元。

(4)该企业 7 月份购置固定资产,需要现金 15 000 元。

(5)该企业在现金不足时,向银行借款(以 1 000 元倍数);现金有多余时,归还银行借款(为 1 000 元的倍数)。借款在期初,还款在期末,还款时支付利息,借款年利率 12%。

(6)该企业期末现金余额最低要求为 6 000 元,其他资料见表 16-1。

表 16-1

月　份	7月	8月
(1)期初现金余额	7 000	
(2)经营现金收入		
(3)直接材料采购支出		
(4)直接工资支出	2 000	3 500
(5)制造费用支出	3 000	3 500

续表

月 份	7月	8月
(6)其他付现费用	800	900
(7)预交所得税	0	1 000
(8)购置固定资产	15 000	0
(9)现金余缺		
(10)向银行借款		
(11)归还银行借款		
(12)支付借款利息		
(13)期末现金余额		

要求：根据以上资料，完成该企业7、8月份现金预算的编制工作。（填制表格内空余部分）

4. 甲公司为一家在上海证券交易所上市的旅游酒店企业，主营业务涵盖国内国际旅游以及国内酒店连锁经营。在2018年以前，该公司的经营业绩一直是稳中有升，每年第四季度编制下年度预算时，营业收入均在上年基础上增加5%至8%。自2019年以来，旅游行业受到严重影响，甲公司暂停了经营团队旅游及"机票+酒店"旅游产品。自2020年起，由于上年度收入数据没有太大的参考价值，甲公司拟改用更为合理的预算编制方法编制预算。

要求：根据资料，指出甲公司2020年之前和之后采用的预算编制方法类型，并说明各自的优缺点。

参考答案

第十七章　长期筹资方式与资本成本

第一节　本章考点、重点与难点

一、本章考点

本章考核的知识点是：(1)长期筹资概述；(2)权益资本；(3)长期债务资本；(4)资本成本。

二、本章重点与难点

(一)本章重点

理解并掌握采用销售百分比法预测外部资本需要量的方法；了解权益资本筹集的形式及其特点；理解长期债务资本筹集的形式及其特点，以及个别资本成本、加权平均资本成本和边际资本成本的计算。

(二)本章难点

掌握并理解采用销售百分比法预测外部资本需要量的方法、债券发行价格的确定，以及边际资本成本的计算方法。

第二节　本章学业水平测试题

一、单选题

1. 下列各项中，不属于普通股股东权利的是（　　）。

   A. 经营参与权　　　　　　　　B. 收益分配权

   C. 优先分配剩余财产权　　　　D. 优先认股权

2. 按照资金来源渠道不同，可以将筹资分为（　　）。

   A. 直接筹资和间接筹资　　　　B. 权益筹资和负债筹资

   C. 内源筹资和外源筹资　　　　D. 短期筹资和长期筹资

3. 相对于发行普通股筹资而言，银行借款的缺点是（　　）。

   A. 筹资速度慢　　　　　　　　B. 财务风险大

   C. 筹资成本高　　　　　　　　D. 借款弹性差

4. 相较于负债融资,采用吸收直接投资方式筹措资金的优点是( )。

A. 有利于降低资金成本　　　　　B. 有利于降低财务风险

C. 有利于企业集中控制权　　　　D. 有利于发挥财务杠杆作用

5. 相较于普通股股东,优先股股东所拥有的优先权是( )。

A. 优先表决权　　　　　　　　　B. 优先查账权

C. 优先购股权　　　　　　　　　D. 优先分配股利权

6. 下列各项中,属于债务资本筹集方式的是( )。

A. 留存收益　　　　　　　　　　B. 长期借款

C. 发行普通股　　　　　　　　　D. 发行优先股

7. 下列各项中,可能会分散公司控制权的筹资方式是( )。

A. 发行普通股　　　　　　　　　B. 发行公司债券

C. 融资租赁　　　　　　　　　　D. 银行借款

8. 计算资本成本时,不需要考虑筹资费用的筹集方式是( )。

A. 留存收益　　　　　　　　　　B. 优先股

C. 普通股　　　　　　　　　　　D. 长期借款

9. 债务人无法按时偿付本息给债权人带来的风险是( )。

A. 利率风险　　　　　　　　　　B. 变现力风险

C. 违约风险　　　　　　　　　　D. 购买力风险

10. 某公司债券的资本成本为6%,相较于该债券的普通股风险溢价为4%,则根据风险溢价模型计算的留存收益资本成本为( )。

A. 2%　　　　B. 4%　　　　C. 6%　　　　D. 10%

11. 下列筹资方式中,具有抵税作用的是( )。

A. 银行借款　　　　　　　　　　B. 留存收益

C. 发行普通股　　　　　　　　　D. 发行优先股

12. 下列各项中,不属于留存收益资本成本计算方式的是( )。

A. 股利增长模型　　　　　　　　B. 资本资产定价模型

C. 风险溢价模型　　　　　　　　D. 成本分析模型

13. 甲公司20×4年长期资本总额为2 000万元,其中,长期债务800万元,普通股1 200万元,债务和普通股的资本成本分别为5%和10%。该公司加权平均资本为( )。

A. 6%　　　　　　　　　　　　　B. 8%

C. 8.8% D. 9.4%

14. 债券按其能否转换为公司股票,可以分为( )。
   A. 记名债券和无记名债券 B. 抵押债券和信用债券
   C. 一次到期债权和分期到期债券 D. 可转换债券和不可转换债券

15. 甲公司从银行取得长期借款 200 万元,年利率为 10%,期限为 5 年,每年付息一次,到期一次还本,筹资费用率为 0.1%,公司所得税税率为 25%,则该长期借款的资本成本为( )。
   A. 7% B. 7.5% C. 8% D. 8.5%

16. 下列与公司相关的利益主体中,拥有公司剩余财产求偿权的是( )。
   A. 债权人 B. 债务人
   C. 普通股股东 D. 优先股股东

17. 甲公司普通股当前每股市价为 30 元,估计普通股股利年增长率为 10%,本年每股发放股利 1.5 元,根据股利增长模型计算可得,甲公司的留存收益资本成本为( )。
   A. 16.5% B. 15.5% C. 10% D. 8%

18. 甲公司拟发行优先股,面值总额为 100 万元,固定股息率为 15%,筹资费用率预计为 5%。该股票溢价发行,其筹资总额为 150 万元,则该优先股的资本成本为( )。
   A. 9.4% B. 10.27% C. 10.53% D. 11.35%

19. 边际资本成本的用途是( )。
   A. 确定资本结构决策 B. 确定追加筹资决策
   C. 确定投资结构决策 D. 确定股利分配决策

20. 甲公司共有长期资本 2 000 万元,其中,长期债券 600 万元、优先股 400 万元、普通股 800 万元,其余均为留存收益。长期债券、优先股、普通股、留存收益的资本成本分别为 10%、13%、16% 和 14%,则该公司的加权平均资本成本为( )。
   A. 12.5% B. 12.8% C. 13.4% D. 14%

二、多选题

1. 甲公司现有普通股、长期债务两种筹资方式,每股收益无差异点的息税前利润为 600 万元,下列表述中,正确的有( )。
   A. 预期息税前利润低于 600 万元时,应该采用普通股筹资
   B. 预期息税前利润低于 600 万元时,应该采用长期债务筹资
   C. 预期息税前利润高于 600 万元时,应该采用普通股筹资

D. 预期息税前利润高于 600 万元时，应该采用长期债务筹资

E. 预期息税前利润等于 600 万元时，采用普通股筹资和长期债务筹资无差异

2. 下列各项中，属于筹资决策必须考虑的因素有（　　）。

A. 取得资金的渠道　　　　　　B. 取得资金的方式

C. 取得资金的总规模　　　　　D. 取得资金的成本与风险

E. 取得资金的投资方

3. 公司筹资是为了满足公司对资金的需求，公司资金需求主要包括（　　）。

A. 生产经营的需求　　　　　　B. 对外投资的需求

C. 提取盈余公积的需求　　　　D. 调节资本结构的需求

E. 公司管理人员个人消费的需求

4. 优先股股东享有的权利包括（　　）。

A. 优先分配利润　　　　　　　B. 优先行使投票权

C. 优先股的表决权　　　　　　D. 优先分配剩余财产

E. 优先股的转换与回购

5. 下列各项中，属于公司长期资本筹集方式的有（　　）。

A. 发行股票　　　　　　　　　B. 商业信用

C. 融资租赁　　　　　　　　　D. 短期借款

E. 留存收益

6. 下列各项中，属于公司短期资本筹集方式的有（　　）。

A. 发行股票　　　　　　　　　B. 商业信用

C. 融资租赁　　　　　　　　　D. 短期借款

E. 留存收益

7. 在市场经济环境中，会对资本成本产生影响的因素有（　　）。

A. 资本市场供求关系　　　　　B. 证券市场条件

C. 公司内部经营风险　　　　　D. 资本结构

E. 公司内部治理结构

8. 个别资本成本主要包括（　　）。

A. 长期债券资本成本　　　　　B. 普通股资本成本

C. 留存收益资本成本　　　　　D. 边际资本成本

E. 加权平均资本成本

9. 下列关于融资租赁的表述中，正确的有（　　）。

A. 融资租赁能够迅速获得所需资产

B. 融资租赁筹资限制较多

C. 融资租赁可以减少公司所得税负担

D. 融资租赁可以维持公司的信用能力

E. 融资租赁的资本成本较高

10. 下列各项中，属于公司吸收直接投资方式的有（　　）。

A. 现金投资　　　　　　　　B. 实物投资

C. 工业产权投资　　　　　　D. 土地使用权投资

E. 提取收益

三、简答题

1. 简述销售百分比法预测资本需要量的基本思路。
2. 简述权益筹资与债务筹资的优缺点。
3. 简述长期借款、发行债券和融资租赁筹集资本的异同点。
4. 如何计算个别资本成本与加权资本成本？

四、应用与计算分析题

1. 甲企业及其年度销售收入为 400 000 元，净利润为 20 000 元，并发放股利 5 000 元，基期固定资产利用能力已经饱和。该企业及其年度资产负债情况及销售百分比如表 17—1 所示。若该企业计划其销售收入总额增至 600 000 元，并仍按其股利支付率支付股利；折旧费提取 30 000 元，其中 70% 用于更新改造现有厂房设备；零星资金需要量为 10 000 元。

表 17—1　　　　　　　　甲企业及其年度资产负债情况及销售百分比

资产	金额（元）	各项目销售百分比	负债＋所有者权益	金额（元）	各项目销售百分比
现金	20 000	5%	应付账款	80 000	20%
应收账款	60 000	15%	应交税费	20 000	5%
存货	40 000	10%	应付票据	10 000	（无关）
固定资产	100 000	25%	长期负债	40 000	（无关）
无形资产	80 000	（无关）	普通股股本	120 000	（无关）
			留存收益	30 000	（无关）
合计	300 000	55%	合计	300 000	25%

要求:根据销售百分比法,预测计划期需要追加的外部资金筹措额。

2. 甲公司拟筹资2 000万元,资金来源如下:

(1)向银行取得长期借款400万元,年利率8%,每年付息一次,到期还本;

(2)按面值发行优先股800万元,年股息率12%;

(3)按每股10元发行普通股80万股,预计普通股每年发放固定股利每股1.5元。

上述筹资方式均不考虑筹资费用。该公司适用的所得税税率为25%。

要求:

(1)分别计算长期借款、优先股、普通股的资本成本;

(2)计算该筹资方案的加权平均资本成本。

3. 甲公司目前息税前利润为300万元,资本总额为2 500万元,其中:债务资本1 000万元,年利率8%;普通股1 500万元(每股面值1元),共计1 500万股。根据市场需求,公司拟追加投资500万元扩大生产规模。提出以下两个筹资方案:

方案一:按面值发行普通股500万股,筹资500万元;方案二:向银行取得长期借款500万元,借款年利率为10%。

预计投资后息税前利润可达450万元,公司所得税税率为25%。

要求:

(1)计算公司筹资前普通股每股收益;

(2)分别计算两个方案筹资后普通股每股收益;

(3)根据计算结果,不考虑筹资风险,公司应采用哪个筹资方案?

(计算结果保留小数点后两位)

4. 甲公司是一家上市公司,主营业务是电动工具。公司产品具有较高的市场占有率,营业收入和利润逐年上升。公司将每年净利润的30%分配给股东。根据公司发展需要,20×5年拟筹资长期资本15 000万元。财务经理提出的筹资方案,包括以下三种筹资方式:

(1)公司20×4年预计可获净利润9 000万元,按照目前的股利分配政策,可以使用的留存收益为6 300万元;

(2)公司目前负债水平远远低于行业平均水平,能够从银行取得6 000万元的长期借款,借款年利率为8%;

(3)公司可以通过增发普通股的方式筹集资本2 700万元。

总经理认为银行贷款需要支付利息,资本成本较高,而留存收益没有成本。公司可以半年内不发放现金股利,将预计可获得的净利润9 000万元全部用于公司发展。这样做的话,公司可以减少2 700万元的银行借款。

结合上述材料,回答以下问题:

(1)财务经理提出的筹资方案包含了哪三种筹资方式?

(2)总经理对银行贷款和留存收益成本的认识是否正确?并说明理由。

第十八章 杠杆原理与资本结构

第一节 本章考点、重点与难点

一、本章考点

本章考核的知识点是:(1)杠杆原理;(2)资本结构决策。

二、本章重点与难点

(一)本章重点

理解经营风险与经营杠杆的概念及其相互关系、财务风险与财务杠杆的概念及其相互关系;掌握三个杠杆系数的计量及关系,以及资本结构优化选择的方法。

(二)本章难点

掌握并理解资本结构优化选择的每股收益分析法和比较公司价值法。

第二节 本章学业水平测试题

一、单选题

1. 关于经营杠杆,下列表述中不正确的是(   )。

A. 经营杠杆的大小可以用经营杠杆系数衡量

B. 只要存在固定经营成本,就存在经营杠杆作用

C. 只要存在固定经营成本,经营杠杆系数一定小于1

D. 经营杠杆系数是息税前利润变动率相对于销售量变动率的倍数

2. 下列关于财务杠杆的表述中,正确的是(   )。

A. 由于固定生产经营成本存在而导致的

B. 反映的是息税前利润变动对产销量变动的影响程度

C. 反映的是普通股每股收益变动对产销量变动的影响程度

D. 反映的是息税前利润变动对普通股每股收益变动的影响程度

3. 下列各项中,运用普通股每股收益无差别点确定最佳资本结构时,需计算的指标是(   )。

A. 息税前利润　　　　　　　　B. 营业利润

C. 净利润　　　　　　　　　　D. 利润总额

4. 经营杠杆产生的原因是企业存在(　　)。

A. 固定营业成本　　　　　　　B. 销售费用

C. 财务费用　　　　　　　　　D. 管理费用

5. A公司全部长期资本为3 000万元,债务资本比率为0.4,债务年利率为10%,公司所得税税率为25%。在息税前利润为500万元时,则其财务杠杆系数为(　　)。

A. 1.15　　　　B. 1.32　　　　C. 1.46　　　　D. 1.85

6. 某公司的经营杠杆系数为5,财务杠杆系数为2,预计销售量将增长4%,在其他条件不变的情况下,普通股每股收益将增长(　　)。

A. 8%　　　　B. 20%　　　　C. 30%　　　　D. 40%

7. 下列选项中,属于狭义资本结构范畴的是(　　)。

A. 长期负债与股东权益比例　　C. 流动负债与负债总额比例

B. 短期借款与长期借款比例　　D. 股东权益与流动负债比例

8. 某公司经营风险较大,准备采取系列措施以降低经营杠杆程度。下列措施中,无法达到这一目的的是(　　)。

A. 降低利息费用　　　　　　　B. 降低固定成本水平

C. 降低变动成本水平　　　　　D. 提高产品销售单价

9. 利用每股收益无差异点法进行资本结构决策时,下列表述中不正确的是(　　)。

A. 当预期的EBIT低于无差异点的EBIT时,选择权益筹资

B. 当预期的EBIT高于无差异点的EBIT时,选择债务筹资

C. 当预期的EBIT高于无差异点的EBIT时,选择权益筹资

D. 当预期的EBIT等于无差异点的EBIT时,选择债务筹资与权益筹资无差异

10. 甲公司20×4年每股收益1元,经营杠杆系数为2,财务杠杆系数为3,假设公司不进行股票分割。如果20×5年每股收益达到1.6元,根据杠杆效应,则其营业收入应比20×4年增加(　　)。

A. 10%　　　　B. 20%　　　　C. 30%　　　　D. 40%

11. 如果企业的资本来源全部为自有资本,且没有优先股存在,则企业财务杠杆系数(　　)。

A. 等于0　　　B. 等于1　　　C. 大于1　　　D. 小于1

12. 财务杠杆说明(　　)。

A. 增加息税前利润对每股利润的影响　B. 增加销售收入对每股利润的影响

C. 扩大销售对息税前利润的影响　　D. 企业的融资能力

13. 甲公司2024年边际贡献总额为200万元,经营杠杆系数为2。假设其他条件不变,如果2025年销售收入增长10%,则息税前利润预计是(　　)万元。

A. 60　　　　　　B. 80　　　　　　C. 100　　　　　　D. 120

14. 下列关于最佳资本结构的表述中,错误的是(　　)。

A. 最佳资本结构在理论上是存在的

B. 资本结构优化的目标是提高企业价值

C. 企业平均资本成本最低时资本结构最佳

D. 企业的最佳资本结构应当长期固定不变

15. 假定某企业的权益资本与负债资本的比例为3∶2,据此可断定该企业(　　)。

A. 只存在经营风险　　　　　　B. 经营风险大于财务风险

C. 经营风险小于财务风险　　　D. 同时存在经营风险和财务风险

16. 经营杠杆给企业带来的风险是指(　　)。

A. 成本上升的风险

B. 利润下降的风险

C. 业务量变动导致息税前利润更大变动的风险

D. 业务量变动导致息税前利润同比例变动的风险

17. 有关财务杠杆系数,下列表述中正确的是(　　)。

A. 财务杠杆系数与公司负债正相关

B. 财务杠杆系数与公司净资产正相关

C. 财务杠杆系数与公司财务风险负相关

D. 财务杠杆系数与公司固定资产负相关

18. 公司的复合杠杆系数为6,经营杠杆系数为3,则财务杠杆系数是(　　)。

A. 2　　　　　　B. 3　　　　　　C. 6　　　　　　D. 9

19. 由于固定生产经营成本的存在,息税前利润变动率大于产销量变动率的效应是(　　)。

A. 经营杠杆　　　　　　　　B. 财务杠杆

C. 复合杠杆　　　　　　　　D. 物理杠杆

20. 在确定最优资本结构时,只考虑资本成本的决策方法是(　　)。

A. 股利现值分析法　　　　　　B. 公司价值分析法

C. 每股收益分析法 D. 比较资本成本法

二、多选题

1. 下列各项中,对经营杠杆表述正确的有(　　)。

   A. 优先股股息存在而导致的

   B. 固定的债务利息存在而导致的

   C. 固定的生产经营成本存在而导致的

   D. 反映销售量变动对息税前利润变动的影响程度

   E. 反映普通股每股收益变动对息税前利润变动的影响程度

2. 下列关于财务杠杆的论述中,正确的有(　　)。

   A. 在资本总额和负债比率不变的情况下,财务杠杆系数越高,每股收益增长越快

   B. 财务杠杆系数越大,财务风险越小

   C. 财务杠杆系数反映财务杠杆的作用程度

   D. 财务杠杆系数越大,财务风险越大

   E. 财务杠杆系数与经营杠杆系数乘积是复合杠杆系数

3. 下列各项因素中,影响经营杠杆系数计算结果的有(　　)。

   A. 销售单价　　B. 销售数量　　C. 资本成本　　D. 所得税税率

   E. 利息费用

4. 利用每股收益无差别点分析企业资本结构时,下列说法中正确的有(　　)。

   A. 当预计息税前利润高于每股收益无差别点时,采用低财务杠杆方式比采用高财务杠杆方式有利

   B. 当预计息税前利润高于每股收益无差别点时,采用高财务杠杆方式比采用低财务杠杆方式有利

   C. 当预计息税前利润低于每股收益无差别点时,采用低财务杠杆方式比采用高财务杠杆方式有利

   D. 当预计息税前利润等于每股收益无差别点时,两种筹资方式下的每股收益相同

   E. 当预计息税前利润等于每股收益无差别点时,采用高财务杠杆方式比采用低财务杠杆方式有利

5. 下列关于财务杠杆和财务风险关系的叙述中,正确的有(　　)。

   A. 债务比例越高,企业的利息支出越高,财务杠杆系数越大,财务风险越大

   B. 债务比例越低,企业的利息支出越低,财务杠杆系数越小,财务风险越小

C. 债务比例越高,企业的利息支出越高,财务杠杆系数越小,财务风险越大

D. 债务比例越高,企业的利息支出越高,财务杠杆系数越大,财务风险越小

E. 债务比例越低,企业的利息支出越低,财务杠杆系数越大,财务风险越大

6. 下列对财务杠杆的叙述中,正确的有(　　)。

A. 财务杠杆系数越高,每股利润增长越快

B. 只要公司存在债务利息和优先股股息,就会存在财务杠杆效应

C. 财务杠杆系数越大,财务风险越大

D. 财务杠杆与财务风险无关

E. 财务杠杆系数与公司负债存在负相关关系

7. 影响公司经营风险的主要因素有(　　)。

A. 债务利息的高低　　　　　　B. 产品更新周期的长短

C. 销售价格的稳定性　　　　　D. 固定成本占总成本的比重

E. 投入生产要素价格的稳定性

8. 当某企业的息税前利润为零时,下列说法中正确的有(　　)。

A. 此时企业的营业收入与总成本(不含利息)相等

B. 此时的经营杠杆系数趋近于无穷小

C. 此时的营业收入等于变动成本与固定成本之和

D. 此时的边际贡献等于固定成本

E. 此时企业的营业收入与固定成本相等

9. 影响资本结构的主要因素包括(　　)。

A. 行业因素　　　B. 公司规模　　　C. 公司财务状况　　D. 公司资产结构

E. 公司所得税税率

10. 下列各项中,反映联合杠杆作用的有(　　)。

A. 说明普通股每股收益的变动幅度　　B. 预测普通股每股收益

C. 衡量企业的总体风险　　　　　　　D. 说明企业财务状况

E. 反映企业的获利能力

三、简答题

1. 简述资本成本的概念及其内容。

2. 简述经营杠杆的含义并说明其如何反映经营风险。

3. 简述财务杠杆的含义并说明其如何反映财务风险。

4. 简述最优资本结构的概念及资本结构的决策方法。

四、应用与计算分析题

1. 某公司流通在外的普通股为 3 000 万股,本年实现净利润为 3 000 万元。公司的经营杠杆系数为 3,财务杠杆系数为 4。假设明年的销售收入增加 3%。

要求:

(1)计算公司的复合杠杆系数;

(2)计算公司本年的每股收益;

(3)计算公司明年每股收益变动率及每股收益。

2. 某公司长期资本总额为 700 万元,其中,债务资本为 200 万元,年利息率为 10%;普通股 500 万元,共 100 万股。拟追加筹资 300 万元,筹资方案有两种:

(1)方案一:全部发行普通股筹资,增发 60 万股;

(2)方案二:全部采用长期借款筹资,年利息率为 12%。公司所得税税率为 25%。

要求:

(1)分别计算按两种筹资方案筹资后公司每年需要支付的利息总额;

(2)计算每股收益无差异点时的息税前利润;

(3)计算每股收益无差异点时的普通股每股收益。

3. 某公司计划生产甲产品,预计年销售量为 40 万件,销售单价为 100 元。该公司有 A、B 两个生产方案可供选择:

(1)A 方案:单位变动成本为 60 元,固定成本总额为 900 万元;

(2)B 方案:单位变动成本为 65 元,固定成本总额为 600 万元。

要求:

(1)计算 A、B 两个方案的息税前利润;

(2)计算 A、B 两个方案的经营杠杆系数;

(3)根据经营杠杆系数,对比两个方案的经营风险。

(计算结果保留小数点后两位)

4. 某企业目前拥有债券 1 000 万元,年利率为 6%;优先股 600 万元,年股利率为 10%;普通股 500 万元,每股面值 1 元。该企业现计划增资 800 万元,增资后的息税前利润为 1 500 万元。如果发行债券,年利率为 7%;如果发行优先股,年股利率为 10%;如果发行普通股,每股发行价为 16 元。企业所得税率为 25%。分别计算各种发行方式下的普通股每股收益,并决定采用何种方式筹资。

第十九章 证券投资决策

第一节 本章考点、重点与难点

一、本章考点

本章考核的知识点是:(1)债券投资;(2)股票投资;(3)证券投资基金。

二、本章重点与难点

(一)本章重点

理解债券估价模型、债券投资收益率以及债券投资风险;理解股票投资估价模型;掌握证券投资基金的概念、特点和分类;了解证券投资基金的费用以及证券投资基金的风险。

(二)本章难点

掌握与理解债券估价模型与到期收益率的计算方法,以及股票估价模型的应用。

第二节 本章学业水平测试题

一、单选题

1. 下列各项中,属于股票投资优点的是( )。
   A. 求偿权居后　　　　　　　B. 收入稳定性高
   C. 本金安全性高　　　　　　D. 拥有公司控制权

2. 无法在短期内将债券以合理价格卖出的风险被称为( )。
   A. 违约风险　　　　　　　　B. 购买力风险
   C. 变现力风险　　　　　　　D. 再投资风险

3. 某股票预计每年每股现金股利为 1.2 元,并保持不变。股东要求的收益率为 8%,则该股票的内在价值为( )元。
   A. 0.96　　　B. 12　　　C. 15　　　D. 20

4. 下列各项中,属于债券投资优点的是( )。
   A. 投资收益高　　　　　　　B. 购买力风险小

C. 本金安全性高 D. 拥有公司控制权

5. 下列各项中,不属于证券投资基金风险的是( )。

A. 市场风险 B. 经营风险

C. 巨额赎回风险 D. 管理能力风险

6. 债券投资估价时不需要考虑的因素是( )。

A. 票面利率 B. 市场利率

C. 债券期限 D. 所得税税率

7. 下列关于债券变现力风险的表述中,正确的是( )。

A. 不能支付到期本金和利息的风险

B. 利率变动使投资者遭受损失的风险

C. 短期内不能以合理的价格卖出债券的风险

D. 较高的通货膨胀率给投资者带来损失的风险

8. 某投资者购买 A 公司股票,并且准备长期持有,要求的最低收益率为 9%,该公司预计下一年股利为 0.8 元/股,预计未来股利年增长率为 4%,则该股票当前的内在价值是( )元/股。

A. 8.8 B. 16 C. 16.64 D. 20

9. 市场利率上升时,债券价值的变动方向是( )。

A. 上升 B. 下降 C. 不变 D. 随机变化

10. 下列各项中,属于封闭式基金特点的是( )。

A. 不能在二级市场交易 B. 基金份额总额固定不变

C. 在封闭期内可随时认购 D. 在封闭期内可随时赎回

11. 债券投资的特点是( )。

A. 债券投资者有权参与企业的经营决策

B. 债券投资的风险高于股票投资

C. 债券投资能获得稳定收益

D. 债券投资的购买力风险小

12. 按照基金的组织形式可将证券投资基金分为( )。

A. 契约型基金和公司型基金 B. 封闭式基金和开放式基金

C. 债券基金和股票基金 D. 债券基金和货币市场基金

13. 债券投资的估价就是计算债券在未来期间获取的利息和到期收回的面值的( )。

A. 现值之和 B. 现值之差

C. 终值之和 D. 终值之差

14. 通常情况下,债券投资收益水平的衡量指标是( )。

A. 票面收益率 B. 收益率的期望值

C. 到期收益率 D. 收益率的平均值

15. 下列选项中,属于货币市场基金特点的是( )。

A. 流动性差 B. 资本安全性高

C. 收益不稳定 D. 管理费用高

16. 某上市公司预计未来5年股利高速增长然后转为正常增长,则下列各项普通股估价模式中,最适合计算该公司股票价值的是( )。

A. 固定增长模式 B. 零增长模式

C. 阶段性增长模式 D. 以上三种都可以

17. 一张面额为100元的长期股票,每年可获利10元,如果折现率为8%,则其估价为( )元。

A. 100 B. 125 C. 110 D. 80

18. 从风险角度看,下列各项中更接近确定性投资的是( )。

A. 投资办厂 B. 购买国债

C. 购买公司股票 D. 开发某地的金矿

19. 债券投资的违约风险是指( )。

A. 债权人无法按时支付利息以及偿还债券本金的风险

B. 由于利率的变动而使投资者遭受损失的风险

C. 由于通货膨胀使价格总水平变动而引起债券购买力变动所产生的风险

D. 无法在短期内以合理价格卖出债券的风险

20. 长期债券投资的目的是( )。

A. 合理利用暂时闲置的资金 B. 调节现金余额

C. 获得稳定收益 D. 获得企业的控制权

二、多选题

1. 下列各项中,属于债券投资风险的有( )。

A. 违约风险 B. 利率风险

C. 技术风险 D. 变现力风险

E. 购买力风险

2. 证券资产持有者无法在市场上以正常的价格平仓出货的可能性属于（　　）。

A. 违约风险　　　　　　　　　　B. 价格风险

C. 变现风险　　　　　　　　　　D. 非系统风险

E. 管理风险

3. 证券投资的目的包括（　　）。

A. 暂时存放闲置资金　　　　　　B. 与筹集长期资金相配合

C. 满足未来的财务需求　　　　　D. 满足季节性经营现金的需求

E. 获得对相关企业的控制权

4. 下列各项中,能够影响债券内在价值的因素有（　　）。

A. 债券的价格　　　　　　　　　B. 债券的计息方式（单利或复利）

C. 当前的市场利率　　　　　　　D. 票面利率

E. 债券的付息方式（分期付息或到期一次付息）

5. 与股票投资相比,债券投资的主要缺点有（　　）。

A. 购买力风险大　　　　　　　　B. 变现力风险大

C. 没有经营管理权　　　　　　　D. 投资收益不稳定

E. 投资渠道少

6. 债券投资的收益率可以表现为（　　）。

A. 票面收益率　　　　　　　　　B. 综合收益率

C. 到期收益率　　　　　　　　　D. 持有期收益率

E. 最终实际收益率

7. 股票投资的优点主要有（　　）。

A. 投资收益高　　　　　　　　　B. 购买力风险低

C. 拥有经营控制权　　　　　　　D. 价格稳定

E. 股利收入稳定

8. 下列各项中,属于证券投资基金费用构成的是（　　）。

A. 基金买价　　　　　　　　　　B. 基金管理费

C. 基金交易费　　　　　　　　　D. 基金运作费

E. 基金托管费

9. 债券投资的优点有（　　）。

A. 本金安全性高　　　　　　　　B. 收入稳定性强

C. 市场流动性高　　　　　　　　D. 有经营管理权

E. 购买力风险较小

10. 下列关于债券投资的说法中,正确的有(　　)。

A. 投资者购买债券基本上能够按债券的票面利率定期获取利息并到期收回债券面值

B. 只有债券价值大于其购买价格时,才值得投资

C. 债券价值是指未来收到的利息和本金的现值和

D. 市场利率的上升会导致债券价值的上升

E. 债券既可以年为单位计息,也可以半年、季度、月份等短于一年的期间为单位计息

三、简答题

1. 公司进行股票投资的目的有哪些?
2. 简述债券投资一般有哪些风险以及如何规避。
3. 简述证券投资基金的概念及特点。
4. 证券投资基金按基金的投资标的划分,可以分为哪些?

四、应用与计算分析题

1. 某公司发行面值为1 000元的债券,票面利率为8%,期限10年,每年年末付息一次。当前市场利率为6%。

要求:

(1)计算每张债券每年支付的利息额;

(2)计算债券的内在价值;

(3)若债券的发行价格为1 080元,判断可否对该债券进行投资。

2. 某投资者拟对A、B两种股票进行投资,投资者对两种股票要求的收益率均为10%,A、B两种股票的资料如下:

(1)A股票预计未来3年的每股现金股利分别为20元、11元和15元,预计3年后股价为320元/股。该股票当前市场价格为290元/股。

(2)B股票上年每股股利为1元,预计股利每年以5%的增长率增长。该股票当前市场价格为25元/股。

要求:

(1)计算 A 股票的内在价值,并判断是否值得投资;

(2)计算 B 股票的内在价值,并判断是否值得投资。

3. 某公司股票预计第 1 年股利为每股 3 元,股东要求的收益率为 8%。目前,该股票市场价格为 50 元。

要求:

(1)如果该股票的股利在未来保持零增长,计算股票的内在价值,并判断该股票是否值得投资;

(2)如果该股票的股利在未来保持固定增长率为 3%,计算股票的内在价值,并判断该股票是否值得投资。

4. 某投资者拟购买债券,现有甲、乙两种新发行债券可供选择。甲债券面值为 1 000 元,票面利率为 9%,单利计息,期限 8 年,到期一次还本付息;乙债券面值为 1 000 元,票面利率为 7%,每年付息一次,期限 8 年,到期还本。目前,市场利率为 6%。[$(P/F, 6\%, 8) = 0.627\,4, (P/A, 6\%, 8) = 6.209\,8$]

要求:

(1)计算甲债券的价值;

(2)计算乙债券的价值;

(3)如果两种债券发行价格均为 1 070 元,分别判断两种债券是否值得投资。

参考答案

第二十章　项目投资决策

第一节　本章考点、重点与难点

一、本章考点

本章考核的知识点是:(1)项目投资概述;(2)项目现金流量的估计;(3)项目投资决策评价指标;(4)项目投资决策方法的应用。

二、本章重点与难点

(一)本章重点

理解项目投资现金流量的分析及项目投资决策方法的应用。

(二)本章难点

掌握并理解项目投资折现现金流量指标的计算和项目投资决策方法的应用。

第二节　本章学业水平测试题

一、单选题

1. 下列选项中,属于现值指数优点的是(　　)。

A. 能够对初始投资额不同的投资方案进行比较

B. 能够动态反映项目的实际收益率

C. 能够提供项目实际可以获得的财富

D. 能够提供项目的实际回收期

2. 下列选项中,属于非折现现金流量指标的是(　　)。

A. 会计收益率　　　　　　　B. 现值指数

C. 净现值　　　　　　　　　D. 内含报酬率

3. 关于内含报酬率,下列表述中正确的是(　　)。

A. 没有考虑货币的时间价值　　B. 是项目净现值等于零的折现率

C. 是项目净现值大于零的折现率　D. 是项目净现值小于零的折现率

4. 下列选项中,属于项目终结点现金流量的是(　　)。

A. 固定资产安装成本　　　　　　B. 期初职工培训费

C. 购置固定资产的支出　　　　　D. 垫支营运资本的收回

5. 投资项目现金流量估计不应考虑的成本是（　　）。

A. 机会成本　　　　　　　　　　B. 付现成本

C. 沉没成本　　　　　　　　　　D. 重置成本

6. 关于内含报酬率，下列表述中正确的是（　　）。

A. 任何项目都有唯一的内含报酬率

B. 内含报酬率的大小受折现率的影响

C. 内含报酬率的计算没有考虑货币时间价值

D. 内含报酬率是使项目净现值为零的折现率

7. 某投资方案的年营业收入为 250 000 元，年总营业成本为 150 000 元，其中，年折旧额为 20 000 元，适用的所得税税率为 25%，该方案的每年营业现金净流量为（　　）元。

A. 60 000　　　　B. 80 000　　　　C. 95 000　　　　D. 100 000

8. 已知某投资项目的原始投资额现值为 300 万元，净现值为 60 万元，则该项目的现值指数为（　　）。

A. 1.2　　　　　B. 4　　　　　　C. 5　　　　　　D. 6

9. 某投资方案，当折现率为 10% 时，其净现值为 48 元；当折现率为 12% 时，其净现值为 -35 元。该方案的内含报酬率为（　　）。

A. 10.22%　　　B. 11.16%　　　C. 11.85%　　　D. 12.15%

10. 下列选项中，不属于净现值指标缺点的是（　　）。

A. 不能直接反映投资项目的实际收益率水平

B. 当各项目原始投资额现值不等时，仅用净现值无法确定独立投资方案的优劣

C. 所采用的折现率不易确定

D. 没有考虑投资的风险性

11. 下列各项因素中，不会对投资项目内含报酬率指标计算结果产生影响的是（　　）。

A. 资本成本　　　　　　　　　　B. 原始投资额

C. 项目计算期　　　　　　　　　D. 现金净流量

12. 关于投资回收期，下列表述中正确的是（　　）。

A. 折现投资回收期长于非折现投资回收期

B. 折现投资回收期短于非折现投资回收期

C. 折现投资回收期等于非折现投资回收期

D. 折现投资回收期与非折现投资回收期的关系不确定

13. 下列各项中,不属于静态评价指标的是( )。

　　A. 投资利润率　　　　　　　　B. 投资报酬率

　　C. 净现值　　　　　　　　　　D. 非折现投资回收期

14. 投资回收期是指回收( )所需的全部时间。

　　A. 建设投资　　　　　　　　　B. 原始投资额

　　C. 固定资产原值　　　　　　　D. 投资总额

15. 能够使项目现金流入量现值等于现金流出量现值的折现率是( )。

　　A. 现值指数　　　　　　　　　B. 内含报酬率

　　C. 会计平均收益率　　　　　　D. 获利指数

16. 在长期投资决策中,一般属于经营期现金流出项目的是( )。

　　A. 经营成本　　　　　　　　　B. 开办费投资

　　C. 固定资产投资　　　　　　　D. 无形资产投资

17. 已知某投资项目按15%折现率计算的净现值大于零,按17%折现率计算的净现值小于零,则该项目的内含报酬率肯定( )。

　　A. 小于15%　　　　　　　　　B. 等于16%

　　C. 大于17%　　　　　　　　　D. 大于15%,小于17%

18. 内含报酬率是一种能使投资方案的净现值( )的折现率。

　　A. 大于零　　　　　　　　　　B. 等于零

　　C. 小于零　　　　　　　　　　D. 大于等于零

19. 按照项目投资的作用,可将项目投资分为( )。

　　A. 新设投资、维持性投资和扩大规模投资

　　B. 战术性投资和战略性投资

　　C. 独立投资和互斥投资

　　D. 常规投资和非常规投资

20. 下列各项中,不属于终结现金流量范畴的是( )。

　　A. 固定资产折旧

　　B. 固定资产残值收入

　　C. 垫支在流动资产上资金的收回

　　D. 清理固定资产时发生的其他现金流出

二、多选题

1. 下列选项中,属于折现现金流量评价指标的有(　　)。
   A. 净现值　　　B. 静态回收期　　　C. 现值指数　　　D. 内含报酬率
   E. 会计平均收益率

2. 下列选项中,确定项目营业现金流量需要考虑的因素有(　　)。
   A. 所得税　　　　　　　　　B. 营业收入
   C. 付现成本　　　　　　　　D. 建设期末垫支的营运资本
   E. 固定资产变现收入

3. 下列各项中,属于静态投资回收期优点的有(　　)。
   A. 计算简便　　　　　　　　B. 便于理解
   C. 直观反映返本期限　　　　D. 正确反映项目总回报
   E. 考虑了投资的风险性

4. 在一投资项目中,当一项投资方案的净现值等于零时,即表明(　　)。
   A. 该方案的获利指数等于1
   B. 该方案的静态回收期等于1
   C. 该方案的净现值率大于1
   D. 该方案的内含报酬率等于设定折现率或行业基准收益率
   E. 该方案的获利指数小于1

5. 某公司拟新建一条生产线,下列选项中属于建设期现金流量的有(　　)。
   A. 营业收入　　　　　　　　B. 营业成本
   C. 固定资产的购置成本　　　D. 固定资产折旧
   E. 与固定资产投资有关的培训费

6. 估计投资项目现金流量时,应考虑的内容有(　　)。
   A. 机会成本　　　　　　　　B. 沉没成本
   C. 通货膨胀的影响　　　　　D. 对其他项目的影响
   E. 对净营运资本的影响

7. 项目投资决策中,判断增量现金流量应注意的问题有(　　)。
   A. 不要忽视沉没成本　　　　B. 不要忽视机会成本
   C. 考虑对净营运资本的影响　D. 区分相关成本和非相关成本
   E. 考虑投资项目对公司其他项目的影响

8. 下列关于现值指数的表述中,正确的有(　　)。

A. 它是绝对数

B. 它是相对数

C. 考虑了资金的时间价值

D. 有利于在初始投资额不同的投资方案之间的比较

E. 它是投资项目未来报酬总现值与初始投资额的现值之比

9. 对于同一投资方案,下列说法中正确的有(　　)。

A. 资本成本率越高,净现值越低

B. 资本成本率越高,净现值越高

C. 资本成本率相当于内含报酬率时,净现值为零

D. 资本成本率高于内含报酬率时,净现值小于零

E. 资本成本率高于内含报酬率时,净现值大于零

10. 下列选项中,属于净现值指标缺点的有(　　)。

A. 不能直接反映投资项目的实际收益率水平

B. 当各项目投资额不等时,仅用净现值无法确定独立投资方案的优劣

C. 现金净流量的确定和折现率的确定有一定难度

D. 没有考虑投资的风险性

E. 没有考虑回收期以后的现金流

三、简答题

1. 简述固定资产项目投资决策中现金流量的概念及构成。

2. 简述项目投资的步骤。

3. 简述内含报酬率的优缺点。

4. 简述现值指数的决策规则。

四、应用与计算分析题

1. 某项目期初固定资产投资 250 000 元,寿命期为 10 年,采用直线法提取折旧,10 年后固定资产残值 20 000 元。该项目 10 年内每年的营业收入为 120 000 元,每年的付现成本为 42 000 元。公司要求的最低报酬率为 9%,公司所得税税率为 25%。

要求:

(1)计算固定资产年折旧额;

(2)计算年营业现金净流量;

(3)计算项目净现值,根据净现值判断项目的可行性。

(计算结果保留小数点后两位数)

2. 某项目期初设备投入 135 000 元,期末无残值;期初垫支营运资本 20 000 元,期末全部收回。项目寿命期为 5 年,第 1~5 年每年营业现金净流量分别为:40 500 元、36 000 元、45 500 元、48 000 元、50 500 元。假设公司要求的最低报酬率为 8%,公司所得税税率为 25%。

要求:

(1)计算期初现金流出量和第 5 年年末现金流量;

(2)计算项目净现值和现值指数;

(3)根据计算结果判断项目是否可行。

(计算结果保留小数点后两位)

3. 某公司计划投资一项目,需要固定资产投资 1 200 000 元,无建设期,寿命期 5 年,采用直线法计提折旧,5 年后无残值;项目需要垫支营运资本 150 000 元。项目投产后每年增加营业收入 630 000 元,增加付现成本 320 000 元,公司所得税税率为 25%。假设项目的必要报酬率为 8%。

要求:

(1)计算固定资产年折旧额;

(2)计算项目初始投资额;

(3)计算项目年营业现金净流量;

(4)计算项目的净现值,并根据净现值判断项目是否可行。

4. 某公司准备购入一台设备以扩充生产能力,现有甲、乙两个方案可以选择。甲方案需要投资 60 000 元,使用寿命 5 年,采用直线法计提折旧,5 年后设备无残值,5 年中每年销售收入为 30 000 元,付现成本 8 000 元。乙方案需要投资 90 000 元,采用直线法计提折旧,使用寿命也是 5 年,5 年后设备残值 10 000 元,每年销售收入 32 000 元,付现成本第一年 9 000 元,以后每年增加 500 元。另外,乙方案需要垫付营运资金 15 000 元。假设企业适用的所得税税率为 25%,平均资本成本为 8%。

要求:

(1)计算两个方案的现金流量;

(2)计算两个方案的净现值;

(3)计算两个方案的投资回收期。

第二十一章 营运资本决策

第一节 本章考点、重点与难点

一、本章考点

本章考核的知识点是：(1)营运资本决策概述；(2)现金；(3)应收账款；(4)存货；(5)短期筹资。

二、本章重点与难点

(一)本章重点

理解以下内容：营运资本的基本概念；流动资产投资策略和营运资本筹资策略的内容；现金管理、应收账款管理以及存货管理。

(二)本章难点

掌握并理解现金持有量、应收账款信用政策分析、存货经济批量的确定，以及放弃现金折扣的机会成本等的计算。

第二节 本章学业水平测试题

一、单选题

1. 企业为抓住有利可图的潜在投资机会而持有现金的需求，被称为( )。

   A. 投机性需求　　　　　　　　B. 预防性需求
   C. 交易性需求　　　　　　　　D. 补偿性需求

2. 能够使一定时期存货的总成本达到最低点的订货数量，被称为( )。

   A. 经济批量　　　　　　　　　B. 再订货量
   C. 保险储备量　　　　　　　　D. 存货库存量

3. 下列项目中，属于持有现金的机会成本的是( )。

   A. 现金管理人员工资　　　　　B. 现金安全措施费用
   C. 现金被盗损失　　　　　　　D. 现金的再投资收益

4. 某公司存货周转期为25天，应收账款周转期为18天，应付账款周转期为16天，则营运资本周转期为( )天。

A. 27　　　　B. 41　　　　C. 43　　　　D. 59

5. 根据存货基本经济批量模型,与经济批量反向变化的是( )。

A. 再订货点
B. 存货年需求量
C. 每次订货成本
D. 单位存货年储存成本

6. 某企业预计下年度销售净额为 3 600 万元,应收账款周转天数为 80 天(一年按 360 天计算),变动成本率为 50%,资本成本为 8%,则应收账款的机会成本是( )万元。

A. 10　　　　B. 32　　　　C. 80　　　　D. 144

7. 某公司全年需用 X 材料 21 000 件,计划开工 300 天。该材料订货日至到货日的时间为 4 天,保险储备量为 210 件。该材料的再订货点是( )件。

A. 490　　　　B. 280　　　　C. 210　　　　D. 70

8. 某企业从银行获得附有承诺的周转信贷额度为 800 万元,承诺费率为 0.6%,年初借入 500 万元,年底偿还,年利率为 7%,则该企业负担的承诺是( )万元。

A. 1.8　　　　B. 3　　　　C. 21　　　　D. 35

9. 某企业向银行借款 600 万元,年利率为 6.5%,银行要求保留 15% 的补偿性余额,则该借款的实际利率是( )。

A. 6.5%　　　　B. 7.65%　　　　C. 8.12%　　　　D. 8.5%

10. 关于稳健型营运资本筹资策略,下列说法中正确的是( )。

A. 收益性和风险性较高
C. 收益性较低,风险性较高
B. 收益性和风险性较低
D. 收益性较高,风险性较低

11. 持有过量现金可能导致的不利后果是( )。

A. 财务风险加大
B. 收益水平下降
C. 偿债能力下降
D. 资产流动性下降

12. 某公司根据存货模型确定的最佳现金持有量为 60 000 元,有价证券的年利率为 8%。在最佳现金持有量下,该公司与现金持有量相关的现金使用总成本为( )元。

A. 2 400
B. 2 600
C. 4 800
D. 5 000

13. 下列相关表述中,不正确的是( )。

A. 应收账款周转期是指企业将产品卖出后到收到顾客支付的货款的时间段
B. 存货周转期是指将原材料转化成产成品所需要的时间

C. 应付账款周转期是指从收到尚未付款的材料开始到现金支出之间所用的时间

D. 现金周转期是指介于公司支付现金与收到现金之间的时间段

14. 信用条件是指公司要求顾客支付赊销款项的条件,其中不包括(　　)。

A. 信用期限　　　　　　　　B. 折扣期限

C. 利息率　　　　　　　　　D. 现金折扣

15. 下列选项中,不属于应收账款成本的是(　　)。

A. 机会成本　　　　　　　　B. 短缺成本

C. 管理成本　　　　　　　　D. 坏账成本

16. 基本经济批量模型的基本假设条件不包括(　　)。

A. 没有缺货成本　　　　　　B. 没有固定订货成本

C. 没有固定储存成本　　　　D. 没有变动订货成本

17. 在营运资本管理中,紧缩型流动资产投资策略的特点是(　　)。

A. 投资收益低,风险小　　　B. 投资收益低,风险大

C. 投资收益高,风险小　　　D. 投资收益高,风险大

18. 某公司2024年年末流动资产合计7 000万元,流动负债合计4 200万元,则其狭义的营运资本为(　　)万元。

A. 2 800　　　　　　　　　B. 4 200

C. 7 000　　　　　　　　　D. 11 200

19. 各种持有现金的动机中,属于应付未来现金流入和流出随机波动的动机是(　　)。

A. 交易性需求　　　　　　　B. 预防性需求

C. 投机性需求　　　　　　　D. 长期投资性需求

20. 运用成本分析模型对现金持有量进行决策时,不需要考虑的成本是(　　)。

A. 机会成本　　　　　　　　B. 转换成本

C. 短缺成本　　　　　　　　D. 管理成本

二、多选题

1. 下列关于营运资本筹资策略风险的表述中,正确的有(　　)。

A. 配合型筹资策略风险适中　B. 配合型筹资策略风险较低

C. 稳健型筹资策略风险较低　D. 稳健型筹资策略风险较高

E. 激进型筹资策略风险较高

2. 在应收账款日常管理中,对客户采用间接调查法进行信用调查,其资料来源包括( )。

 A. 财税部门   B. 消费者协会

 C. 工商管理部门   D. 信用评估机构

 E. 证券交易部门

3. 运用成本模型确定企业最佳现金持有量时,现金持有量与持有成本之间的关系表现为( )。

 A. 现金持有量越小,总成本越大

 B. 现金持有量越大,机会成本越大

 C. 现金持有量越小,短缺成本越大

 D. 现金持有量越大,管理总成本越大

 E. 现金持有量越大,机会成本越小

4. 确定再订货点,需要考虑的因素有( )。

 A. 保险储备量   B. 每天消耗的原材料数量

 C. 预计交货时间   D. 每次订货成本

 E. 产品的单价

5. 用存货模式分析确定最佳现金持有量时,要考虑的成本费用项目有( )。

 A. 现金管理费用   B. 现金短缺成本

 C. 持有现金的机会成本   D. 现金与有价证券的转换成本

 E. 现金持有成本

6. 下列各项中,属于存货储存成本的有( )。

 A. 存货仓储费用   B. 存货破损和变质损失

 C. 延期交货的损失   D. 存货占用资金的应计利息

 E. 停工待料损失

7. 下列关于现金管理中成本模型的说法中,正确的有( )。

 A. 成本模型强调持有现金是有成本的,最优的现金持有量是使得现金持有成本最小的持有量

 B. 现金的机会成本,是指企业因持有一定现金余额而丧失的再投资收益

 C. 管理成本在一定范围内和现金持有量之间没有明显的比例关系

 D. 现金持有量越少,进行证券变现的次数越少,相应的转换成本越少

 E. 最佳现金持有量的计算不需要考虑机会成本

8. 成本分析模式中持有货币资金成本可以分解为( )。

A. 信用成本 B. 机会成本

C. 管理成本 D. 短缺成本

E. 交易成本

9. 下列项目中,属于应收账款管理成本的有( )。

A. 对客户的资信调查费用 B. 收账费用

C. 坏账成本 D. 账簿记录费用

E. 坏账准备

10. 公司缩短现金周转期的途径有( )。

A. 缩短存货周转期 B. 缩短应收账款周转期

C. 缩短应付账款周转期 D. 延长应收账款周转期

E. 延长应付账款周转期

三、简答题

1. 简述营运资本周转的含义及加速营运资本周转的途径。

2. 简述应收账款的功能与成本。

3. 现金持有的动机包含哪些?

4. 简述存货的功能。

四、应用与计算分析题

1. 某公司每年需要外购甲材料 14 400 件。该材料的每次订货成本为 150 元,单位年储存成本为每件 3 元。一年按 360 天计算。

要求:

(1)计算甲材料的订货经济批量;

(2)计算年最优订货次数;

(3)如果该材料全年的耗用情况比较稳定,则公司需要提前 6 天订货,计算再订货点。

2. B 企业全年需要甲种材料 4 000 公斤,每公斤买价 50 元,每次订货费用 400 元,单位储存成本为单位平均存货金额的 10%。该材料的供货方提出,若该材料每次购买数量在 2 000 公斤或 2 000 公斤以上,将享受 3% 的数量折扣。

要求:通过计算,确定该企业是否应接受供货方提出的数量折扣条件。

3. 某企业甲材料的年需要量为 3 600 千克。该材料单位成本为 25 元/千克,材料的单位存储成本为 10 元,企业的一次订货成本为 500 元。

要求：

(1) 计算甲材料的经济订货量；

(2) 计算每年最佳订货次数；

(3) 计算与经济订货量有关的存货总成本。

4. 某公司现金需求量为 840 万元,其原材料购买以及产品销售均采取赊销方式,应收账款的平均收款天数为 50 日,应付账款的平均付款天数为 40 日,存货平均周转期为 80 日,一年为 360 日。

要求：

(1) 计算现金周转期；

(2) 计算现金周转次数；

(3) 计算按现金周转模型所确定的最佳现金持有量。

第二十二章　股利分配决策

第一节　本章考点、重点与难点

一、本章考点

本章考核的知识点是:(1)股利分配概述;(2)股利理论与股利政策的类型及影响因素;(3)股票股利、股票分割与股票回购。

二、本章重点与难点

(一)本章重点

理解以下内容:股利支付的程序与方式;股利理论的基本观点;影响股利政策制定的因素;股利政策的类型;股票股利与股票分割对股东权益的影响;股票股利、股票分割和股票回购对公司和股东的影响。

(二)本章难点

掌握并理解不同股利政策的特点,比较股票股利和股票分割的异同。

第二节　本章学业水平测试题

一、单选题

1. 能够使公司当年股利支付水平与公司盈利状况保持同步变化的股利政策类型是(　　)。

　　A. 固定股利政策　　　　　　　　B. 剩余股利政策

　　C. 固定股利支付率政策　　　　　D. 低正常股利加额外股利政策

2. 关于"一鸟在手"股利理论的观点,下列表述中正确的是(　　)。

　　A. 投资者偏爱当前收入

　　B. 投资者偏爱未来收入

　　C. 现金股利能够缓解股东和债权人之间的代理冲突

　　D. 现金股利能够传递公司具有较好投资机会的利好信息

3. 公司发放股票股利时,下列项目中不会受影响的是(　　)。

A. 每股面额 B. 每股股价
C. 每股收益 D. 每股未分配利润

4. W 公司在过去一定时期每年股利分配数额保持稳定,则该公司采用的股利政策类型为( )。

A. 固定股利政策 B. 剩余股利政策
C. 固定股利支付率政策 D. 低正常股利加额外股利政策

5. 按照剩余股利政策,假定某公司资本结构是 40% 的负债资金,60% 的股权资金,明年计划投资 1 500 万元。今年年末股利分配时,为满足投资需要,该公司应从税后净利润中保留( )万元。

A. 600 B. 900 C. 1 200 D. 1 500

6. 下列各项中,能够导致公司发行在外普通股股数减少的是( )。

A. 股票回购 B. 财产股利
C. 股票分割 D. 股票股利

7. 实施股票分割和股票股利产生的效果相似,它们都会( )。

A. 降低股票每股面值 B. 减少股东权益总额
C. 降低股票每股价格 D. 改变股东权益结构

8. 在以下股利政策中,有利于稳定股票价格,从而树立公司良好形象,但使得股利的支付与公司盈余相脱节的是( )。

A. 剩余股利政策 B. 固定股利政策
C. 固定股利支付率政策 D. 低正常股利加额外股利政策

9. 股利的支付会减少管理层可支配的自由现金流量,在一定程度上抑制管理层的过度投资或在职消费行为。这种观点体现的股利理论是( )。

A. 股利无关理论 B. 信号传递理论
C. 所得税差异理论 D. 代理理论

10. 我国规定,股东领取股利的权利与股票相互分离的日期是( )。

A. 除息日 B. 股权宣布日
C. 股权登记日 D. 股权支付

11. 认为投资者更倾向于获得现金股利收入的观点,在股利理论中被称为( )。

A. MM 理论 B. 代理成本论
C. 信息传播论 D. "一鸟在手"论

12. 上市公司发放股票股利的优点是( )。

A. 促进上市公司股票交易和流通　　B. 可以提高公司股票的市场价格

C. 使公司每股收益上升　　D. 可以增加所有者权益总额

13. 在下列日期进行股票交易,其交易价格会较前一交易日下降的是(　　)。

A. 股利宣告日　　B. 股权登记日

C. 除息日　　D. 股利支付日

14. 下列股利政策中,具有较大财务弹性,且可使股东得到相对稳定的股利收入的是(　　)。

A. 低正常股利加额外股利政策　　B. 固定股利支付率政策

C. 固定或稳定增长的股利政策　　D. 剩余股利政策

15. 公司采用固定或稳定增长股利政策发放股利的意义表现为(　　)。

A. 增加额外股利　　B. 增强投资者信心

C. 提高支付能力　　D. 实现资本保全

16. 下列股利理论中,与其他三项不属于一类的是(　　)。

A. "一鸟在手"理论　　B. 代理理论

C. 信号传递理论　　D. 股利无关理论

17. 有利于保持公司目标资本结构的股利政策是(　　)。

A. 剩余股利政策　　B. 固定股利支付率政策

C. 固定或稳定增长股利政策　　D. 低正常股利加额外股利政策

18. 某公司近年来经营业务不断拓展,目前处于成长阶段,预计现有的生产经营能力能够满足未来10年稳定增长的需要,公司希望其股利与公司盈余紧密配合。基于以上条件,最适合该公司的股利政策是(　　)。

A. 剩余股利政策　　B. 固定股利政策

C. 固定股利支付率政策　　D. 低正常股利加额外股利政策

19. 下列选项中,属于影响公司股利政策的法律因素是(　　)。

A. 资本保全原则　　B. 资产的变现能力

C. 公司的筹资能力　　D. 公司的资本结构

20. 公司分配现金股利时,向股东正式发放股利的日期称为(　　)。

A. 除权日　　B. 股利支付日

C. 股利宣布日　　D. 股权登记日

二、多选题

1. 影响股利政策制定的股东因素有(　　)。

A. 债务契约约束　　　　　　　B. 公司投资机会

C. 股东的避税要求　　　　　　D. 股东对控制权的要求

E. 股东追求稳定收入的需求

2. 下列有关股票股利的表述中，正确的有（　　）。

A. 使股东权益内部结构发生了变化　　B. 使每股净资产下降

C. 使资本结构发生改变　　　　　　　D. 是一种股利支付方式

E. 使每股收益上升

3. 某公司现有发行在外的普通股 1 000 万股，每股面值 1 元，资本公积 7 000 万元，未分配利润 5 000 万元，每股市价 30 元，按 10% 的比例发放股票股利并按市价折算，则（　　）。

A. 公司股数增加 100 万股

B. 公司资本公积的报表列示将为 7 000 万元

C. 公司资本公积的报表列示将为 9 900 万元

D. 公司未分配利润减少 2 000 万元

E. 公司股票价格不会发生变化

4. 下列选项中，属于制约股利分配的公司因素有（　　）。

A. 控制权　　　　　　　　　　B. 筹资因素

C. 盈余的稳定性　　　　　　　D. 资产的流动性

E. 资本保全约束

5. 公司常用的股利政策类型包括（　　）。

A. 剩余股利政策　　　　　　　B. 固定股利政策

C. 稳定增长股利政策　　　　　D. 固定股利支付率政策

E. 低正常股利加额外股利政策

6. 在股份有限公司中，与股利政策有关的代理问题主要有（　　）。

A. 股东与债权人之间的代理问题

B. 股东与经理之间的代理问题

C. 控股股东与中小股东之间的代理问题

D. 经理与职工之间的代理问题

E. 经理与政府之间的代理问题

7. MM 理论认为完全资本市场必须符合的条件包括（　　）。

A. 公司的投资政策已确定并且已经为投资者所理解

B. 不存在股票的发行和交易费用

C. 不存在个人所得税或公司所得税

D. 不存在信息不对称

E. 经理与外部投资者之间不存在代理成本

8. 根据剩余股利政策,确定股利发放率应考虑的因素包括( )。

A. 公司的投资机会　　　　　　B. 外部资本的成本

C. 外部资本的可供性　　　　　D. 目标资本结构

E. 各年股利的稳定性

9. 下列各项中,属于股票分割作用的有( )。

A. 可以降低股票价格

B. 会在一定程度上巩固内部人既定控制权

C. 向投资者传递公司发展前景良好的信息

D. 能够降低财务风险

E. 会在一定程度上减少对公司股票恶意收购的难度

10. 下列各项中,属于公司发放股票股利优点的有( )。

A. 有利于吸引投资者

B. 在一定程度上稳定股票价格

C. 可以降低公司股票的市场价格

D. 可以传递公司未来发展前景良好的信息

E. 有利于公司长期发展

三、简答题

1. 简述低正常股利加额外股利政策的优点。
2. 简述剩余股利政策的运用步骤。
3. 简述影响股利政策的公司内部因素。
4. 股票回购对公司的影响有哪些?

四、应用与计算分析题

1. 甲公司2024年税后利润为2 400万元。在预算年度内,公司计划投资A项目,A项目需要投资3 000万元,公司的目标资本结构为负债与权益之比为2∶3,公司现流通在外的普通股为300万股,公司采用剩余股利政策。

要求：

(1)计算公司本年可发放的股利额；

(2)计算每股股利；

(3)计算股利支付率。

2. 甲公司 2024 年年末股东权益如表 22－1 所示：

表 22－1　　　　　　　　甲公司所有者权益情况表（发放股利前）　　　　　　单位：万元

项　　目	金　　额
股本（每股面值 10 元，5 000 万股）	50 000
资本公积	34 000
盈余公积	36 000
未分配利润	35 000
股东权益总额	155 000

假定目前甲公司股票的市场价格为 30 元/股。公司采用两种不同的股利分配方案，对以下两种方案进行分析。

要求：

(1)方案一：每 10 股分派股票股利 3 股。请说明未分配利润、股本总额、股份数额分别变为多少？

(2)方案二：每股分配现金股利 1.20 元。请说明未分配利润、股东权益总额分别变为多少？如果不考虑信号效应，股价会如何变化？

3. A 公司目前发行在外的股票为 3 000 万股，每股面值为 1 元，本年税后利润为 6 000 万元。现拟追加投资 8 000 万元，使生产能力扩大 40%，预计 A 公司产品销路会非常稳定。该公司想维持目前 45% 的资产负债率，并执行 40% 的固定股利支付率政策。

要求：

(1)计算该公司本年年末应该分配多少股利。

(2)计算该公司必须从外部筹集到多少股权资本，才能达到追加投资的目的。

4. 某公司发放股票股利之前的股东权益项目构成如表 22－2 所示：

表 22－2　　　　　　　　　　股东权益项目构成　　　　　　　　　　单位：万元

项　　目	金　　额
普通股股本（面值 1 元，5 000 万股）	5 000
资本公积	7 000

续表

项 目	金 额
盈余公积	5 000
未分配利润	65 000
股东权益合计	82 000

该公司宣布以未分配利润发放股票股利,每 10 股发放 2 股,新增股票以面值计价。

要求:

(1)计算发放股票股利后的普通股股数、普通股股本、资本公积和未分配利润。

(2)如果公司以 1 股分割为 2 股取代现在的股票股利分配方案,则分割之后普通股股数、普通股股本、资本公积和未分配利润将如何变化?

参考答案

第三部分

"审计学"课程考点与水平测试题

第二十三章 审计概论

第一节 本章考点、重点与难点

一、本章考点

本章考核的知识点是：(1)审计的定义和特征；(2)审计的产生和发展；(3)审计的分类和审计方法；(4)审计的职能和作用。

二、本章重点与难点

(一)本章重点

理解审计的定义和特征，审计的产生和发展，以及审计的职能和作用。

(二)本章难点

掌握并理解审计的分类和审计方法。

第二节 本章学业水平测试题

一、单选题

1. 审计职能是审计能够完成任务且发挥作用的内在功能。下列各项中，属于审计最基本的职能的是(　　)。

　　A. 经济监督　　　　　　　B. 经济鉴证
　　C. 经济评价　　　　　　　D. 经济判断

2. 审计作用是指审计职能在审计实践中所发挥的客观影响及产生的实际效果。在审计工作中，维护财经法纪，属于审计的(　　)。

A. 促进作用   B. 制约作用

C. 证明作用   D. 建设作用

3. 审计监督是指审计机关及其审计工作人员根据国家法律法规,依法对被审计单位财政收支、财务收支以及其他有关经济活动进行监督检查的过程。保证审计监督正常发挥作用的是审计组织的(　　)。

A. 独立性   B. 权威性

C. 公平性   D. 合理性

4. 对被审计单位的书面资料按照其内在联系相互对照检查,从中获取审计证据的方法是(　　)。

A. 分析法   B. 盘点法

C. 核对法   D. 观察法

5. 下列各项中,属于逆查法的优点的是(　　)。

A. 相对减少工作量   B. 审查的内容系统全面

C. 方法比较简单   D. 不易造成重大疏漏

6. 民间审计专业团体在促进经济发展和社会治理中发挥着重要作用。目前,世界上最大的民间审计专业团体是(　　)。

A. 美国注册会计师协会   B. 英国爱丁堡会计师协会

C. 中国注册会计师协会   D. 英格兰及威尔士特许会计师协会

7. 注册会计师审计的含义是指对财务报表是否不存在重大错报提供合理保证,以积极的方式提出意见,增强除管理层之外的预期使用者对财务报表信赖的程度。注册会计师审计产生的直接原因是(　　)。

A. 财产所有权与经营权的分离   B. 商品经济的发展

C. 资本市场的发展   D. 股份制企业制度的形成

8. 审计可以根据不同的分类标准进行划分。按照事先规定的时间进行的审计被称为(　　)。

A. 事前审计   B. 定期审计

C. 报送审计   D. 就地审计

9. 被审计单位的财产保管人员及其他有关人员进行实物盘点,审计人员亲临现场监督盘点的方式是(　　)。

A. 全面盘存   B. 局部盘存

C. 直接盘点   D. 监督盘点

10. 审计人员向被审计单位内外的有关员工当面询问意见,核实情况的方法是( )。

　　A. 函询　　　　　　　　　　B. 面询
　　C. 观察　　　　　　　　　　D. 监盘

11. 注册会计师审计,在我国也称为( )。

　　A. 查账　　　　　　　　　　B. 财政监督
　　C. 社会审计　　　　　　　　D. 财务大检查

12. 审计人员从被审计单位一定时期内的全部会计资料中,选择其中某一部分或某段时期的会计资料进行审查的一种方法是( )。

　　A. 审阅法　　　　　　　　　B. 观察法
　　C. 抽查法　　　　　　　　　D. 详查法

13. 下列关于抽查法的说法中,正确的是( )。

　　A. 抽查法是审计人员根据被审计单位的书面资料的有关数据进行重新计算的一种方法
　　B. 抽查法不能明确审计重点
　　C. 抽查法仅适用于规模较大、业务较复杂、内部控制健全和会计基础较好的单位
　　D. 抽查法是审计产生发展初期普遍采用的方法

14. 下列关于审计职能的说法中,不正确的是( )。

　　A. 经济监督是审计最基本的职能
　　B. 审计职能的实现是无条件的
　　C. 经济鉴证是注册会计师审计的主要职能
　　D. 审计职能是审计本身固有的内在功能

15. 下列关于审计作用的说法中,正确的是( )。

　　A. 改善经营管理是审计的制约作用　　B. 维护财经法纪是审计的促进作用
　　C. 提高经济效益是审计的促进作用　　D. 加强宏观调控是审计的证明作用

16. 审计可以根据不同的分类标准进行划分。根据特定需要或目的进行的审计是( )。

　　A. 专项审计　　　　　　　　B. 报送审计
　　C. 特殊目的审计　　　　　　D. 法定审计

17. 2006 年,为了进一步规范注册会计师执业行为,提高执业质量,中国注册会计师协会又重新修订和拟定了( )。

A.《中国注册会计师执业准则》　　B.《中国注册会计师职业准则》

C.《中国注册会计师道德规范》　　D.《中国注册会计师鉴证准则》

18. 中国历史上第一家会计师事务所是(　　)。

　　A. 正则会计师事务所　　　　　B. 立信会计师事务所

　　C. 大华会计师事务所　　　　　D. 天成会计师事务所

19. 世界上第一个职业会计团体——"爱丁堡会计师协会"创立于(　　)。

　　A. 1851年　　　B. 1852年　　　C. 1853年　　　D. 1854年

20. 国际内部审计师协会,简称"内部审计师协会",是内部审计的国际性民间学术团体。国际内部审计协会成立于(　　)。

　　A. 1940年　　　　　　　　　　B. 1941年

　　C. 1942年　　　　　　　　　　D. 1943年

二、多选题

1. 下列关于审计定义的相关表述中,不正确的有(　　)。

　　A. 审计主体是审计的执行者

　　B. 审计的授权者只能是董事会

　　C. 审计客体只能是经济活动

　　D. 审计依据,可以是注册会计师个人经验与判断

　　E. 审计主体不同,审计对象也不完全相同

2. 下列各项中,属于审计的促进作用的有(　　)。

　　A. 改善经营管理　　　　　　　B. 揭示差错和舞弊

　　C. 提高经济效益　　　　　　　D. 维护财经法纪

　　E. 加强宏观调控

3. 审计可以根据不同的分类标准进行划分。按审计主体分类,可分为(　　)。

　　A. 政府审计　　　　　　　　　B. 社会审计

　　C. 财务审计　　　　　　　　　D. 内部审计

　　E. 合规性审计

4. 审计可以根据不同的分类标准进行划分。按审计与被审计单位经济业务发生的时间之间的关系,可以将审计分为(　　)。

　　A. 事前审计　　　　　　　　　B. 事后审计

　　C. 定期审计　　　　　　　　　D. 不定期审计

E. 事中审计

5. 我国颁布的审计法规和注册会计师法规,都对各审计机构、人员的独立性给予了明确的说明,审计的独立性主要表现为(   )。

  A. 财务独立   B. 机构独立

  C. 思想独立   D. 业务工作独立

  E. 经济独立

6. 审计可以根据不同的分类标准进行划分。按执行的地点分类,审计可分为(   )。

  A. 内部审计   B. 报送审计

  C. 外部审计   D. 就地审计

  E. 民间审计

7. 证实客观事务的方法,主要包括(   )。

  A. 盘点法   B. 调节法

  C. 逆查法   D. 鉴定法

  E. 详查法

8. 审查书面资料的方法种类繁多。按审查书面资料的数量和范围划分,可分为(   )。

  A. 审阅法   B. 调节法

  C. 详查法   D. 抽查法

  E. 核对法

9. 秦汉时期是我国审计的确认阶段,主要体现在(   )。

  A. 初步形成了统一的审计模式   B. 审计司设立

  C. "上计"制度日趋完善   D. 审计地位提高,职权扩大

  E. 审计院设立

10. 国外社会审计起源较早,并随着资本主义商品经济的兴起得到了迅速的发展。其发展过程大体可以分为四个阶段,具体包括(   )。

  A. 详细审计阶段   B. 抽样审计阶段

  C. 资产负债表阶段   D. 会计报表审计阶段

  E. 现代审计阶段

三、简答题

1. 简述审计的定义及其特征。

2. 简述注册会计师审计与政府审计的区别。

3. 简述注册会计师审计与内部审计的区别。

四、应用与计算分析题

1. 审计工作的专业性很强，审计人员只有具备相应的专业知识和技能才能胜任，以保证审计任务的顺利完成。审计工作的风险性较高，审计人员必须具备良好的专业判断能力并加以合理运用，才能有效降低审计风险。审计专业判断是审计人员为了实现审计目标，依据审计法律法规的规定和有关标准，在审计实践和感性认识的基础上，根据自己的专业知识和经验对客观审计对象和主观审计行为作出的合理的专业认定、评价和决策。为提高审计质量，A会计师事务所某审计小组正在对审计实习生进行考核，在考核中就审计基本概念进行提问。五位审计实习生分别表述了以下五种观点：

(1) A审计实习生认为，中国注册会计师协会的最高权力机构为理事会。

(2) B审计实习生认为，政府审计与国家审计是两个完全不同的概念，绝不能混淆。

(3) C审计实习生认为，按照审计所依据的基础和使用的技术分类，审计可分为账项基础审计、制度基础审计、风险导向审计三类。

(4) D审计实习生认为，盘点法可分为直接盘点和监督盘点两种。

(5) E审计实习生认为，审计的主体就是审计的执行者，即审计的专职机构和专职人员。这里的专职机构指的仅是会计师事务所。

要求：判断每一位审计实习生的观点是否恰当。如不恰当，请简要说明理由。

2. 20世纪80年代初，我国已拥有上百万个国营企业（含商业企业和农垦企业等）和大量的行政事业单位。国营独立核算企业拥有5 000多亿元的固定资产和3 000多亿元的流动资产，每年有1 000多亿元的财政收支和几百亿元的预算外收支，财政财务活动非常广泛复杂。企业事业单位的财务管理水平参差不齐。当时的财政经济工作存在的主要问题是：生产、流通和建设领域里的经济效益很差，人力、物力和财力浪费较为严重；基本建设周期长，投资收回慢；不少企业亏损。例如，1982年的企业亏损面占30%，亏损额达40多亿元。生产虽然增长较快，但财政收入增加不多，国家财力严重不足，势必会影响现代化建设宏伟目标的实现。1982年，党的十二大提出，要把全部经济工作转移到以提高经济效益为中心的轨道上来。由此可见，建立审计机关，开展审计监督，有针对性地提出建议，对于促进企业事业单位改善经营管理、增产节约、增收节支，使有限的资金发挥更大的效益，加快社会主义经济建设，无疑具有重要而又现实的意义。A会计师事务所正开展对审计史的学习，四位注册会计师就关于中国审计史分别表述了四种观点：

(1)A注册会计师认为,秦汉时期逐渐形成了审计机构与监察机构相结合、经济法制与审计监督制度相统一的模式。

(2)B注册会计师认为,1973年9月正式成立了中华人民共和国审计署。

(3)C注册会计师认为,1994年1月1日开始实施《中华人民共和国审计法》,这就从法律上进一步确立了政府审计的地位,为政府审计的振兴发展奠定了良好的基础。

(4)D注册会计师认为,明清时期的都察院制度,在其行使审计职能时,具有一揽子性质。

要求:判断每一位注册会计师的观点是否恰当。如不恰当,请简要说明理由。

3. 西方国家的社会审计,是随着资本主义经济的兴起而形成并得到迅速发展的。16世纪末期,由于地中海沿岸商品贸易得到了发展,便出现了由许多合伙人筹资并委托给某些人经营贸易的商业运行方式。这就导致了财产所有者与经营权的分离,对经营者进行监督就有了必要。当时,部分财产所有者聘请会计工作者来承担该项监督检查工作,这便有了社会审计的萌芽。1720年,查尔斯·斯内尔受托对南海公司破产案进行审查,并编制了一份审计报告书,从此,审计正式走向了民间。英国工业革命以后,产业规模日益扩大,以发行股票筹集资金为特征的股份公司大量涌现。公司所有权与经营权相分离的现象十分普遍,对经营管理者进行监督也成了英国社会的普遍需要。因此,现代社会审计制度便应运而生。A会计师事务所正开展对审计史的学习,四位注册会计师就关于国外审计史分别表述了四种观点:

(1)A注册会计师认为,注册会计师审计起源于16世纪的美国合伙企业制度。

(2)B注册会计师认为,1721年英国的"南海公司事件"是注册会计师审计产生的催化剂。

(3)C注册会计师认为,美国政府在1935年颁布的《证券法》规定,在证券交易所上市的企业的财务报表必须接受注册会计师审计,向社会公众公布注册会计师出具的审计报告。因此,审计报告的使用人扩大到整个社会公众。

(4)D注册会计师认为,资产负债表审计是美国首先实施的,因此又称为美国式审计。

要求:判断每一位注册会计师的观点是否恰当。如不恰当,请简要说明理由。

第二十四章　注册会计师职业道德

第一节　本章考点、重点与难点

一、本章考点

本章考核的知识点是：(1)注册会计师职业道德规范及其基本原则；(2)独立性；(3)专业胜任能力与保密；(4)收费、佣金及业务招揽的规定；(5)其他职业道德。

二、本章重点与难点

（一）本章重点

理解注册会计师职业道德规范及其基本原则、独立性以及其他职业道德。

（二）本章难点

掌握并理解专业胜任能力、保密原则、收费规定、佣金以及业务招揽的相关准则。

第二节　本章学业水平测试题

一、单选题

1. 假设 A 会计师事务所于 2023 年 1 月 10 日首次接受委托，承接上市公司甲公司 2023 年度财务报表审计业务，双方协商审计报告日是 2024 年 3 月 5 日，并决定在 2024 年 10 月 1 日终止审计业务关系。下列情形中，注册会计师应当独立于甲公司的期间是（　　）。

    A. 2023 年 1 月 1 日至 2024 年 3 月 5 日
    B. 2023 年 1 月 1 日至 2024 年 10 月 1 日
    C. 2024 年 1 月 1 日至 2024 年 3 月 5 日
    D. 2024 年 1 月 1 日至 2024 年 10 月 1 日

2. 下列各项中，不属于审计独立性主要表现的是（　　）。

    A. 机构独立
    B. 精神独立
    C. 经济独立
    D. 司法独立

3. 下列有关职业道德基本原则的说法中，正确的是（　　）。

A. 如果注册会计师终止了与工作单位的关系,则不存在保密问题

B. 注册会计师对拟承接的客户向其披露的涉密信息,不存在保密义务

C. 专业胜任能力要求注册会计师在执业过程中保持职业谨慎

D. 注册会计师不得推介客户的产品、股份或其他利益

4. 下列有关诚信原则的说法中,不正确的是( )。

A. 诚信原则要求审计人员在所有的职业活动中,保持正直、诚实守信

B. 如果注册会计师注意到已与有问题的信息发生关联,则应当采取措施消除关联

C. 在出具审计报告时,存在未解决的重大审计差异,不被视为违反诚信原则

D. 在审计业务中,注册会计师针对有问题的信息出具了恰当的非无保留意见审计报告,不被视为违反诚信原则

5. 注册会计师为被审计单位代编了财务报表,然后执行财务报表审计,对独立性最可能产生威胁或不利影响的是( )。

A. 自身利益   B. 自我评价
C. 过度推介   D. 外在压力

6. 审计项目团队成员的近亲属担任审计客户的董事,对独立性最可能产生威胁或不利影响的是( )。

A. 密切关系   B. 过度推介
C. 外在压力   D. 没有不利影响

7. 注册会计师站在客户的立场上影响某项法律法规的规定,对独立性最可能产生威胁或不利影响的是( )。

A. 密切关系   B. 过度推介
C. 外在压力   D. 没有不利影响

8. 注册会计师在评价所在会计师事务所以往提供的专业服务时发现了重大错误,对独立性最可能产生威胁或不利影响的是( )。

A. 自身利益   B. 自我评价
C. 外在压力   D. 没有不利影响

9. 会计师事务所在考虑收费可能对独立性产生的不利影响时,下列说法中不正确的是( )。

A. 如果审计客户长期未支付应付的审计费用,尤其是相当部分的审计费用在出具下一年度审计报告前仍未支付,则可能因自身利益产生不利影响

B. 会计师事务所在向审计客户提供非鉴证服务时,如果非鉴证服务以直接形式取得

或有收费,也可能因自身利益产生不利影响

C. 如果会计师事务所从某一审计客户收取的全部费用占收费总额的比重很大,则可能因自身利益或外在压力产生不利影响

D. 会计师事务所在提供审计服务时,以间接形式取得或有收费,不会对独立性产生不利影响

10. 如果在审计客户成为公众利益实体之前,该合伙人作为关键审计合伙人为该客户服务了四年或更长时间,在取得客户治理层同意的前提下,该合伙人还可以继续服务( )年。

A. 1　　　　　B. 2　　　　　C. 3　　　　　D. 4

11. 下列选项中,不属于职业道德基本原则的是( )。

A. 诚信　　　B. 独立性　　　C. 保密　　　D. 真实性

12. 在未得到客户授权的下列情形中,很可能表明注册会计师没有违反保密原则的是( )。

A. 将客户经营计划提供给客户所在行业的竞争对手

B. 向后任注册会计师提供审计工作底稿

C. 在法律法规允许的情况下,向法庭提供证实作为共同被告的自己无过失的审计工作底稿

D. 注册会计师以其父亲的名义购买审计客户的股票并从中获益

13. 审计项目组某一成员的其他近亲属在审计客户中拥有直接经济利益或重大间接经济利益,会计师事务所应当评价不利影响的严重程度,主要的防范措施不包括( )。

A. 将该成员调离审计项目组

B. 由审计项目组以外的注册会计师复核该成员已执行的工作

C. 修改重要性水平

D. 其他近亲属尽快处置全部经济利益,或处置全部直接经济利益并处置足够数量的间接经济利益,以使剩余经济利益不再重大

14. 在审计项目组前任成员或前任合伙人担任审计客户的重要职位但未与事务所保持重要联系的情形下,主要的防范措施不包括( )。

A. 将该成员调离审计客户的职位

B. 向审计项目组分派经验更丰富的人员

C. 修改审计计划

D. 由审计项目组以外的注册会计师复核前任审计项目组成员已执行的工作

15. 以下关于专业胜任能力和应有的关注的说法中,不正确的是( )。

A. 如果注册会计师在缺乏足够的知识、技能和经验的情况下提供专业服务,就构成了一种欺诈

B. 专业胜任能力可分为两个独立阶段:专业胜任能力的获取和保持

C. 通过获取和保持专业胜任能力和应有的关注可以消除审计固有局限性

D. 应有的关注要求注册会计师在审计过程中应当保持职业怀疑态度

16. 注册会计师在第三者面前呈现出一种独立于委托单位的身份,在他人看来,注册会计师是独立的,这种独立被称为( )。

A. 实质上的独立 B. 经济独立
C. 思想独立   D. 形式上的独立

17. 审计监督区别于其他经济监督的根本特征是( )。

A. 及时性 B. 独立性
C. 科学性 D. 权威性

18. 我国注册会计师审计( )。

A. 只独立于审计委托人

B. 只独立于被审计单位

C. 既独立于审计委托人又独立于被审计单位

D. 既不独立于审计委托人又不独立于被审计单位

19. 会计师事务所通常确定的收费基础是( )。

A. 审计意见类型

B. 完成审计工作的时间

C. 完成审计工作所需的人员

D. 每一专业人员适当的小时收费标准或日收费标准

20. 注册会计师在社会交往中应特别注意无意中泄密,下列选项中,可能不属于无意中泄密的对象的是( )。

A. 注册会计师的配偶   B. 注册会计师的父亲
C. 注册会计师的女儿   D. 被审计单位所在行业的竞争对手

二、多选题

1. 下列各项中,属于注册会计师应当遵循的职业道德基本原则的有( )。

A. 保密 B. 客观与公正

C. 专业胜任能力和应有的关注　　D. 诚信

E. 良好的职业行为

2. 下列情形中,可能因自我评价产生不利影响的有(　　)。

A. 审计项目组成员 A 曾经担任客户的董事或高级管理人员

B. 审计项目组成员 B 与审计客户甲公司财务总监存在密切关系

C. 审计客户甲公司监事长 C 半年前一直是该会计师事务所的合伙人

D. 审计项目组成员 D 在半年前离开甲公司,此前连续多年担任甲公司财务总监

E. 会计师事务所担心可能失去某一重要客户

3. 注册会计师的下列情形中,符合保密原则的有(　　)。

A. 未经客户授权的情况下,向行业监管机构提供审计工作底稿

B. 注册会计师在终止与客户的关系后,也不能将其获知的客户涉密信息提供给第三方

C. 未经客户授权的情况下,向网络事务所合伙人提供了部分审计工作底稿

D. 在客户授权后向后任注册会计师提供了部分审计工作底稿

E. 在法律法规要求的情况下,为法律诉讼提供审计工作底稿

4. 下列情形中,属于因自身利益对职业道德基本原则产生不利影响的有(　　)。

A. 审计项目合伙人兼任审计客户的独立董事

B. 审计项目组成员担任审计客户的辩护人

C. 拟以或有收费的方式承接审计业务

D. 审计项目合伙人与审计客户协商,在审计报告日后加入该客户担任财务总监

E. 审计项目组成员主要近亲属拥有审计客户对外发行流通股股票 1 000 股

5. 下列情形中,属于因密切关系对职业道德基本原则产生不利影响的有(　　)。

A. 注册会计师在审计客户中拥有直接经济利益

B. 审计项目合伙人连续七年签署甲上市公司审计报告

C. 审计项目组成员担任审计客户的辩护人

D. 审计客户的财务总监是审计该公司的会计师事务所前任项目合伙人

E. 审计项目合伙人接受审计客户赠送的汽车加油卡

6. 下列各项中,不属于因过度推介导致对职业道德基本原则产生不利影响的情形有(　　)。

A. 注册会计师接受了客户赠予的重要礼品,并被威胁将公开其收受礼品的事情

B. 当客户与第三方发生诉讼或纠纷时,注册会计师为该客户辩护

C. 审计项目团队成员的近亲属担任审计客户的董事或高级管理人员

D. 注册会计师在对客户提供财务系统的设计或实施服务后,又对系统的运行有效性出具鉴证报告

E. 审计项目组成员 A 与审计客户甲公司的财务总监是配偶关系

7. 职业道德基本原则要求会员保持实质上和形式上的独立性。以下关于独立性的陈述中,正确的有( )。

A. 独立性原则通常是对注册会计师而不是对非职业会员提出的要求

B. 注册会计师在执行鉴证业务时必须保持实质上的独立和形式上的独立

C. 会计师事务所在承办鉴证业务时,应当从整体层面和具体业务层面采取措施,以保持会计师事务所和项目组的独立性

D. 审计业务要求注册会计师必须保持独立性,审阅业务则不需要保持独立性

E. 除非另有说明,如果某一会计师事务所被视为网络事务所,则应当与网络中其他会计师事务所的审计客户保持独立

8. 下列各项中,属于对职业道德基本原则产生不利影响的因素的有( )。

A. 自身利益
B. 自我评价
C. 过度推介
D. 密切关系
E. 外在压力

9. 下列关于独立性的说法中,正确的有( )。

A. 注册会计师应当在业务期间和财务报表涵盖期间独立于审计客户

B. 形式上的独立是一种内心状态

C. 独立性包括实质上的独立性和形式上的独立性

D. 对于公众利益实体的审计客户,会计师事务所不得提供对可能录用的高级管理候选人的证明文件进行核查的服务

E. 实质上的独立是一种内心状态

10. 审计人员的独立性包括两个方面,具体包括( )。

A. 实质上的独立
B. 形式上的独立
C. 性格上的独立
D. 职业行为独立
E. 名义上的独立

三、简答题

1. 简述注册会计师职业道德的基本原则。

2. 简述独立性的含义及威胁独立性的情形。

3. 简述注册会计师保密原则豁免的条件。

四、应用与计算分析题

1. 上市公司甲公司是 ABC 会计师事务所的常年审计客户。XYZ 公司和 ABC 会计师事务所处于同一网络。审计项目团队在甲公司 2023 年度财务报表审计中遇到下列事项：

(1)签订审计业务约定书后，ABC 会计师事务所发现甲公司与本事务所另一常年审计客户乙公司存在直接竞争关系。ABC 会计师事务所未将这一情况告知甲公司和乙公司。

(2)签订审计业务约定书时，ABC 会计师事务所根据有关部门的要求，与甲公司商定按六折收取审计费用，据此，审计项目组计划相应缩小审计范围，并就此事与甲公司治理层达成一致意见。

(3)项目团队成员 B 于 2023 年 3 月 10 日加入 ABC 会计师事务所，此前在甲公司的子公司担任销售部经理。

(4)项目团队成员 C 的父亲曾经担任甲公司的监事，但已于 2023 年 2 月退休。C 于 2023 年 8 月加入 ABC 会计师事务所。

(5)2023 年 12 月，甲公司要求 ABC 会计师事务所代为建立健全内部控制体系。考虑到独立性的要求，ABC 会计师事务所指派 XYZ 公司负责这项工作。

要求：针对上述第(1)至(5)项，逐项指出是否可能存在违反中国注册会计师职业道德守则有关独立性规定的情况，并简要说明理由。

2. 上市公司甲公司是 ABC 会计师事务所的常年审计客户。XYZ 公司和 ABC 会计师事务所处于同一网络。审计项目组在甲公司 2023 年度财务报表审计中遇到下列事项：

(1)2023 年 9 月，审计项目组就一复杂审计问题咨询了事务所技术部的 C 注册会计师。C 注册会计师的丈夫于 2023 年 10 月加入甲公司担任产品研发部经理，并获得甲公司期权 2 000 份，该期权两年后方可行权。

(2)审计项目组成员 B 将其股票账户借给弟弟使用，在期中审计期间知悉弟弟通过该账户购买了甲公司股票 5 000 股后，督促弟弟立即处置了这些股票。

(3)2023 年 9 月，甲公司聘请 XYZ 公司为其提供海外代表处的设立服务，并将 200 万美元转入 XYZ 公司在当地的银行账户。其中，20 万美元为 XYZ 公司的服务费，其余为代表处的流动资金。XYZ公司为代表处开立银行账户后,将180万美元转入代表处账户,并在服务期间代为管理该银行账户。

(4)2023年10月,丙公司被甲公司收购成为其不重要的子公司。XYZ公司自2021年起长期为丙公司提供递延所得税计算服务。丙公司不是ABC会计师事务所的审计客户。

(5)2023年,XYZ公司的两位经理受邀参加了甲公司为其客户举办的四场线上沙龙,对税务热点进行分享,并根据会议安排为部分与会客户提供了税务咨询服务。这些客户均不是ABC会计师事务所的审计客户。

要求:针对上述第(1)至(5)项,逐项指出是否可能存在违反中国注册会计师职业道德守则有关独立性规定的情况,并简要说明理由。

3. 上市公司甲公司是ABC会计师事务所的常年审计客户。XYZ公司和ABC会计师事务所处于同一网络。审计项目组在甲公司2023年度财务报表审计中遇到下列事项:

(1)2023年8月,甲公司收购了乙公司100%的股权。2023年9月,项目合伙人A注册会计师发现其母亲持有乙公司发行的债券,面值为人民币1万元,并要求其母亲立即处置了这些债券。该投资对A注册会计师的母亲而言不重要。

(2)项目质量复核合伙人B注册会计师曾担任甲公司2018年度至2021年度财务报表审计项目合伙人,未参与2022年度财务报表审计。

(3)XYZ公司2023年11月新入职的高级经理C没有参与甲公司审计项目。C自2022年1月1日起担任甲公司独立董事,任期两年,到期后未再续任。

(4)ABC会计师事务所在甲公司经营的直播平台上推出了线上会计培训课程,按照正常商业条款向甲公司支付使用费。

(5)甲公司是丁公司的重要联营企业。2023年8月,XYZ公司接受丁公司委托对其拟投资的标的公司进行评估,作为定价参考。丁公司不是ABC会计师事务所的审计客户。

要求:针对上述第(1)至(5)项,逐项指出是否可能存在违反中国注册会计师职业道德守则有关独立性规定的情况,并简要说明理由。

参考答案

第二十五章 注册会计师执业准则体系与法律责任

第一节 本章考点、重点与难点

一、本章考点

本章考核的知识点是:(1)中国注册会计师执业准则体系;(2)注册会计师业务准则。

二、本章重点与难点

(一)本章重点

理解审计质量控制准则。

(二)本章难点

掌握并理解注册会计师的法律责任。

第二节 本章学业水平测试题

一、单选题

1. 我国注册会计师的法律责任主要包括过失责任和(　　)。

   A. 整改责任　　　　　　　　B. 欺诈责任

   C. 赔偿责任　　　　　　　　D. 普通责任

2. 我国注册会计师的过失责任按其过失程度可分为普通过失和(　　)。

   A. 重大过失　　　　　　　　B. 重要过失

   C. 一般过失　　　　　　　　D. 有意过失

3. 注册会计师未能遵循审计准则的要求执行审计业务属于(　　)。

   A. 欺诈　　　　　　　　　　B. 舞弊

   C. 过失　　　　　　　　　　D. 不合规

4. 以欺骗或坑害他人为目的的一种故意的错误属于(　　)。

   A. 过失　　　　　　　　　　B. 欺骗

   C. 欺诈　　　　　　　　　　D. 错误

5. 注册会计师不发生过失的前提是严格遵守各项审计准则和(　　)。

A. 职业道德 　　　　　　　　　B. 审计约定

C. 审计方法 　　　　　　　　　D. 审计程序

6. 注册会计师在对 A 股份有限公司 2023 年度财务报表进行审计时,按照函证具体准则对有关应收账款进行了函证,并实施了其他必要的审计程序,但最终仍有应收账款业务中的错报未能查出。你认为注册会计师的行为属于(　　)。

A. 没有过失 　　　　　　　　　B. 没有责任

C. 普通过失 　　　　　　　　　D. 重大过失

7. 注册会计师在执行审计业务时,未发现样本中存在明显涂改的错漏等行为,导致注册会计师方面承担责任,这属于注册会计师自身原因中的(　　)。

A. 没有过失 　　　　　　　　　B. 普通过失

C. 重大过失 　　　　　　　　　D. 欺诈

8. 利害关系人明知会计师事务所出具的报告为不实报告而仍然使用的,会计师事务所可以(　　)。

A. 免除赔偿责任 　　　　　　　B. 减轻赔偿责任

C. 赔偿责任不变 　　　　　　　D. 视情况而定

9. 中华人民共和国审计署成立于(　　)。

A. 1978 年　　　B. 1983 年　　　C. 1995 年　　　D. 1998 年

10. 下列各项中,属于注册会计师承担的刑事责任的是(　　)。

A. 赔偿损失 　　　　　　　　　B. 罚金

C. 吊销注册会计师证书 　　　　D. 警告

11. 如果注册会计师在发现可能存在错误和舞弊的迹象时,未能追加必要的审计程序予以证实或排除的,并导致不实报告,人民法院应当认定(　　)。

A. 会计师事务所不承担责任

B. 会计师事务所承担连带责任

C. 会计师事务所存在过失,按其过失大小确定其赔偿责任

D. 注册会计师存在责任,会计师事务所不存在责任

12. 在下列情形中,不属于会计师事务所与被审计单位承担连带责任的是(　　)。

A. 明知被审计单位对重要事项的财务会计处理与国家有关规定相抵触,而不予指明

B. 与被审计单位恶意串通

C. 未根据执业准则、规则执行必要的审计程序

D. 明知被审计单位示意作不实报告,而不予拒绝

13. 项目质量控制复核的时间是( )。

A. 与管理层沟通后完成项目质量控制复核

B. 在出具报告前完成项目质量控制复核

C. 在财务报表批准日后完成项目质量控制复核

D. 在与治理层沟通后完成项目质量控制复核

14. 下列各项中,不属于中国注册会计师职业准则体系的是( )。

A. 鉴证业务准则　　　　　　B. 相关服务准则

C. 会计师事务所质量控制准则　D. 会计师事务所独立性准则

15. 下列各项中,不属于会计师事务所制定的项目质量控制复核政策和程序应当包括的要求的是( )。

A. 对符合适当标准的所有业务实施项目质量控制复核

B. 规定适当的标准,据此评价上市公司财务报表审计以外的历史财务信息审计和审阅、其他鉴证业务及相关服务业务,以确定是否应当实施项目质量控制复核

C. 对所有上市公司财务报表审计实施项目质量控制复核

D. 在某项业务或某类业务中已识别的异常情况或风险实施项目质量控制复核

16. 注册会计师法律责任正在逐步扩展,以下有关注册会计师职业受到影响甚至受到阻碍或冲击的原因的表述中,不正确的是( )。

A. 消费者利益的保护主义兴起

B. 有关保险的新概念得到运用

C. 所有商业领域注册会计师的参与与日俱增

D. 诉讼爆炸

17. 注册会计师减少过失和防止欺诈的基本要求不包括( )。

A. 签订业务约定书　　　　　B. 强化执业监督

C. 保持执业谨慎　　　　　　D. 增强执业独立性

18. 如果会计师事务所与被审计单位承担连带责任,则( )。

A. 应由被审计单位先赔偿,不足部分由会计师事务所赔偿

B. 应由会计师事务所先赔偿,不足部分由被审计单位赔偿

C. 应由会计师事务所和被审计单位按比例同时赔偿

D. 应由被审计单位先赔偿,不足部分以不实审计金额为限由会计师事务所赔偿

19. 下列能作为会计师事务所免责事由的是( )。

A. 在报告中注明：本报告仅供工商登记使用

B. 在报告中注明：本报告仅供工商年检使用

C. 在报告中注明：本报告仅供贵公司内部使用

D. 在报告中注明：对舞弊迹象提出警告

20. 在确定鉴证业务是否符合承接条件时，A注册会计师应当考虑的业务特征是（ ）。

A. 使用的标准是否适当且预期使用者能够获取该标准

B. 注册会计师是否能够识别使用鉴证报告的所有组织和人员

C. 鉴证业务是否可以变更为非鉴证业务

D. 鉴证业务是否可以由合理保证的鉴证业务变更为有限保证的鉴证业务

二、多选题

1. 下列关于注册会计师过失的说法中，正确的有（ ）。

A. 普通过失是指注册会计师没有完全遵循专业准则的要求

B. 注册会计师一旦出现过失就要赔偿损失

C. 过失是指在一定条件下，缺少应具有的合理谨慎

D. 重大过失是指注册会计师根本没有遵循专业准则或没有按专业准则的基本要求执行审计

E. 过失责任的追究，只要没有造成重大损失，一般仅处以罚款或行政处分

2. 导致注册会计师承担法律责任的根本原因包括（ ）。

A. 舞弊 B. 欺骗

C. 违约 D. 过失

E. 欺诈

3. 注册会计师或会计师事务所有可能承担的行政责任有（ ）。

A. 暂停执业 B. 警告

C. 没收违法所得并罚款 D. 撤销

E. 吊销注册会计师证书

4. 注册会计师承担法律责任的种类包括（ ）。

A. 过失责任 B. 欺诈责任

C. 民事责任 D. 行政责任

E. 刑事责任

5. 中国注册会计师协会的会员有（　　）。

A. 职业会员　　　　　　　　B. 非职业会员

C. 个人会员　　　　　　　　D. 团体会员

E. 临时会员

6. 下列各项中,属于鉴证业务要素的有（　　）。

A. 鉴证对象　　　　　　　　B. 鉴证业务的三方关系

C. 证据　　　　　　　　　　D. 鉴证报告

E. 业务约定书

7. 鉴证业务是指注册会计师对鉴证对象信息提出结论,以增强除责任方之外的预期使用者对鉴证对象信息信任程度的业务。鉴证业务的目标可分为（　　）。

A. 合理保证　　　　　　　　B. 有限保证

C. 消极保证　　　　　　　　D. 积极保证

E. 绝对保证

8. 下列各项中,属于审计基本要求的有（　　）。

A. 获取审计证据　　　　　　B. 遵守审计准则

C. 遵守职业道德守则　　　　D. 保持职业怀疑

E. 合理运用职业判断

9. 审计准则是对审计业务中一般公认的惯例加以归纳而形成的,是审计人员在实施审计过程中必须遵守的行为规范,审计准则的主要作用有（　　）。

A. 提高审计人员地位　　　　B. 赢得社会公众的信任

C. 提高审计工作质量　　　　D. 维护审计组织的合法权益

E. 使审计工作规范化

10. 下列有关鉴证业务要素的说法中,正确的有（　　）。

A. 如某项业务不存在除责任方之外的其他预期使用者,则该业务也构成审计业务

B. 在审计业务的三方关系人中,管理层也可能是预期使用者之一

C. 审计业务三方关系人包括注册会计师、被审计单位管理层（责任方）、财务报表预期使用者

D. 由于责任方和预期使用者不是同一方,因此责任方和预期使用者不可能来自同一企业

E. 内部控制审计是合理保证的鉴证业务

三、简答题

1. 简述鉴证业务的要素。
2. 简述鉴证业务三方关系人及其关系。
3. 简述注册会计师法律责任的种类。

四、应用与计算分析题

1. ABC会计师事务所承办了甲公司2023年度财务报表审计业务。2024年5月,甲公司的股东乙公司以甲公司2023年度财务报表审计工作存在重大失误,导致其发生重大投资损失为由,向法院起诉,要求ABC会计师事务所承担民事赔偿责任。

要求:ABC会计师事务所拟应诉。其聘请的律师在准备应诉材料时,提出了以下问题,请代为回答:

(1)什么是注册会计师的法律责任?

(2)什么是鉴证业务?

(3)什么是普通过失和重大过失?

2. 目前,注册会计师涉及法律诉讼的数量和金额呈上升趋势,其原因是多方面的。这既包括被审计单位的责任,也包括注册会计师的责任,有时是双方的责任,还有的是因为使用者的误解。安然事件是美国历史上最大的企业破产案之一。安然公司是一家能源巨头,其财务报表一直被投资者和评级机构看好。然而,在2001年,安然公司突然宣布破产,随后暴露出其财务报表存在大量虚假记载。安然公司的审计机构安达信因此被指控未能发现安然公司的财务欺诈行为,并最终安达信被迫解散。由此可见,注册会计师的责任的履行是极为重要的。为此,ABC会计师事务所展开了一场关于"注册会计师执业准则体系与法律责任"的培训,在培训结束后进行了考核。以下是四位注册会计师的观点:

(1)A注册会计师认为,如果被审计单位未能向注册会计师提供编制纳税申报表所必要的信息,后来又指控注册会计师未能妥当地编制纳税申报表。在这种情况下,法律可能判定被审计单位有共同过失。

(2)B注册会计师认为,注册会计师如未发现审查样本中明显涂改的错漏,则被视为普通过失。

(3)C注册会计师认为,注册会计师未能遵循审计准则的要求执行审计业务,属于欺诈。

(4)D注册会计师认为,注册会计师在执业过程中未能达到审计业务约定书的要求,如未能按时提交审计报告,违反了与被审计单位订立的保密协议等,则审计人员应负违约责任。

要求:判断每一位注册会计师的观点是否恰当。如不恰当,请简要说明理由。

3. 近年来,随着国内外市场环境的不断变化以及经济下行的压力增大,会计师事务所涉及的审计案件不断增加。同时,许多会计师事务所受到相关的处罚也在不断增加。ABC会计师事务所(特殊普通合伙)是一家具有二十多年发展历史的大型会计师事务所,是我国首批被授予A+H股企业审计资格、首批完成特殊普通合伙转制、首批完成证券服务业务备案的专业服务机构,业务涉及股票发行与上市、公司改制、企业重组、资本运作、财务咨询、管理咨询、税务咨询等多个领域。甲公司坚持以技术创新引领行业发展,掌握从光学设计、超精密模具加工、光学膜制造到专用材料开发的完整核心技术。公司产品及系统化解决方案广泛应用于屏幕显示、消费电子、汽车、建筑等多个行业。ABC会计师事务所于2015—2017年为甲公司提供审计服务。但经中国证监会查明,甲公司2015—2017年的年度报告存在虚增营业收入、利润总额等虚假记载行为。ABC会计师事务所为甲公司2015—2017年的年度财务报表提供审计服务,均出具了标准无保留意见的审计报告,其中江××、邱××、郑××为相关审计报告的签字注册会计师。经查证,ABC会计师事务所在甲公司2015—2017年年报审计中未勤勉尽责的情形,属于连续多年的同一性质违法行为,应当认定为连续违法。根据当事人违法行为的事实、性质、情节与社会危害程度,依据2005年《证券法》第二百二十三条的规定,中国证监会决定:①责令ABC会计师事务所改正,没收业务收入5 943 396元,并处以罚款11 886 792元;②给予江××、邱××警告,并分别处以10万元罚款;③给予郑××警告,并处以6万元罚款。

要求:根据以上材料,A审计人员在学习该案例时提出了以下问题,请代为回答:

(1)注册会计师的法律责任的种类有哪些?

(2)请分别说明针对以上材料中①②③的处罚属于哪种法律责任。

第二十六章　审计目标与计划审计工作

第一节　本章考点、重点与难点

一、本章考点

本章考核的知识点是:(1)财务报表审计的目标与实现;(2)审计业务约定书;(3)审计的重要性;(4)计划审计工作。

二、本章重点与难点

(一)本章重点

理解认定与审计目标的关系、审计程序以及审计业务约定书的内容与作用。

(二)本章难点

掌握并理解重要性在财务报表中的作用;理解重要性与审计风险的关系。

第二节　本章学业水平测试题

一、单选题

1. 下列各项中,不属于审计业务约定书基本内容的是(　　)。

A. 财务报表审计的目标与范围

B. 指出用于编制财务报表所适用的财务报告编制基础

C. 收费的计算基础和收费安排

D. 注册会计师的责任

2. 下列各项中,不属于初步业务活动的目的的是(　　)。

A. 具备执行业务所需的独立性和能力

B. 不存在因管理层诚信问题而可能影响注册会计师保持该项业务的意愿的事项

C. 与被审计单位之间不存在对业务约定条款的误解

D. 确定被审计单位财务报表是否具有内部控制制度

3. 下列关于财务报表审计的说法中,不正确的是(　　)。

A. 财务报表审计是注册会计师的传统核心业务

B. 财务报表审计以积极方式提出意见

C. 财务报表审计的最终产品是审计工作底稿

D. 财务报表审计增强除管理层之外的预期使用者对财务报表信赖的程度

4. 被审计单位在销售日记账中记录了一笔销售,但经审计后发现没有发生该销售交易,则违反了(　　)。

　　A. 准确性认定　　　　　　　B. 完整性认定

　　C. 存在认定　　　　　　　　D. 发生认定

5. 会计师事务所与被审计单位签订的,用以记录和确认审计业务的委托与受托关系、审计目标和范围、双方的责任以及报告的格式等事项的书面协议的是(　　)。

　　A. 管理建议书　　　　　　　B. 审计业务约定书

　　C. 审计报告　　　　　　　　D. 审计意见

6. 下列关于认定的说法中,不正确的是(　　)。

　　A. 具体审计目标是认定的基础

　　B. 如果本期的交易推到下期,则违反了截止目标

　　C. 由发生认定推导的审计目标是确认已记录的交易是真实的

　　D. 认定是指管理层在财务报表中做出的明确或隐含的表达

7. 如果被审计单位的盈利水平保持稳定,则注册会计师在确定重要性水平时最有可能选择的基准是(　　)。

　　A. 经常性业务的税前利润　　B. 营业收入

　　C. 总资产　　　　　　　　　D. 成本总额

8. 如果注册会计师确定的重要性水平较低,则(　　)。

　　A. 审计风险增加　　　　　　B. 固有风险增加

　　C. 控制风险增加　　　　　　D. 控制风险减少

9. 下列关于重要性的说法中,不正确的是(　　)。

　　A. 审计人员在运用重要性原则时,应当考虑错报或漏报的金额和性质

　　B. 注册会计师在确定重要性水平时,不需考虑与具体项目计量相关的固有不确定性

　　C. 实际执行的重要性通常为财务报表整体重要性的50%~80%

　　D. 在运用审计抽样实施细节测试时,注册会计师可以将可容忍错报的金额设定为等于或低于实际执行的重要性

10. 下列情形中,注册会计师通常应当采用较高的百分比确定实际执行的重要性的有(　　)。

A. 以前期间的审计经验表明被审计单位的内部控制有效

B. 注册会计师首次接受委托

C. 被审计单位面临较大的竞争压力

D. 被审计单位处于高风险行业

11. 下列关于实际执行的重要性的运用的说法中,不正确的是(   )。

A. 实施实质性分析程序时,注册会计师确定的已记录金额与预期值之间的可接受差异额通常不超过实际执行的重要性

B. 在计划审计工作时,针对低于实际执行的重要性的财务报表项目,注册会计师无须实施进一步审计程序

C. 在运用审计抽样实施细节测试时,注册会计师可以将可容忍错报的金额设定为等于或低于实际执行的重要性

D. 实际执行的重要性旨在将未更正和未发现错报的汇总数超过财务报表整体重要性的可能性降至适当的低水平

12. 被审计单位年末将一年内到期的长期负债列为流动负债,违反了(   )。

A. 发生认定 B. 存在认定
C. 完整性认定 D. 分类认定

13. 注册会计师承接的下列业务中,不属于鉴证业务的是(   )。

A. 对企业有形资产执行监盘程序 B. 高新技术企业专项鉴证
C. 破产清算审计业务 D. 财务报表审阅业务

14. 审计计划通常由审计项目负责人起草,具体在(   )。

A. 签订业务约定书之前 B. 外勤审计工作开始之前
C. 了解被审计单位之前 D. 预收部分审计费用之后

15. 审计计划通常可分为总体审计计划和具体审计计划两部分,审计计划的编制者是(   )。

A. 主任会计师 B. 项目质量复核人
C. 审计项目负责人 D. 会计师事务所所长

16. 在对财务报表进行分析后,确定资产负债表的重要性水平为 300 万元,利润表的重要性水平为 150 万元,则注册会计师应确定的财务报表层次重要性水平是(   )万元。

A. 150 B. 225 C. 300 D. 450

17. 在特定的审计风险水平下,检查风险与评估的重大错报风险之间的关系是

（　　）。

  A. 同向变动关系   B. 反向变动关系

  C. 无关系   D. 有时同向变动，有时反向变动

  18. 重要性取决于在具体环境下对错报金额和性质的判断。以下关于重要性的理解中，不正确的是（　　）。

  A. 重要性概念中的错报包含漏报

  B. 重要性包括对数量和性质两个方面的考虑

  C. 重要性概念是针对管理层决策的信息需求而言的

  D. 对重要性的评估需要运用职业判断

  19. 如果同一期间不同会计报表的重要性水平不同，会计报表层次的重要性水平应是不同会计报表重要性水平的（　　）。

  A. 最低者   B. 最高者

  C. 平均数   D. 加权平均数

  20. 下列说法中，不正确的是（　　）。

  A. 重要性水平与审计风险之间存在反向关系

  B. 重要性水平与审计证据的数量之间存在反向变动关系

  C. 可接受的审计风险与审计证据的数量之间存在反向变动关系

  D. 注册会计师可以通过调高重要性水平来降低审计风险

二、多选题

（一）多选题

1. 下列各项中，属于财务报表审计的前提条件的是（　　）。

  A. 管理层设计、执行和维护必要的内部控制，以使财务报表不存在由于舞弊或错误导致的重大错报

  B. 管理层按照适用的财务报表编制基础编制财务报表，并使其实现公允反映

  C. 管理层向注册会计师提供必要的工作条件

  D. 管理层承诺将更正注册会计师在审计过程中识别出的重大错报

  E. 被审计单位在会计师事务所审计前支付审计费用

2. 管理层在资产负债表中列报存货及其金额，意味着做出了下列明确的认定（　　）。

  A. 记录的存货是存在的

B. 所有应当记录的存货均已记录

C. 存货以恰当的金额包括在财务报表中

D. 记录的存货都被审计单位所有

E. 存货的计价或分摊调整已恰当记录

3. 下列各项认定中,属于期末账户余额及相关披露的认定有(　　)。

　　A. 存在　　　　　　　　　　　B. 权利和义务

　　C. 发生　　　　　　　　　　　D. 准确性、计价和分摊

　　E. 截止

4. 目前,审计程序的种类主要包括(　　)。

　　A. 检查　　　　　　　　　　　B. 函证

　　C. 询问　　　　　　　　　　　D. 观察

　　E. 重新执行

5. 确定重要性需要职业判断,通常先选定一个基准,再乘以某个以百分比来作为财务报表整体的重要性。在选择基准时,需要考虑的因素有(　　)。

　　A. 被审计单位的性质

　　B. 被审计单位所处的生命周期阶段

　　C. 被审计单位的所有权结构

　　D. 基准的相对波动性

　　E. 财务报表要素

6. 下列有关审计计划的说法中,不正确的有(　　)。

　　A. 总体审计策略不受具体审计计划的影响

　　B. 制定总体审计策略的过程通常在具体审计计划之前

　　C. 具体审计计划的核心是确定审计的范围和审计方案

　　D. 制订审计计划的工作应当在实施进一步审计程序之前完成

　　E. 计划审计工作在风险评估阶段需要确定下来且不能修改

7. 下列各项中,属于注册会计师可能考虑选择较低的百分比来确定实际执行的重要性的情况有(　　)。

　　A. 首次接受委托的审计项目

　　B. 连续审计项目,以前年度审计调整较多

　　C. 项目总体风险为低到中等

　　D. 存在值得关注的内部控制缺陷

E. 连续审计项目,以前年度审计调整较少

8. 下列各项中,属于具体审计计划的活动的有(　　)。

A. 评价是否需要针对内部控制的有效性获取审计证据

B. 确定适当的重要性水平

C. 确定风险评估程序的性质、时间安排和范围

D. 确定进一步审计程序的性质、时间安排和范围

E. 确定是否需要实施项目质量复核

9. 下列有关财务报表审计的说法中,正确的有(　　)。

A. 预期使用者如何利用审计结论和审计意见,与注册会计师无关

B. 财务报表审计能够提高财务报表的可信度

C. 注册会计师审计不减轻被审计单位管理层对财务报表的责任

D. 注册会计师通过实施必要的审计程序将财务报表重大错报风险降至可接受的低水平,提供高水平保证

E. 注册会计师对财务报表不存在重大错报风险提供有限保证

10. 下列关于财务报表整体的重要性的说法中,正确的有(　　)。

A. 注册会计师应当从定性和定量两个方面考虑财务报表整体的重要性

B. 财务报表的审计风险越高,财务报表整体的重要性金额越高

C. 财务报表整体的重要性可能需要在审计过程中作出修改

D. 注册会计师应当在制定总体审计策略时确定财务报表整体的重要性

E. 如果同一期间各财务报表的重要性水平不同,注册会计师应当取其最低者作为财务报表层次的重要性水平

三、简答题

1. 简述审计业务约定书的含义及其内容。

2. 简述审计重要性运用的情形。

3. 简述重要性与审计风险的关系以及对审计程序的影响。

四、应用与计算分析题

1. ABC 会计师事务所的 A 注册会计师负责审计甲公司(以营利为目的的制造业企业)2023 年度财务报表。审计工作底稿中与计划审计工作、重要性相关的部分内容摘录如下:

(1)因为甲公司的盈利水平保持稳定,所以 A 注册会计师将经常性业务的税前利润作为财务报表整体重要性的基准。

(2)A 注册会计师按照甲公司经常性业务税前利润的 50%确定财务报表整体的重要性。

(3)基于首次接受委托、预期存在值得关注的内部控制缺陷,A 注册会计师将实际执行的重要性确定为财务报表整体的重要性的 50%。

(4)A 注册会计师拟在制订具体审计计划时,确定财务报表整体的重要性。

(5)A 注册会计师计划的进一步审计程序包括对各类交易、账户余额和披露实施的具体审计程序的性质、时间安排和范围,但不包括抽取的样本量。

要求:针对上述第(1)至(5)项,逐项指出 A 注册会计师的做法是否恰当。如不恰当,简要说明理由。

2. ABC 会计师事务所的 A 注册会计师负责审计甲公司 2023 年度财务报表。审计工作底稿中与审计风险相关的项目组讨论、重要性相关的部分内容摘录如下:

(1)项目合伙人 A 注册会计师认为,审计风险取决于控制风险和检查风险。

(2)项目组成员 B 注册会计师认为,为将审计风险模型中的审计风险控制在可接受的低水平,应降低检查风险,同时应降低重大错报风险。

(3)项目组成员 C 注册会计师认为,合理设计以及恰当执行审计程序,检查风险可以降低为零。

(4)基于甲公司关联方关系及其交易的复杂性和重大性,A 注册会计师单独为其确定了低于财务报表整体重要性的特定类别交易、账户余额或披露的重要性水平。

(5)在实施实质性分析程序时,A 注册会计师确定的已记录金额与预期值之间的可接受差异额为实际执行的重要性的 150%。

要求:针对上述第(1)至(5)项,逐项指出注册会计师的说法(做法)是否恰当。如不恰当,简要说明理由。

3. ABC 会计师事务所的 A 注册会计师负责审计甲公司 2023 年度财务报表。审计工作底稿中与审计风险相关的项目组讨论、与重要性相关的部分内容摘录如下:

(1)ABC 会计师事务所首次接受委托,审计甲公司 2023 年度财务报表。甲公司处于新兴行业,面临较大竞争压力,目前侧重抢占市场份额。考虑到甲公司所处市场环境,财务报表使用者最为关心收入指标。审计项目组将营业收入作为确定财务报表整体重要性的基准。

(2)项目合伙人 A 注册会计师认为,重大错报风险取决于审计程序设计的合理性和执行的有效性。

(3)项目合伙人 B 注册会计师认为,在项目组内部讨论中,所有的项目组成员每次都必须参与讨论,但专家无须参加讨论。

(4)由于财务报表含有高度不确定性的大额估计,因此 C 注册会计师确定了一个比不含有该估计的财务报表整体重要性更低的重要性。

要求:针对上述第(1)至(4)项,逐项指出注册会计师的说法(做法)是否恰当。如不恰当,简要说明理由。

参考答案

第二十七章　审计证据与审计工作底稿

第一节　本章考点、重点与难点

一、本章考点

本章考核的知识点是：(1)审计证据；(2)审计工作底稿。

二、本章重点与难点

(一)本章重点

理解审计证据的来源、获取审计证据的途径以及审计证据的充分性与适当性之间的关系。

(二)本章难点

掌握并理解审计工作底稿的要素、审计工作底稿与审计报告的关系，以及审计工作底稿的归档流程。

第二节　本章学业水平测试题

一、单选题

1. 用作审计证据的信息与审计程序的目的和所考虑的相关认定之间的逻辑联系被称为审计证据的(　　)。

　　A. 相关性　　　B. 可靠性　　　C. 合理性　　　D. 紧密性

2. 下列有关审计证据相关性的说法中，正确的是(　　)。

A. 存货监盘可以证明存货的计价和分摊认定

B. 实地检查固定资产可以证明固定资产的权利和义务认定

C. 函证可以证明应收账款的存在认定

D. 重新计算可以证明固定资产的存在认定

3. 下列有关审计证据适当性的说法中，不正确的是(　　)。

A. 审计证据的适当性影响审计证据的充分性

B. 审计证据适当性的核心内容是相关性和可靠性

C. 审计证据的适当性是对审计证据数量的衡量

D. 审计证据质量越高,需要的审计证据数量可能越少

4. 下列审计证据中,属于加工审计证据的是(　　)。

A. 财务报表和记录　　　　　B. 会计账簿

C. 应收账款函证回函表　　　D. 会计凭证

5. 下列有关审计证据的说法中,正确的是(　　)。

A. 审计证据不包括会计师事务所接受与保持客户或业务时实施质量管理程序所获取的信息

B. 注册会计师无须鉴定作为审计证据的文件记录的真伪

C. 注册会计师可以考虑获取审计证据的成本与所获取信息的有用性之间的关系

D. 注册会计师仅依靠会计记录也能形成结论

6. 会计师事务所应当自审计报告日起,对审计工作底稿至少保存(　　)年。

A. 5　　　　B. 6　　　　C. 8　　　　D. 10

7. 有关审计工作底稿,下列说法中不正确的是(　　)。

A. 审计工作底稿可以纸质、电子或其他介质形式存在

B. 以电子形式存在的审计工作底稿转换成纸质存档后可以不再保存电子版本

C. 审计工作底稿是审计证据的载体

D. 审计工作底稿形成于审计过程,反映整个审计过程

8. 下列各项中,不属于注册会计师在确定审计工作底稿的格式、要素和范围时应当考虑的因素的是(　　)。

A. 拟实施审计程序的性质　　　B. 已获取的审计证据的重要程度

C. 审计方法和使用的工具　　　D. 拟实施的审计程序的时间安排

9. 在修改审计工作底稿时,注册会计师应当记录的事项不包括(　　)。

A. 修改审计工作底稿的地点　　　B. 修改审计工作底稿的理由

C. 修改审计工作底稿的时间和人员　D. 复核的时间和人员

10. 下列各项关于审计工作底稿的说法中,正确的是(　　)。

A. 审计工作底稿只能以纸质形式存在

B. 成本计算明细表草稿可以作为审计工作底稿

C. 在归档期间删除被取代的审计工作底稿是一项事务性的变动

D. 审计工作底稿的归档期限是财务报表公布日后60天内

11. 下列关于审计工作底稿归档期限的说法中,正确的是(　　)。

A. 注册会计师应当自财务报表批准日起 45 天内将审计工作底稿归档

B. 如果注册会计师未能完成审计业务,应当自审计业务中止后的 30 天内将审计工作底稿归档

C. 如果注册会计师未能完成审计业务,应当自审计业务中止后的 60 天内将审计工作底稿归档

D. 如对同一财务信息出具两份日期较近的审计报告,注册会计师应当在较早的审计报告日后 60 天内将审计工作底稿归档

12. 在实务中,注册会计师可以根据实际情况运用审计标识,通常"B"表示为(   )。

    A. 与试算平衡表核对一致　　　B. 与明细账核对一致

    C. 与上年结转数核对一致　　　D. 与总分类账核对一致

13. 在实务中,注册会计师可以根据实际情况运用审计标识,通常"T"表示为(   )。

    A. 已发询证函　　　　　　　　B. 与原始凭证核对一致

    C. 与上年结转数核对一致　　　D. 纵加核对

14. 下列各项中,不属于审计工作底稿要素的是(   )。

    A. 审计工作底稿的标题　　　　B. 审计过程记录

    C. 审计地点　　　　　　　　　D. 索引号及顺序编号

15. 审计人员在其审计过程中随时可以获得的、不需要加工的资料和事实是(   )。

    A. 基本证据　　　　　　　　　B. 自然证据

    C. 直接证据　　　　　　　　　D. 口头证据

16. 下列各项中,不属于外部审计证据的是(   )。

    A. 银行对账单　　　　　　　　B. 应收账款函证回函

    C. 保险单　　　　　　　　　　D. 管理层书面声明

17. 审计工作底稿的所有权属于(   )。

    A. 被审计单位　　　　　　　　B. 被审计单位审计部门

    C. 签订业务约定书的会计师事务所　D. 编制审计工作底稿的审计人员

18. 注册会计师评估的重大错报风险与所需审计证据的数量(   )。

    A. 呈同向变动关系

    B. 呈反向变动关系

    C. 有时呈同向变动,有时呈反向变动

    D. 无关系

19. 在不考虑审计成本、样本规模一定的前提下,下列选样方法中,取得的证据最具有相关性的是( )。

A. 只在总体中金额较大的项目中选取

B. 只在总体中金额较小的项目中选取

C. 包含大量的大金额项目和少量的小金额项目

D. 包含大量的小金额项目和少量的大金额项目

20. A 会计师事务所与甲公司于 2023 年 10 月 20 日签订 2023 年度会计报表审计业务约定书,对该审计业务约定书应当( )。

A. 至少保存至 2031 年　　　　　B. 至少保存至 2032 年

C. 至少保存至 2033 年　　　　　D. 长期保存

二、多选题

1. 按相关程度分类,审计证据可分为( )。

A. 直接证据　　　　　　　　　　B. 间接证据

C. 环境证据　　　　　　　　　　D. 口头证据

E. 书面证据

2. 按来源分类,审计证据可分为( )。

A. 自然证据　　　　　　　　　　B. 基本证据

C. 加工证据　　　　　　　　　　D. 辅助证据

E. 实物证据

3. 审计证据的适当性主要是指审计证据的( )。

A. 相关性　　　　　　　　　　　B. 可靠性

C. 充分性　　　　　　　　　　　D. 客观性

E. 合法性

4. 下列关于审计证据的说法中,正确的有( )。

A. 凭证对于财务报表是间接证据,对于账簿则是直接证据

B. 如果离开了矛盾证据,审计人员就无法提出审计意见和审计结论

C. 审计人员在审计过程中编制的现金盘点表,是审计证据的自然证据

D. 在审计的整个过程中,收集、鉴定和综合审计证据,是审计工作的核心

E. 为了证实审计结论,审计人员取得的相关审计证据越多越好

5. 下列关于审计证据充分性的说法中,正确的有( )。

A. 初步评估的控制风险越低,需要通过控制测试获取的审计证据可能越少

B. 计划从实质性程序中获取的保证程度越高,需要的审计证据可能越多

C. 评估的重大错报风险越高,需要的审计证据可能越多

D. 审计证据质量越高,需要的审计证据可能越少

E. 审计证据充分性是对审计证据数量的衡量

6. 下列关于审计证据的说法中,正确的有( )。

A. 从外部独立来源获取的审计证据比从其他来源获取的审计证据更可靠

B. 口头证据与书面证据产生矛盾时,注册会计师应当采用书面证据

C. 审计证据的相关性可能受到测试方向的影响

D. 以文件、记录形式存在的审计证据比口头形式的审计证据更可靠

E. 不同来源或不同性质的审计证据不可能与同一认定有关

7. 下列各项中,属于编制审计工作底稿目的的是( )。

A. 有助于项目组计划和执行审计工作

B. 有助于为涉及诉讼的被审计单位提供证据

C. 便于监管机构对会计师事务所实施执业质量检查

D. 便于项目组说明执行审计工作的情况

E. 保留对未来审计工作持续产生重大影响的事项的记录

8. 下列各项中,通常应纳入审计工作底稿的有( )。

A. 管理建议书　　　　　　　B. 具体审计计划

C. 问题备忘录　　　　　　　D. 业务约定书

E. 核对表

9. 编制的审计工作底稿应当使未曾接触该项审计工作的有经验的专业人士清楚了解审计程序、审计证据和重大审计结论。下列条件中,有经验的专业人士应当具备的条件有( )。

A. 了解相关法律法规和审计准则的规定

B. 在会计师事务所长期从事审计工作

C. 了解与被审计单位所处行业相关的会计和审计问题

D. 了解审计过程

E. 了解被审计单位所处的经营环境

10. 下列关于审计工作底稿归档的说法中,正确的有( )。

A. 如果针对客户的同一财务信息执行不同的委托业务并出具两个或多个不同的报

告,应当在规定的归档期限内分别将审计工作底稿归整为最终审计档案

B. 在完成最终审计档案的归整工作后,可以增加或修改审计工作底稿

C. 在完成最终审计档案的归整工作后,可以删除或废弃审计工作底稿

D. 在审计报告日后将审计工作底稿归整为最终审计档案是一项事务性工作

E. 审计工作底稿的归档期限为审计报告日后 90 天内

三、简答题

1. 简述审计证据的充分性与适当性及两者的关系。

2. 简述与期末账户余额相关的认定。

3. 简述审计工作底稿的含义和目的。

4. 简述确定审计工作底稿的格式、内容和范围时应考虑的因素。

四、应用与计算分析题

1. ABC 会计师事务所的 A 注册会计师负责审计甲公司 2023 年度财务报表。与函证相关的部分事项如下:

(1) A 注册会计师在知悉多份回函被直接寄至甲公司后,要求甲公司不得拆封,并将其转寄至 ABC 会计师事务所。A 注册会计师收到了未拆封的函件。经过核对,发现回函内容与原始信息相符,便据此认可了函证结果。

(2) 在 A 注册会计师以邮寄方式向甲公司境外客户丁公司的财务部发出应收账款余额询证函后,他收到丁公司业务部的电子邮件回函。A 注册会计师比对了回函邮箱地址后缀,并向丁公司业务部电话确认了回函信息,对结果表示满意,便据此认可了函证结果。

(3) 2024 年 3 月现场审计工作开始前,甲公司已收回 2023 年年末的大部分应收账款。A 注册会计师检查了相关的收款单据和银行对账单,对检查结果表示满意,决定不对应收账款实施函证程序,并在审计工作底稿中记录了不发函的具体理由。

(4) A 注册会计师对甲公司年内已注销的某人民币银行账户实施函证,银行表示无法就已注销账户回函。A 注册会计师检查了该账户的注销证明原件,核对了亲自从中国人民银行获取的"已开立银行结算账户清单"中的相关信息,对检查结果表示满意。

(5) 甲公司未对货到票未到的原材料进行暂估。A 注册会计师从应付账款明细账中选取 90% 的供应商实施函证程序,要求供应商在询证函中填列余额信息。

要求:针对上述第(1)至(5)项,逐项指出 A 注册会计师的做法是否恰当。如不恰当,简要说明理由。

2.ABC会计师事务所的A注册会计师负责审计甲公司2023年度财务报表。与审计工作底稿相关的部分事项如下：

(1)A注册会计师在审计工作底稿归档期间，进行了交叉索引工作，并对审计档案归档工作的完成核对表签字认可。

(2)A注册会计师根据所内质量检查的要求，在归档后的审计工作底稿中补充记录了审计报告日前项目组讨论的情况。对该事务性变动，A注册会计师将修改审计工作底稿的理由，以及修改的时间和人员记录于档案变动登记表后，归还了审计档案。

(3)A注册会计师把审计工作底稿中的纸质记录扫描后以电子形式归档，将原纸质记录销毁，以确保对客户信息的保密。

(4)因为无法获取充分、适当的审计证据，所以A注册会计师在2024年2月28日终止了甲公司2023年度财务报表审计业务。考虑到该业务可能重新启动，A注册会计师未将审计工作底稿归档。

(5)在将甲公司2023年度财务报表审计工作底稿归档后，A注册会计师知悉甲公司已于2024年4月清算并注销，认为无须保留与甲公司相关的审计档案，决定销毁。

要求：针对上述第(1)至(5)项，逐项指出A注册会计师的做法是否恰当。如不恰当，简要说明理由。

3.ABC会计师事务所的A注册会计师负责审计甲公司2023年度财务报表。与审计工作底稿相关的部分事项如下：

(1)A注册会计师在审计过程中修订了计划阶段制定的财务报表整体的重要性，并仅在原审计工作底稿中添加新的重要性金额作为修订记录。

(2)注册会计师采用电子表格记录了对存货实施的审计程序，因页数较多未打印成纸质工作底稿，而将该电子表格与其他纸质形式的工作底稿一并归档。

(3)在针对营业收入实施细节测试时，A注册会计师以销售发票的日期和编号作为识别特征。

(4)A注册会计师在审计工作底稿归档之后收到了一份银行询证函回函原件，核对无误后，直接替换了审计档案中的回函传真件。

(5)A注册会计师在审计过程中无法就关联方关系及交易获取充分、适当的审计证据，并因此出具了保留意见审计报告。A注册会计师将该事项作为重大事项记录在审计工作底稿中。

要求：针对上述第(1)至(5)项，逐项指出A注册会计师的做法是否恰当。如不恰当，简要说明理由。

第二十八章 重大错报风险的评估与应对

第一节 本章考点、重点与难点

一、本章考点

本章考核的知识点是:(1)了解被审计单位及其环境;(2)评估重大错报风险;(3)针对重大错报风险的应对措施。

二、本章重点与难点

(一)本章重点

理解实施风险评估程序的作用,掌握内部控制的要素、目标以及内部控制的应用(包括健全性和合理性等)。

(二)本章难点

掌握并理解识别和评估重大错报风险的审计程序;明确识别两个层次的重大错报风险;针对特别风险实施的实质性程序;在形成审计意见时,对审计证据进行综合评价。

第二节 本章学业水平测试题

一、单选题

1. 下列有关内部控制局限性的表述中,不正确的是(　　)。
   A. 内部控制无论如何有效,都只能为被审计单位实现财务报告目标提供合理保证
   B. 决策时人为判断可能出现错误不属于内部控制的固有局限性
   C. 被审计单位内部行使控制职能的人员素质不适应岗位要求,会影响内部控制功能的正常发挥
   D. 当实施某项控制的成本大于控制效果,并因此导致损失时,则没有必要设置该控制环节或控制措施

2. 下列有关注册会计师了解内部控制的说法中,不正确的是(　　)。
   A. 注册会计师应当了解与特别风险相关的控制
   B. 注册会计师应当了解与超出被审计单位正常经营过程的重大关联方交易相关的

控制

C. 注册会计师应当了解与会计估计相关的控制

D. 注册会计师应当了解与会计差错更正相关的控制

3. 下列审计程序中,注册会计师在了解被审计单位内部控制时通常采用的是( )。

A. 重新计算　　　　　　　　B. 观察

C. 函证　　　　　　　　　　D. 重新执行

4. 下列各项中,属于预防性控制的是( )。

A. 财务主管定期盘点现金和有价证券

B. 定期编制银行存款余额调节表,跟踪调查调节项目

C. 董事会复核并批准由管理层编制的财务报表

D. 由不同的员工负责职工薪酬档案的维护和职工薪酬的计算

5. 下列关于进一步审计程序时间的说法中,不正确的是( )。

A. 当重大错报风险较高时,注册会计师应当考虑在期末或接近期末实施实质性程序

B. 当重大错报风险较高时,注册会计师可以考虑采用不通知的方式,增加审计程序的不可预见性

C. 在期中实施进一步审计程序不如期末实施的效果好

D. 错报风险的性质会影响注册会计师进一步审计程序的时间

6. 下列各项中,不属于内部控制要素的是( )。

A. 控制活动　　　　　　　　B. 控制内容

C. 风险评估过程　　　　　　D. 对控制的监督

7. 下列各项中,不属于风险评估程序的是( )。

A. 询问管理层所关注的主要问题　　B. 盘点库存现金

C. 实施分析程序　　　　　　D. 观察被审计单位的经营活动

8. 下列关于特别风险的说法中,不正确的是( )。

A. 注册会计师应当了解并测试与特别风险相关的控制

B. 注册会计师可能将具有高度估计不确定性的会计估计评估为特别风险

C. 特别风险,是指注册会计师识别和评估的、根据判断认为需要特别考虑的重大错报风险

D. 针对特别风险,注册会计师应当评价相关控制的设计情况,并确定其是否已经得

到执行

9. 下列有关采用总体方案的说法中,正确的是( )。

A. 当评估的财务报表层次重大错报风险为高水平时,拟实施进一步审计程序的总体方案往往更倾向于综合性方案

B. 注册会计师可以采用综合性方案或实质性方案应对重大错报风险

C. 注册会计师应当采用实质性方案应对特别风险

D. 注册会计师应当采用与前期审计一致的审计方案,除非评估的重大错报风险发生重大变化

10. 下列审计程序中,不适用于控制测试程序的是( )。

A. 观察 B. 检查
C. 重新计算 D. 重新执行

11. 下列各项活动中,不属于控制活动的是( )。

A. 组织结构 B. 信息处理
C. 实物控制 D. 业绩评价

12. 下列有关经营风险与重大错报风险的说法中,不正确的是( )。

A. 注册会计师有责任识别或评估对财务报表没有重大影响的经营风险

B. 多数经营风险最终都会产生财务后果,从而影响财务报表

C. 注册会计师了解被审计单位的经营风险有助于其识别财务报表重大错报风险

D. 并非所有的经营风险都与财务报表相关

13. 下列关于评估重大错报风险的说法中,不正确的是( )。

A. 评估重大错报风险是风险评估阶段的最后一个步骤

B. 在评估重大错报发生的可能性时,还要考虑控制对风险的抵消和遏制作用

C. 如果识别的风险重大,就会导致财务报表发生重大错报

D. 财务报表层次的重大错报风险很可能源于薄弱的控制环境

14. 下列有关利用以前审计获取的有关控制运行有效性的审计证据的说法中,不正确的是( )。

A. 如果拟信赖以前审计获取的有关控制运行有效性的审计证据,则注册会计师应当通过询问程序获取这些控制是否已经发生变化的审计证据

B. 如果拟信赖的控制在本期发生变化,则注册会计师应当考虑以前审计获取的有关控制运行有效性的审计证据是否与本期审计相关

C. 当信息技术一般控制薄弱时,注册会计师可能更少地依赖以前审计获取的审计

证据

D. 如果拟信赖的控制在本期未发生变化,则控制应对的重大错报风险越高,本次控制测试与上次控制测试的时间间隔越短

15. 下列有关实质性程序的时间安排的说法中,正确的是( )。

A. 实质性程序应当在控制测试完成后实施

B. 应对舞弊风险的实质性程序应当在资产负债表日后实施

C. 针对账户余额的实质性程序应当在接近资产负债表日实施

D. 实质性程序的时间安排受评估的重大错报风险的影响

16. 了解被审计单位及其环境一般在下列时间内的( )进行。

A. 在承接客户和续约时　　　　B. 制定总体审计策略时

C. 制订具体计划时　　　　　　D. 贯穿于整个审计过程始终

17. 在可能导致特别风险的因素中,不属于重大非常规交易的是( )。

A. 管理层更多地介入会计处理

B. 对涉及会计估计等方面的会计原则存在不同的理解

C. 复杂的计算或会计处理方法

D. 数据收集和处理涉及更多的人工成分

18. 注册会计师对行业状况、法律环境与监管环境以及其他外部因素了解的范围和程度,会因被审计单位所处行业、规模以及其他因素的不同而不同。对从事计算机硬件制造的被审计单位,注册会计师可能更关心( )。

A. 宏观经济走势以及货币、财政等方面的宏观经济政策

B. 社会责任的履行情况

C. 企业的资本充足率

D. 市场和竞争以及技术进步的情况

19. 注册会计师应当了解被审计单位所处的法律与监督环境,为此应当了解( )。

A. 与生产产品或提供劳务相关的市场信息

B. 从事电子商务的情况、研究与开发支出

C. 生产设施、仓库的地理位置及办公地点

D. 适用的会计准则、制度和行业特定惯例

20. 职责分离要求将不相容的职责分配给不同员工。下列职责分离的做法中,正确的是( )。

A. 交易授权、交易执行、交易付款分离

B. 交易授权、交易记录、交易保管分离

C. 资产保管、交易执行、交易报告分离

D. 交易授权、交易付款、交易报告分离

二、多选题

1. 下列有关注册会计师了解内部控制的说法中,正确的有（　　）。

   A. 注册会计师应当了解与特别风险相关的控制

   B. 注册会计师应当了解与超出被审计单位正常经营过程的重大关联方交易相关的控制

   C. 注册会计师应当了解与会计估计相关的控制

   D. 注册会计师应当了解与会计差错更正相关的控制

   E. 注册会计师应当了解被审计单位所有的控制

2. 下列各项中,属于控制环境要素的有（　　）。

   A. 对诚信和道德价值观的沟通与落实

   B. 内部审计的职能范围

   C. 治理层的参与

   D. 人力资源政策与实务

   E. 职责分离

3. 下列各项中,属于财务报表层次重大错报风险的有（　　）。

   A. 管理层缺乏胜任能力的缺陷

   B. 对管理层的诚信产生严重疑虑

   C. 被审计单位大额应收账款可收回性具有高度不确定性

   D. 被审计单位所处行业陷入严重衰退

   E. 被审计单位存货的可变现净值具有高度不确定性

4. 注册会计师应当根据风险评估结果,确定进一步审计程序的（　　）。

   A. 性质　　　　　　　　B. 人员

   C. 地点　　　　　　　　D. 时间

   E. 范围

5. 下列各项中,属于财务报表层次重大错报风险的总体应对措施的有（　　）。

   A. 向项目组强调保持职业怀疑的必要性

   B. 对旨在减轻特别风险的控制实施测试

   C. 利用专家的工作

D. 项目合伙人对其他成员提供更及时的指导和监督

E. 融入更多不可预见因素

6. 下列有关影响进一步审计程序范围的说法中,正确的有(   )。

   A. 如果实际执行的重要性水平越高,则可以缩小进一步审计程序的范围

   B. 如果评估的认定层次重大错报风险越高,则更应当扩大进一步审计程序的范围

   C. 如果拟从控制测试中获取更低的保证程度,则应当扩大控制测试的范围

   D. 如果拟从控制测试中获取更高的保证程度,则应当扩大控制测试的范围

   E. 只有当审计程序本身与特定风险相关时,扩大审计程序的范围才是有效的

7. 下列情形中,注册会计师应当实施控制测试的有(   )。

   A. 评估认定层次的重大错报风险较低

   B. 仅通过实施实质性程序并不能够提供认定层次充分、适当的审计证据

   C. 穿行测试效果良好

   D. 针对特别风险的控制

   E. 在评估认定层次重大错报风险时,预期控制的运行是有效的

8. 下列各项中,关于控制测试范围的说法中,正确的有(   )。

   A. 控制执行的频率越高,控制测试的范围越大

   B. 拟信赖期间越长,控制测试的范围越大

   C. 控制的预期偏差率越高,需要实施控制测试的范围越小

   D. 当针对其他控制获取审计证据的充分性和适当性较高时,测试该控制的范围可适当缩小

   E. 控制测试的范围主要是指某项控制活动的测试次数

9. 针对将期中实施的实质性程序得出的结论合理延伸至期末,注册会计师的下列做法中恰当的有(   )。

   A. 针对剩余期间实施控制测试

   B. 在期末实施实质性程序

   C. 针对剩余期间实施进一步的实质性程序

   D. 在剩余期间将实质性程序和控制测试结合使用

   E. 针对剩余期间进行分析程序

10. 下列关于实质性程序的说法中,正确的有(   )。

    A. 细节测试是对各类交易、账户余额、列报的具体细节进行测试,目的在于直接识别财务报表认定是否存在错报

B. 实质性分析程序从技术特征上看仍然是分析程序，主要是通过研究数据间关系评价信息

C. 针对在一段时期内存在可预期关系的大量交易，注册会计师可以考虑实施实质性分析程序

D. 针对完整性认定设计细节测试时，注册会计师应当选择包含在财务报表金额中的项目，并获取相关审计证据

E. 实质性程序是指用于发现财务报表层次重大错报的审计程序，实质性程序的两种基本类型包括细节测试和实质性分析程序

三、简答题

1. 简述内部控制的含义及其要素。
2. 简述在确定风险性质时，注册会计师应当考虑的事项。
3. 简述注册会计师针对财务报表层次重大错报风险的总体应对措施。
4. 简述在确定审计范围时，注册会计师应当考虑的因素。

四、应用与计算分析题

1. ABC 会计师事务所的 A 注册会计师负责审计甲公司 2023 年度财务报表。审计工作底稿中与了解甲公司及其环境相关的部分内容摘录如下：

（1）甲公司多项控制活动能够实现营业收入发生的目标，A 注册会计师要求项目组成员了解与该目标相关的每项控制活动。

（2）在了解甲公司的内部控制时，A 注册会计师要求项目组成员了解与财务报告相关的内部控制，而非甲公司所有的内部控制。

（3）针对特别风险的项目，A 注册会计师未了解相关内部控制，直接实施了实质性程序。

（4）甲公司与材料入库相关的内部控制本年未发生变化。因为该控制应对的风险不是特别风险，所以 A 注册会计师决定利用上年度审计获取的有关该控制运行有效性的审计证据。

（5）甲公司采用信息系统进行成本核算。A 注册会计师对信息系统一般控制和相关的自动化应用控制进行测试后的结果表示满意，不再对成本核算实施实质性程序。

要求：针对上述第（1）至（5）项，逐项指出 A 注册会计师的做法是否恰当。如不恰当，简要说明理由。

2.ABC 会计师事务所承接甲公司 2022 年度财务报表审计业务,确定的重要性水平为 100 万元。2023 年,甲公司继续聘请 ABC 会计师事务所为其审计 2023 年度财务报表。在审计业务执行过程中,遇到下列事项:

(1)经过对甲公司及其环境的了解,甲公司的经营规模较上年度没有发生重大变化,注册会计师使用替代性基准确定的重要性水平为 150 万元。

(2)为将未更正和未发现错报的汇总数超过集团财务报表整体重要性的可能性降低至适当的低水平,集团项目组应当将组成部分重要性设定为等于或低于集团财务报表整体的重要性。

(3)甲公司项目组将明显微小错报的临界值确定为甲公司财务报表整体重要性的 4%,并将审计过程中识别的明显微小的错报一并累积,以评价对审计意见的影响。

(4)审计项目组对差旅费的发生认定实施细节测试,从差旅费明细账中选取样本,检查了费用审批记录,核对了报销金额与发票等原始凭证记载的金额,对结果表示满意。

要求:针对上述第(1)至(4)项,逐项指出是否恰当。如不恰当,简要说明理由。

3.ABC 会计师事务所的 A 注册会计师负责审计甲公司 2023 年度财务报表。在审计业务执行过程中,遇到下列事项:

(1)针对甲公司应付账款完整性认定存在重大错报风险的问题,审计项目组计划采用从应付账款明细账追查到原始凭证的方法,以对其业务的程序性、规范性实施控制测试。

(2)甲公司存货收发采用的是人工控制。审计项目组经过职业判断认为,其在本年度未发生变化,因此计划利用 2022 年度控制运行有效的审计证据,本期未测试相关控制。

(3)审计项目组凭借职业判断,认为甲公司的销售的截止存在重大错报的风险。同时,通过对销售的截止测试,也可以同步实现销售的发生或完整性的认定目标。

(4)A 注册会计师认为,如果一项错报在性质上不重要且错报金额低于重要性水平,就可以认定该项错报不属于重大错报。

要求:针对上述第(1)至(4)项,逐项指出每个事项中审计项目组的做法是否恰当。如不恰当,简要说明理由。

第二十九章　销售与收款循环审计

第一节　本章考点、重点与难点

一、本章考点

本章考核的知识点是：(1)销售与收款循环的特性；(2)销售与收款循环内部控制测试；(3)销售与收款循环主要账户的审计；(4)销售与收款循环其他相关账户的审计。

二、本章重点与难点

(一)本章重点

理解销售交易的内部控制测试，以及营业收入、应收账款和坏账准备的实质性程序。

(二)本章难点

掌握并理解应收票据、预收款项、税金及附加，以及销售费用的实质性程序。

第二节　本章学业水平测试题

一、单选题

1. 下列有关销售交易相关内部控制的说法中，不正确的是(　　)。
A. 企业应收票据的取得和贴现必须经由保管票据以外的主管人员的书面批准
B. 仓管人员只有在收到经过批准的销售单时才能编制出库单并发货
C. 企业在收到客户订购单后，编制一份预先编号的一式多联的销售单，分别用于批准赊销、审批发货、记录发货数量以及向客户开具发票等
D. 对凭证预先进行编号，旨在防止销售以后遗漏向客户开具发票或登记入账，但是无法防止重复开具发票或重复记账

2. 注册会计师审计应收账款的目的，不应包括(　　)。
A. 确定应收账款的存在性　　　B. 确定应收账款记录的完整性
C. 确定应收账款的回收期　　　D. 确定应收账款是否属于被审计单位

3. 注册会计师对被审计单位实施销货业务的截止测试，其主要目的是检查(　　)。
A. 销售业务的完整性　　　B. 销售业务的入账时间是否正确

C. 年底应收账款的真实性　　　　　D. 是否存在过多的销售折扣

4. 销售与收款循环所涉及的财务报表项目不包括(　　)。

A. 营业收入　　　　　　　　　　B. 合同资产

C. 所得税　　　　　　　　　　　D. 税金及附加

5. 注册会计师在检查登记入账的销货业务的真实性时,有效的做法是(　　)。

A. 从营业收入明细账追查至发运凭证

B. 从发运凭证追查至营业收入明细账

C. 从汇款通知书追查至发运凭证

D. 从发运凭证追查至汇款通知书

6. 为了充分发挥函证的作用,发函的最佳时间是(　　)。

A. 财务报表报出日　　　　　　　B. 审计报告日

C. 与资产负债表日接近的时间　　D. 财务报表批准日

7. 针对已销售商品可能未实际发运给客户的错报环节,注册会计师可使用的控制测试是(　　)。

A. 检查例外报告和暂缓发货的清单

B. 检查客户质询信件并确定问题是否已得到解决

C. 检查系统生成发票的逻辑

D. 检查出库单上客户的签名,作为收货的证据

8. 下列审计程序中,与应收账款的准确性、计价和分摊认定直接相关的是(　　)。

A. 确定应收账款的列报是否恰当

B. 选取发票,追查至发运凭证、应收账款明细账

C. 检查期后已收回应收账款情况

D. 以应收账款明细账为起点,检查合同,确定是否已贴现、出售或质押

9. 在实施截止测试时,检查开具发票日期、记账日期、发货日期时最应当关注(　　)。

A. 是否在同一天　　　　　　　　B. 是否相差不超过 15 天

C. 是否临近　　　　　　　　　　D. 是否在同一适当会计期间

10. 下列关于销售交易职责分离的控制活动说法中,不正确的是(　　)。

A. 适当的职责分离不仅是预防舞弊的必要手段,而且有助于防止各种有意或无意的错误

B. 编制销售发票通知单的人员与开具销售发票的人员可以是同一人

C. 负责主营业务收入和应收账款记账的员工不得经手货币资金,这是防止舞弊的一项重要控制

D. 销售人员通常有一种追求更大销售数量的固有倾向,赊销的审批则在一定程度上可以抑制这种倾向

11. 下列测试程序中,与营业收入发生认定不相关的是( )。

A. 检查发运凭证连续编号的完整性

B. 检查销售发票是否附有发运凭证及销售单

C. 询问是否寄发对账单,并检查顾客回函档案

D. 对应收账款本期销售额实施函证

12. 下列针对营业收入审计目标的说法中,不正确的是( )。

A. 确定利润表中记录的营业收入是否已发生,且与被审计单位有关

B. 确定所有应当记录的营业收入是否均已记录

C. 确定与营业收入有关的金额及其他数据是否已恰当记录,包括对销售退回、可变对价的处理是否适当

D. 确定利润表中记录的营业收入是否存在

13. 下列关于销售与收款循环的说法中,正确的是( )。

A. 向顾客提供商品或劳务是销售与收款循环的起点

B. 商品价目表只能证明完整性认定

C. 销售单是证明销售交易的发生认定的凭据之一

D. 如果收回的询证函有差异,那么就要求被审计单位作适当的调整

14. 下列关于应收账款实质性程序的表述中,不正确的是( )。

A. 应收账款明细出现贷方余额,应该编制重分类分录,借记应收账款,贷记预收款项

B. 对应收账款账龄分析,可以实现其计价与分摊的认定

C. 对应收账款函证,可以实现存在的认定

D. 交易频繁的应收账款的余额为零,不必对其函证

15. 在销售账户中记录了一笔虚构的销售业务,则被审计单位违背的认定是( )。

A. 发生 B. 准确性

C. 存在 D. 完整性

16. 从主营业务收入明细账中抽取一个销售交易明细记录,追查至销售发票存根、发运凭证以及客户订购单,是为了测试( )。

A. 发生目标 B. 完整性目标

C. 截止正确 D. 存在目标

17. 一般情况下,应收账款账龄分析表的编制周期是( )。

A. 按月编制 B. 按季度编制

C. 按半年编制 D. 按年编制

18. 下列销售与收款授权审批关键点控制中,未做到恰当控制的是( )。

A. 在销售发生之前,赊销已经正确审批

B. 未经赊销批准的销货一律不准发货

C. 销售价格、销售条件、运费、折扣由销售人员根据客户情况进行谈判

D. 对于超过既定销售政策和信用政策规定范围的特殊销售业务,公司采用集体决策方式

19. 在确定"登记入账的销售交易是真实的"目标时,下列各项中,不属于注册会计师关心的可能性错误的是( )。

A. 未曾发货却已将销售交易登记入账

B. 销售交易的重复入账

C. 向虚构的客户发货,并作为销售交易登记入账

D. 乱摊成本而导致的销售成本高估

20. 在对主营业务收入进行实质性测试时,运用分析性复核程序进行比较的主要内容不包括( )。

A. 主营业务收入 B. 重要客户的销售额

C. 销售给重要客户的产品的毛利率 D. 金额较大的原材料销售收入

二、多选题

1. 注册会计师确定应收账款函证范围时,应考虑的主要因素有( )。

A. 应收账款在全部资产中的重要程度

B. 被审计单位内部控制的有效性

C. 函证时间的长短

D. 以前期间的函证结果

E. 函证时间的选择

2. 下列关于应收账款函证的说法中,恰当的有( )。

A. 应当对应收账款实施函证,除非有充分证据表明应收账款对财务报表不重要,或

函证很可能无效

B. 如果认为函证很可能无效,则应当实施替代程序,获取相关、可靠的审计证据

C. 通常以财务报表批准日为截止日,在财务报表批准日后适当时间内实施函证

D. 如果不对应收账款进行函证,则应当在审计工作底稿中说明理由

E. 审计实务中通常对应收账款采用积极的函证方式

3. 销售与收款循环的风险评估程序包括(　　)。

A. 询问　　　　B. 检查　　　　C. 观察　　　　D. 函证

E. 分析程序

4. 以下有关销售与收款循环主要业务活动的相关内部控制的说法中,恰当的有(　　)。

A. 仓管部门按经批准的销售单及发运凭证装运商品

B. 依据已授权批准的商品价目表开具销售发票

C. 仓库管理人员根据已批准的销售单编制发运凭证并供货

D. 信用管理部门与销售部门不能是同一个部门

E. 销售经理对客户订购单授权审批

5. 下列各项中,属于营业收入实质性分析程序的有(　　)。

A. 建立数据期望值

B. 确定可接受的差异额

C. 将实际金额与期望值相比较,计算差异

D. 评价实质性分析程序的结果

E. 如果差异额超过确定的可接受差异额,则调查并获取充分的解释和恰当的、佐证性质的审计证据

6. 被审计单位销售与收款循环中的内部核查程序的主要内容包括(　　)。

A. 检查是否存在销售与收款交易不相容、职务混岗的现象

B. 检查授权批准手续是否健全,是否存在越权审批行为

C. 检查信用政策、销售政策的执行是否符合规定

D. 检查销售收入是否及时入账

E. 检查坏账核销和应收票据的管理是否符合规定

7. 在对询证函的以下处理方法中,正确的有(　　)。

A. 在粘封询证函时对其统一编号,并将发出询证函的情况记录于审计工作底稿

B. 询证函经会计师事务所盖章后,由注册会计师直接发出

C. 收回询证函后，将重要的回函复制给被审计单位以帮助催收货款

D. 对以电子邮件方式回收的询证函，要求被询证单位将原件盖章后寄至会计师事务所

E. 询证函以会计师事务所的名义发出

8. 以下程序中，在考虑实施收入截止测试等审计程序所获取审计证据的基础上，属于应收账款函证的替代程序的有（　　）。

A. 营业收入的实质性分析程序

B. 检查应收账款贷方发生额

C. 以发运凭证为起点，追查至销售发票、销售合同及营业收入明细账

D. 检查资产负债表日后收回的货款，检查相关的销售合同、销售单、发运凭证等文件，检查被审计单位与客户之间的往来邮件等

E. 检查被审计单位与客户之间的往来邮件，例如有关发货、对账、催款等事宜邮件

9. 被审计单位在销售与收款循环中的主要业务活动有（　　）。

A. 批准赊销信用　　　　　　B. 接受客户订购单

C. 向客户开具发票　　　　　　D. 记录销售

E. 按销售单装运货物

10. 以下属于管理层为了降低税负或转移利润而少计或推迟确认收入的舞弊手段的有（　　）。

A. 通过隐瞒退货条款，在发货时全额确认销售收入

B. 对于属于在某一时段内履约的销售交易，通过高估履约进度的方法实现当期多确认收入

C. 被审计单位采用以旧换新的方式销售商品时，以新旧商品的差价确认收入

D. 在客户取得相关商品控制权前确认销售收入

E. 对于应采用总额法确认收入的销售交易，被审计单位采用净额法确认收入

三、简答题

1. 简述应收账款函证数量的影响因素。

2. 简述积极式函证与消极式函证的区别。

3. 简述实质性分析程序在主营业务收入审计中的运用。

4. 简述注册会计师对应收账款的审计目标。

四、应用与计算分析题

1. 甲公司是 ABC 会计师事务所的常年审计客户,主要从事家电产品的生产、批发和零售。A 注册会计师负责审计甲公司 2023 年度财务报表,确定财务报表整体的重要性为 800 万元,明显微小错报的临界值为 40 万元。

资料一:

A 注册会计师在审计工作底稿中记录了其所了解的甲公司情况及其环境,部分内容摘录如下:

(1)为使空调产品在激烈竞争中保持市场占有率,甲公司自 2023 年 3 月起推出 30 天保价和赠送 5 次空调免费清洗服务的促销措施。

(2)2023 年,甲公司获得节能产品价格补贴 5 000 万元和智能家电研发补助 6 000 万元。

(3)自 2023 年 1 月起,甲公司将智能家电产品的质保期由一年延长至两年,产品销量因此有所增长。

资料二:

A 注册会计师在审计工作底稿中记录了甲公司的财务数据,部分内容摘录如表 29-1 所示:

表 29-1　　　　　　　　　甲公司财务数据　　　　　　金额单位:万元

项　目	未审数	已审数
	2023 年	2022 年
营业收入——空调	300 000	290 000
营业成本——空调	220 000	200 000
其他收益——节能产品价格补贴	5 000	0
其他收益——研发补助	6 000	3 000
研发费用	24 000	25 000
预计负债——智能家电产品质量保证	7 200	6 000
预计负债——空调产品售后清洗服务	6 000	0

要求:针对资料一和资料二,假定不考虑其他条件,逐项指出资料一所列事项是否表明可能存在重大错报风险。如果认为可能存在重大错报风险,简要说明理由,并说明该风险主要与哪些财务报表项目的哪些认定相关(不考虑税务影响)。

2. ABC 会计师事务所负责审计甲公司 2023 年度财务报表。审计工作底稿中与函证相关的部分内容摘录如下：

(1)甲公司在乙银行开立了一个用以缴纳税款的专门账户，除此以外，与乙银行没有其他业务关系。审计项目组认为，该账户的重大错报风险很低且余额不重大，未对该账户实施函证程序。

(2)审计项目组评估认为应收账款的重大错报风险较低，对甲公司2023年11月30日的应收账款余额实施了函证程序，未发现差异。2023年12月31日的应收账款余额较11月30日无重大变动。审计项目组据此认为，已对年末应收账款余额的存在认定获取了充分、适当的审计证据。

(3)因未收到应收丁公司款项的询证函回函，审计项目组打算检查期后收款作为替代审计程序，在查看了应收丁公司款项明细账的期后贷方发生额后，对结果表示满意。

(4)客户丙公司的回函并非询证函原件。甲公司财务人员解释，在催收回函时，由于丙公司财务人员表示未收到询证函，因此将其留存的询证函复印件寄送给了丙公司，并要求丙公司财务人员将回函直接寄回至ABC会计师事务所。审计项目组认为该解释合理，无须实施进一步审计程序。

(5)审计项目组收到的一份银行询证函回函中标注"本行不能保证回函的准确性，接收人不能依赖回函中的信息"。审计项目组致电该银行，银行工作人员表示这是标准条款。审计项目组据此认为该回函可靠，并在工作底稿中记录了与银行的电话沟通内容。

要求：针对上述第(1)至(5)项，逐项指出审计项目组的做法是否恰当。如不恰当，简要说明理由。

3. 上市公司甲公司是ABC会计师事务所的常年审计客户，主要从事医疗器械的生产和销售。A注册会计师负责审计甲公司2023年度财务报表，确定财务报表整体的重要性为800万元，明显微小错报的临界值为40万元。A注册会计师在审计工作底稿中记录了实施进一步审计程序的情况，部分内容摘录如下：

(1)甲公司的直销设备在送达客户指定场所并安装验收后确认收入。在测试直销设备营业收入的完整性时，A注册会计师检查了仓储部门留存的出库单的完整性，从中选取样本，追查至主营业务收入明细账，对结果表示满意。

(2)甲公司2023年末应收账款余额较2022年末增长30%，明显高于2022年度的收入增幅。管理层解释系调整赊销政策所致。A注册会计师检查了甲公司赊销政策的变化情况，扩大了函证、截止测试和期后收款测试的样本量，并走访了甲公司的重要客户，对结果表示满意。

(3)A注册会计师对甲公司店面租金费用实施实质性分析程序时，确定可接受差异额为 400 万元,账面金额比期望值少 1 400 万元。A 注册会计师在针对其中 1 200 万元的差异进行了调查后,对结果表示满意。因为剩余差异小于可接受差异额,所以 A 注册会计师认可了管理层记录的租金费用。

(4)甲公司在将产品交付给买方(丁公司)的同时提供销售发票,在丁公司完成产品安装后确认收入。A 注册会计师在实施销售截止测试时,选取资产负债表日前后 15 天的明细账记录和销售发票,将发票日期与记账日期进行双向核对,未发现收入跨期的情况。

要求:针对上述第(1)至(4)项,逐项指出审计项目组的做法是否恰当。如不恰当,简要说明理由。

参考答案

第三十章　采购与付款循环审计

第一节　本章考点、重点与难点

一、本章考点

本章考核的知识点是：(1)采购与付款循环的特性；(2)采购与付款循环的内部控制测试；(3)采购与付款循环主要账户的审计；(4)采购与付款循环其他相关账户的审计。

二、本章重点与难点

(一)本章重点

理解采购与付款循环的特性及其内部控制测试。

(二)本章难点

掌握并理解采购与付款循环主要账户的审计，包括应付账款、固定资产、累计折旧、预付账款、在建工程、固定资产减值准备以及固定资产清理的实质性程序。

第二节　本章学业水平测试题

一、单选题

1. 下列有关被审计单位针对采购与付款交易内部控制的说法中，不恰当的是（　　）。

   A. 付款需要由经授权的人员审批，审批人员在审批前需检查相关支持文件，并对其发现的例外事项进行跟进处理

   B. 通过对入库单的预先编号以及对例外情况的汇总处理，被审计单位可以应对存货和负债记录方面的高估风险

   C. 采购合同的订立与审批需职责分离

   D. 付款审批与付款执行需职责分离

2. 下列实质性程序中，与查找未入账应付账款无关的是（　　）。

   A. 检查资产负债表日后现金支出的主要凭证

   B. 检查资产负债表日后应付账款明细账贷方发生额的相应凭证

C. 以应付账款明细账为起点,选取异常项目追查至相关验收单、供应商发票以及订购单等原始凭证

D. 针对资产负债表日后偿付的应付账款,追查至银行对账单、银行付款单据和其他原始凭证,检查在资产负债表日前是否应计入应付账款

3. 针对被审计单位"总账与明细账中的记录不一致"的错报环节,下列注册会计师执行的控制测试程序中,恰当的是( )。

A. 检查系统中相关人员的访问权限

B. 核对总账与明细账的一致性,检查复核人员的复核及差异跟进记录

C. 检查系统生成入库单的生成逻辑

D. 抽样选取供应商对账单,检查其是否与应付账款明细进行了核对

4. 针对被审计单位"临近会计期末的采购未被记录在正确的会计期间"的错报环节,下列注册会计师执行的控制测试程序中,不包括( )。

A. 检查系统生成正在执行中的订购单清单的生成逻辑

B. 询问复核人员对正在执行中的订购单清单的检查过程

C. 确认发现的问题是否及时得到了跟进处理

D. 检查系统入库单编号的连续性

5. 下列审计程序中,对查找未入账的应付账款最无效的是( )。

A. 函证应付账款

B. 检查期后已付账单的支持性文件

C. 检查期后银行付款的支持性凭证

D. 从验收单追查至相关的应付账款明细账

6. 下列审计程序中,与采购交易记录的完整性认定相关的是( )。

A. 从有效的订购单追查至验收单　　B. 从付款凭单追查至采购明细账

C. 从验收单追查至采购明细账　　D. 从采购明细账追查至供应商发票

7. 当被审计单位管理层具有高估利润、粉饰财务状况的动机时,注册会计师主要关注的被审计单位的重大错报风险是( )。

A. 低估负债,低估费用　　B. 高估费用,高估负债

C. 低估资产,高估费用　　D. 高估费用,低估负债

8. 下列有关采购业务涉及的主要单据和会计记录的说法中,正确的是( )。

A. 仓储部门填写请购单,通常由财务部门经理在请购单上签字审批

B. 订购单是由采购部门填写,经适当的管理层审核后发送供应商,向供应商购买订

购单上所指定的商品和服务的书面凭据

C. 验收单是收到商品时所编制的凭据,只列示采购商品的金额

D. 采购部门在收到请购单后,请购单无论是否经过批准,都可以发出订购单

9. "对本期发生的应付账款增减变动,检查至相关支持性文件,确认会计处理是否正确"属于采购与付款循环中的(　　)。

　　A. 关键测试　　　　　　　　B. 控制测试

　　C. 内部控制　　　　　　　　D. 实质性程序

10. 注册会计师从卖方发票追查至采购明细账,主要是为了证实采购与付款循环中的(　　)。

　　A. 存在目标　　　　　　　　B. 完整性目标

　　C. 准确性目标　　　　　　　D. 分类目标

11. 下列关于应付账款函证的说法中,不正确的是(　　)。

　　A. 应对询证函保持控制,包括确定需要确认或填列的信息、选择适当的被询证者、设计询证函,以及被询证者直接向注册会计师回函的地址等信息,必要时再次向被询证者寄发询证函等

　　B. 将询证函回函确认的余额与已记录金额相比较,如存在差异,则检查支持性文件

　　C. 对未回函的项目实施替代程序。例如,检查付款单据(如支票存根)、相关的采购单据(如订购单、验收单、发票和合同)或其他适当文件

　　D. 如果管理层要求不实施函证且要求合理,注册会计师就应视为审计范围受限,并考虑对审计报告可能产生的影响

12. 针对函证的下列说法中,正确的是(　　)。

　　A. 应付账款通常不需函证,如需函证,最好采用否定式函证

　　B. 应付账款的函证应当采用肯定形式,但不需要具体说明应付金额

　　C. 应付票据函证只能获得被审计单位资产负债表列示数据是否准确的审计证据

　　D. 对应付票据的函证未回函的,可再次函证或采取其他替代审计程序

13. 注册会计师认为被审计单位固定资产折旧计提不足的迹象是(　　)。

　　A. 经常发生大额的固定资产清理损失

　　B. 累计折旧与固定资产原值比率较大

　　C. 提取折旧的固定资产账面价值庞大

　　D. 固定资产保险额大于其账面价值

14. 在审查被审计单位财务报表时,资产类审计与负债类审计的最大区别是(　　)。

A. 前者侧重审查所有权,后者侧重审查义务

B. 前者侧重防高估和虚列,后者侧重防低估

C. 前者侧重存货,后者侧重应付账款

D. 前者侧重应收账款,后者侧重应付账款

15. 采购与付款循环中"发生"认定的关键内部控制程序是(   )。

A. 临近会计期末的采购均已记录在正确的会计期间

B. 已填制的验收单均已登记入账

C. 注销凭证以防重复使用

D. 采购的价格和折扣均经适当批准

16. 下列选项中,属于采购与付款循环主要业务活动的是(   )。

A. 存储产成品   B. 验收商品

C. 接受顾客订单   D. 向顾客开具账单

17. 支持资产或费用以及与采购有关的负债的"存在或发生"认定的重要凭证是(   )。

A. 请购单   B. 采购单

C. 验收单   D. 审批单

18. 在购货业务中,采购部门在收到请购单后,只能对经过批准的请购单发出订购单。订购单一般为一式四联,其副联无须送交(   )。

A. 应付凭单部门   B. 验收部门

C. 编制请购单的部门   D. 供应商

19. 属于测试采购交易与付款交易内部控制"存在性"目标的常用控制测试程序的是(   )。

A. 检查验收单是否有缺号

B. 检查卖方发票连续编号的完整性

C. 审核采购价格和折扣的标志

D. 检查付款凭单是否附有卖方发票

20. 采购与付款交易不相容岗位不包括(   )。

A. 采购与运输   B. 采购合同的订立与审批

C. 请购与审批   D. 付款审批与执行

二、多选题

1. 函证被审计单位的应付账款时,注册会计师的以下做法中正确的有(   )。

A. 某账户在资产负债表日账户余额较小,但为被审计单位重要供应商,注册会计师决定不对其函证

B. 注册会计师对未回函的项目实施替代程序

C. 注册会计师不需要对函证的过程保持控制

D. 某账户在资产负债表日账户余额为零,但为被审计单位重要供应商,注册会计师决定不对其函证

E. 如果认为回函不可靠,则评价对评估的重大错报风险以及其他审计程序的性质、时间安排和范围的影响

2. 针对被审计单位"新增供应商或供应商信息变更未经恰当的认证"的错报环节,注册会计师做出的如下测试程序中恰当的有(　　)。

A. 询问复核人员审批供应商数据变更请求的过程

B. 检查变更需求是否有相应的文件支持以及复核人员的确认

C. 询问部门负责人审批采购计划的过程,检查采购计划是否经部门负责人恰当审批

D. 检查在系统中采购订单的生成逻辑,确认是否存在供应商代码匹配的要求

E. 抽样检查记账凭证是否经会计主管审核

3. 针对被审计单位"未在系统中录入或重复录入的订购单"的错报环节,注册会计师做出的如下测试程序中恰当的有(　　)。

A. 检查系统生成例外事项报告的生成逻辑

B. 询问复核人员对例外事项报告的检查过程

C. 确认发现的问题是否及时得到跟进处理

D. 检查订购单是否有相应的请购单及复核人员签署确认

E. 检查系统中相关人员的访问权限

4. 影响采购与付款交易和余额的重大错报风险可能包括(　　)。

A. 低估负债

B. 管理层错报负债、费用支出的偏好和动机

C. 费用支出的复杂性

D. 舞弊和盗窃的固有风险

E. 存在未记录的权利和义务

5. 对已发生的采购交易均已记录(完整性)内控目标,常用的实质性程序有(　　)。

A. 通过加计采购明细账,追查记入采购总账和应付账款的正确性

B. 从验收单追查至采购明细账

C. 加计存货明细账的数额是否正确,用以测试过账和汇总的正确性

D. 从卖方发票追查至采购明细账

E. 参照卖方发票,比较会计科目表上的分类

6. 在以下审计程序中,有助于发现被审计单位年末未入账应付账款的有(　　)。

A. 检查资产负债表日后应付账款明细账借方发生额的相应凭证,关注其验收单、供应商发票的日期,确认其入账时间是否合理

B. 获取并检查被审计单位与其供应商之间的对账单以及被审计单位编制的差异调节表,确定应付账款金额的准确性

C. 针对资产负债表日后付款项目,检查银行对账单及有关付款凭证(如银行汇款通知、供应商收据等),询问被审计单位内部或外部的知情人员,查找有无未及时入账的应付账款

D. 结合存货监盘程序,检查被审计单位在资产负债表日前后的存货入库资料(验收报告或入库单),检查相关负债是否记入了正确的会计期间

E. 对本期发生的应付账款增减变动,检查至相关支持性文件,确认其会计处理是否正确

7. 采购与付款循环的主要业务活动有(　　)。

A. 编制采购计划　　　　　　B. 验收商品

C. 确认和记录采购交易与负债　　D. 储存已验收的商品

E. 记录现金、银行存款支出

8. 注册会计师对被审计单位的采购业务进行年底截止测试的方法可采用(　　)。

A. 实地观察期末存货和固定资产状况

B. 比较验收单上的日期与采购明细账中的日期

C. 比较购货发票上的日期与采购明细账中的日期

D. 了解年末存货盘亏调整和损失处理

E. 检查付款应付账款长期挂账的原因并作出记录

9. 下列选项中,属于采购与付款循环中的控制测试的审计程序有(　　)。

A. 测试购货业务的职责分工　　B. 检查请购单审批

C. 重新计算应付账款总额　　　D. 对应付账款进行分析的程序

E. 函证应付账款

10. 注册会计师在审计时,更应关注"完整性"认定的项目是(　　)。

A. 应付账款　　　　　　　　B. 应收账款

C. 营业收入　　　　　　　　D. 营业费用

E. 短期借款

三、简答题

1. 简述采购与付款循环的主要业务环节。

2. 简述采购与付款循环的主要凭证。

3. 简述注册会计师查找未入账的应付账款的程序。

四、应用与计算分析题

1. 上市公司甲公司是 ABC 会计师事务所的常年审计客户，主要从事信息技术服务和智能产品的研发、生产与销售。A 注册会计师负责审计甲公司 2023 年度财务报表，确定集团财务报表整体的重要性为 800 万元，实际执行的重要性为 600 万元。

资料一：

A 注册会计师在审计工作底稿中记录了所了解的甲公司情况及其环境，部分内容摘录如下：

(1)2022 年，甲公司承担了一项国家重大课题研究项目，并于 2023 年 6 月收到科研经费 2 000 万元。该课题研究成果归甲公司所有并将用于甲公司现有业务中，国家根据需要可以指定第三方使用。

(2)2022 年 12 月，甲公司签订了一份办公室租赁合同，租赁开始日为 2023 年 1 月 1 日，年租金 300 万元，租期 1 年，且甲公司拥有 4 年的续租选择权。新办公室于 2023 年 7 月初完成装修后投入使用，装修支出共计 500 万元。

资料二：

A 注册会计师在审计工作底稿中记录了甲公司的财务数据，部分内容摘录如表 30-1 所示：

表 30-1　　　　　　　　　　　甲公司财务数据　　　　　　　　　　单位：万元

项　目	未审数	已审数
	2023 年	2022 年
管理费用——新办公室租赁费用	300	0
其他收益——国家重大课题补助	2 000	0
使用权资产	0	100

续表

项　　目	未审数	已审数
	2023年	2022年
开发支出——国家重大课题	5 000	1 000
长期待摊费用——新办公室装修	450	0

要求:针对资料一、资料二,假定不考虑其他条件,逐项指出资料一所列事项是否表明可能存在重大错报风险。如果认为可能存在重大错报风险,简要说明理由,并说明该风险主要与哪些财务报表项目的哪些认定相关(不考虑税务影响)。

2. 甲公司是 ABC 会计师事务所的常年审计客户,主要从事家电产品的生产、批发和零售。A 注册会计师负责审计甲公司 2023 年度财务报表,A 注册会计师在审计工作底稿中记录了部分内容,摘录如下:

(1) A 注册会计师在期中审计时针对 2023 年 1 月至 9 月与采购相关的内部控制实施测试,发现存在控制缺陷,因而未测试 2023 年 10 月至 12 月的相关控制,通过细节测试获取了与 2023 年度采购交易相关的审计证据。

(2) A 注册会计师在对甲公司 2023 年度的职工薪酬实施实质性分析程序时,获取了人事部门提供的员工人数和平均薪酬数据,在评价这些数据的可靠性后作出预期,因预期值与已记录金额之间的差异低于可接受差异额,其对结果表示满意。

(3)甲公司 2023 年固定资产采购的 45% 业务量发生在上半年,55% 的业务量发生在下半年,审计项目组全部从下半年固定资产采购中选取样本实施控制测试。

(4)审计项目组检查了固定资产明细账,结合实地观察了本期新增固定资产,未发现固定资产存在高估的错报,遂据此认为甲公司与新增固定资产相关的控制运行有效。

要求:针对上述第(1)至(4)项,逐项指出审计项目组的做法是否恰当。如不恰当,简要说明理由。

3. 注册会计师在审计甲公司的应付账款时,发现下列事项:

(1)资料一:注册会计师在审查甲公司应付账款明细账时,发现 2023 年丁公司明细账有贷方余额 320 万元,经查证有关凭证,发现是甲公司 2020 年向丁公司购买化工原料的货款,至今未付。

(2)资料二:注册会计师在对甲公司的应付账款项目进行审计时,根据需要决定对该公司下列四个明细账户的两个进行函证,如表 30-2 所示。

表 30－2　　　　　　　　　　　　甲公司应付账款明细　　　　　　　　　　　单位:元

供货单位	年末余额	本年度供货总款
A 公司	42 650	66 500
B 公司	0	2 980 000
C 公司	89 000	96 000
D 公司	298 000	3 136 000

要求：

(1)针对上述资料(1)，分析可能存在的问题，确定是否需要实施进一步审计程序，并说明如何审计。

(2)针对上述资料(2)，请帮助该注册会计师选择两个供货人函证，并说明选择的理由。

第三十一章　生产与存货循环审计

第一节　本章考点、重点与难点

一、本章考点

本章考核的知识点是：(1)生产与存货循环的特性；(2)生产与存货循环的内部控制测试；(3)生产与存货循环主要账户的审计；(4)生产与存货循环其他相关账户的审计；(5)生产与存货循环的内部控制测试，生产与存货循环主要账户的审计。

二、本章重点与难点

(一)本章重点

理解存货的实质性程序审计。

(二)本章难点

掌握并理解直接生产成本、制造费用、主营业务成本、应付职工薪酬以及管理费用的实质性程序审计。

第二节　本章学业水平测试题

一、单选题

1. 针对生产与存货循环相关的内部控制，以下说法中不正确的是(　　)。

   A. 根据经审批的月度生产计划书，由生产计划经理签发预先按顺序编号的生产通知单

   B. 存货存放在安全的环境中，只有经过授权的工作人员才可以接触及处理存货

   C. 仓储部门根据从生产部门收到的领料单发出原材料

   D. 产成品的发出须有独立的生产部门进行

2. 下列有关制造类企业生产与存货循环的重大错报风险的说法中，不正确的是(　　)。

   A. 交易的数量庞大、业务复杂，导致错误和舞弊的风险增加

   B. 价格受全球经济供求关系影响的存货，由于其可变现净值难以确定，因此会影响

存货采购价格和销售价格的确定

C. 存货的重大错报风险往往与财务报表其他项目的重大错报风险紧密相关

D. 技术进步可能导致某些产品过时,从而导致存货价值更容易发生低估

3. 如果将与存货相关的内部控制评估为高风险,注册会计师就可能(　　)。

A. 扩大测试与存货相关的内部控制的范围

B. 要求被审计单位在期末实施存货盘点

C. 在期末前实施存货监盘程序

D. 在期末后实施存货监盘程序

4. 实施存货监盘程序,主要证明的认定是(　　)。

A. 存在   B. 发生

C. 权利和义务   D. 准确性、计价和分摊

5. 下列有关存货监盘的说法中,不正确的是(　　)。

A. 如果只有少数项目构成了存货的主要部分,注册会计师就可能选择将存货监盘用作实质性程序

B. 尽管实施存货监盘,获取有关期末存货数量和状况的充分、适当的审计证据是注册会计师的责任,但这并不能取代被审计单位管理层定期盘点存货、合理确定存货的数量和状况的责任

C. 存货监盘的时间应当与被审计单位实施存货盘点的时间相协调

D. 存货监盘程序所得到的证据可以保证被审计单位对存货拥有所有权,但不能为存货的价值提供审计证据

6. 下列选项中,属于被审计单位盘点存货前注册会计师工作的是(　　)。

A. 向持有被审计单位存货的第三方函证存货的数量和状况

B. 观察盘点现场,确定应纳入盘点范围的存货是否已经适当整理和排列,并附有盘点标识,防止遗漏或重复盘点

C. 检查存货

D. 执行抽盘

7. 针对存货监盘中确定适当的监盘地点的说法中,不正确的是(　　)。

A. 如果被审计单位的存货存放在多个地点,注册会计师就可以要求被审计单位提供一份完整的存货存放地点清单,并考虑其完整性

B. 在获取完整的存货存放地点清单的基础上,注册会计师可以根据不同地点所存放存货的重要性以及对各个地点与存货相关的重大错报风险的评估结果,选择适

当的地点进行监盘,并记录选择这些地点的原因

C. 在连续审计中,注册会计师可以考虑在不同期间的审计中变更所选择实施监盘的地点

D. 获取的存货存放地点清单,无须包括第三方代被审计单位保管存货的仓库

8. 在考虑被审计单位委托其他单位保管的存货时,注册会计师的做法不正确的是( )。

A. 实施监盘

B. 对存放于外单位的存货,通常需要向该单位获取受托代管存货的书面确认函

C. 视作审计范围受到限制考虑对审计报告的影响

D. 向存货的保管人函证

9. 下列关于存货的实质性程序的说法中,正确的是( )。

A. 注册会计师在对期末存货进行截止测试时,通常应当关注所有在截止日期以前入库的存货项目是否均已包括在盘点范围内,并已反映在截止日以前的会计记录中

B. 从存货实物中选取项目追查至盘点记录,以获取有关盘点记录准确性的认定

C. 如果由于不可预见的交易情况无法在存货盘点现场实施监盘,注册会计师就可以不监盘

D. 广义地看,存货成本审计与存货计价测试是两项内容

10. A注册会计师在观察被审计单位仓库时,发现一批存货已霉烂变质,下列有关存货余额的认定中,注册会计师通常认为存在重大错报风险的是( )。

A. 存在 B. 完整性

C. 计价和分摊 D. 准确性

11. 注册会计师在监盘时应当特别关注存货的移动情况,目的是( )。

A. 观察被审计单位是否已经恰当区分所有毁损、陈旧、过时及残次的存货

B. 检查库存记录与会计记录期末截止是否正确

C. 防止遗漏或重复盘点

D. 确保所有收到的商品都已得到记录

12. 在对存货实施监盘程序时,以下做法中,注册会计师不应该选择的是( )。

A. 对于已作质押的存货,向债权人函证与被质押存货相关的内容

B. 对于受托代存的存货,实施向存货所有权人函证等审计程序

C. 当存货被作为抵押品时,要求其他机构或人员及时进行确认

D. 由于恶劣的天气无法观察存货,注册会计师考虑出具保留意见的审计报告

13. 下列项目中,证实存货项目存在认定最可靠的审计程序是( )。

   A. 实施存货监盘程序

   B. 检查购货发票、验收单的编号以及存货明细账

   C. 进行存货跌价准备测试

   D. 从存货明细账中抽取项目检查至购货发票、验收单

14. 针对"发出的原材料可能未正确记入相应产品的生产成本中"的内部控制缺陷,注册会计师可以选择的内部控制测试程序是( )。

   A. 检查生产主管核对材料成本明细表的记录

   B. 检查成本会计将产成品收发存报表与成本计算表核对的过程和记录

   C. 选取产品成本计算表及相关资料,检查财务经理的复核记录

   D. 询问财务经理和总经理进行毛利率分析的过程和记录

15. 针对"已完工产品的生产成本可能没有转移到产成品中"的内部控制缺陷,注册会计师可以选择的内部控制测试程序是( )。

   A. 询问财务经理识别减值风险并确定减值准备的过程,检查总经理的复核批准记录

   B. 检查系统设置的自动结转功能是否正常运行、成本结转方式是否符合公司成本核算政策

   C. 询问和检查成本会计将产成品收发存报表与成本计算表进行核对的过程和记录

   D. 询问和检查财务经理和总经理进行毛利率分析的过程和记录,并核实异常波动的调查和处理结果

16. 甲公司的会计记录显示,2023年12月A存货销售激增,导致该类存货库存下降为零。注册会计师对该类存货采取的下列措施中,难以发现可能存在虚假销售的是( )。

   A. 计算该类存货12月的毛利率,并与以前月份的毛利率进行比较

   B. 进行销货截止测试

   C. 将该类存货列入监盘范围

   D. 选择12月的大额销售客户寄发询证函

17. 注册会计师对下列对象的核实直接涉及被审计单位关于存货跌价准备的计提是否合理的是( )。

   A. 代其他公司保管的材料   B. 来料加工的材料

C. 充作抵押的存货 　　　　　　　D. 滞销的存货

18. 对于下列存货认定,通过向生产和销售人员询问是否存在过时或周转缓慢的存货,注册会计师认为最可能证实的是( )。

A. 计价和分摊 　　　　　　　B. 分类和列报

C. 存在 　　　　　　　　　　D. 完整性

19. 注册会计师对下列对象的核实直接涉及被审计单位关于存货的"权利和义务"认定的是( )。

A. 代其他公司保管的材料 　　B. 无法盘点的存货

C. 未做账户处理的存货 　　　D. 过时的存货

20. 被审计单位永续盘存记录应由( )负责。

A. 存储部门 　　　　　　　　B. 装运部门

C. 会计部门 　　　　　　　　D. 采购部门

二、多选题

1. 下列各项中,属于生产与存货循环所涉及的主要会计凭证和会计记录的有( )。

A. 领发料凭证 　　　　　　　B. 产量和工时记录

C. 材料费用分配表 　　　　　D. 成本计算单

E. 薪酬汇总表及人工费用表

2. 下列各项中,属于生产与存货循环可能存在的重大错报风险的有( )。

A. 存货实物可能不存在

B. 属于被审计单位的存货可能未在账面反映

C. 存货的所有权可能不属于被审计单位

D. 存货跌价准备的计提可能不充分

E. 存货的单位成本可能存在计算错误

3. A 注册会计师对甲公司 2023 年度财务报表进行审计时,实施存货截止测试程序可能查明( )。

A. 少计 2023 年度的存货和应付账款

B. 多计 2023 年度的存货和应付账款

C. 少计 2023 年度的利润

D. 多计 2023 年度的利润

E. 确定2023年度的利润是否得以披露

4. 存货的审计目标一般包括实施审计程序以证实(　　)。

A. 账面存货余额对应的实物是否真实存在

B. 属于被审计单位的存货是否均已入账

C. 存货是否属于被审计单位

D. 存货单位成本的计量是否准确

E. 采购存货的交易是否真实发生

5. 在存货盘点现场实施监盘时,注册会计师应当实施的审计程序包括(　　)。

A. 评价管理层用以记录和控制存货盘点结果的指令和程序

B. 观察管理层制定的盘点程序的执行情况

C. 在存货监盘过程中检查存货

D. 执行抽盘

E. 与管理层讨论存货盘点计划

6. 下列各项中,属于存货监盘计划应当包括的内容的有(　　)。

A. 存货监盘的目标

B. 注册会计师实施存货监盘程序的方法、步骤、各个环节应注意的问题以及所要解决的问题

C. 参加存货监盘人员的分工

D. 检查存货的范围

E. 存货监盘的时间安排

7. 下列关于存货监盘结束时的工作的说法中,正确的有(　　)。

A. 再次观察盘点现场,以确定所有应纳入盘点范围的存货是否均已盘点

B. 取得并检查已填用、作废及未使用盘点表单的号码记录,确定其是否连续编号

C. 对存货周转率或存货销售周转天数等实施实质性分析程序

D. 查明已发放的表单是否均已收回,并与存货盘点的汇总记录进行核对

E. 观察管理层制定的盘点程序的执行情况

8. 下列有关被审计单位存货存放多处地点的说法中,正确的有(　　)。

A. 注册会计师可以要求被审计单位提供一份完整的存货存放地点清单

B. 针对被审计单位提供的存货存放地点清单,注册会计师无须考虑其完整性,可直接根据此确定存货监盘地点及范围

C. 注册会计师可以比较被审计单位不同时期的存货存放地点清单,关注仓库变动

情况,以确定是否存在因仓库变动而未将存货纳入盘点范围的情况

D. 针对被审计单位提供的存货存放地点清单,注册会计师应考虑其完整性

E. 注册会计师可以检查被审计单位存货的出、入库单,关注是否存在被审计单位尚未告知注册会计师的仓库

9. 注册会计师在实施存货监盘程序时,下列做法中不正确的有(　　)。

A. 将难以盘点或隐蔽性较强的存货纳入检查范围

B. 从存货盘点记录中选取项目追查至存货实物,以测试盘点记录的完整性

C. 事先就拟抽取测试的存货项目与被审计单位沟通,以提高存货监盘的效率

D. 即使观察程序表明被审计单位组织管理得当,盘点、监督以及复核程序充分有效,也不得减少所需检查的存货项目

E. 对未纳入盘点范围的存货,注册会计师应当查明未纳入的原因

10. 下列关于生产与存货循环的说法中,正确的有(　　)。

A. 注册会计师监盘的时间以会计期末以后为优

B. 对于企业存放或寄销在外地的存货,也应纳入盘点范围

C. 存货截止的要求是,当年12月31日前购入的存货,即使未验收入库,也必须纳入存货盘点的范围

D. 应付职工薪酬审计目标应包括确定其是否存在;确定计提和支出的记录是否完整;确定计提依据是否合理;确定期末余额是否正确;确定披露是否恰当

E. 如果被审计单位采用永续盘存制,注册会计师就应在年度中一次或多次参加盘点

三、简答题

1. 简述存货监盘程序。
2. 简述存货计价测试的主要程序。
3. 简述营业成本执行实质性程序的主要内容。

四、应用与计算分析题

1. ABC会计师事务所的A注册会计师负责审计甲公司2023年度财务报表。与存货审计相关的部分事项如下：

(1)A注册会计师从甲公司获取了存货存放地点清单,在考虑不同地点存放存货的重要性以及对各个地点与存货相关的重大错报风险评估结果后,选择在部分地点进行监

盘,并记录了选择这些地点的原因。

(2)甲公司在长期合作的第三方存放的存货金额重大。A 注册会计师决定不向该第三方函证期末存货的情况,直接对甲公司存放于第三方的存货实施监盘。

(3)针对甲公司 2023 年末暂估的原材料,A 注册会计师实施了监盘和对采购交易的截止测试,检查了入库验收单,抽查了期后收到的发票,对结果表示满意,据此认为原材料暂估金额准确。

(4)在测试 2023 年度营业成本时,A 注册会计师检查了成本核算系统中结转营业成本的设置,并检查了财务经理对营业成本计算表的复核审批记录,对结果表示满意,据此认可了甲公司 2023 年度的营业成本。

(5)A 注册会计师取得了甲公司 2023 年年末存货跌价准备明细表,测试了明细表中的存货数量、单位成本和可变现净值,检查了明细表的计算准确性,对结果表示满意,据此认可了年末的存货跌价准备。

要求:针对上述第(1)至(5)项,逐项指出 A 注册会计师的做法是否恰当。如不恰当,简要说明理由。

2. 上市公司甲公司是 ABC 会计师事务所的常年审计客户,主要从事电子元器件的生产和销售。A 注册会计师负责审计甲公司 2023 年度财务报表,确定财务报表整体的重要性为 1 000 万元。

资料一:

A 注册会计师在审计工作底稿中记录了所了解的甲公司及其环境等方面的情况,部分内容摘录如下:

(1)受竞争对手推出新产品的影响,2023 年上半年,甲公司 a 产品销量仅为 2022 年销量的 30%。为夺回市场份额,2023 年 7 月,甲公司对 a 产品的售价进行了自该产品上市以来的首次调整,由 1 元降至 0.5 元,同时加大了替代品的研发投入。

(2)2023 年 6 月,甲公司受乙公司委托为其生产 1 000 台专用设备 b,每台售价 6 万元。乙公司指定了 b 设备主要部件的供应商,并与该供应商确定了主要部件的规格和价格。

资料二:

A 注册会计师在审计工作底稿中记录了甲公司的财务数据,部分内容摘录如表 31-1 所示:

表 31－1　　　　　　　　　　　　甲公司财务数据　　　　　　　　　　　　单位：万元

项　目	未审数	已审数
	2023 年	2022 年
营业收入——a 产品	27 000	50 000
营业成本——a 产品	23 400	30 000
营业收入——b 设备	6 000	0
营业成本——b 设备	5 500	0
存货——a 产品	10 000	15 000
存货——a 产品存货跌价准备	500	0

要求：分别针对资料一第(1)项和第(2)项，并结合资料二，假定不考虑其他条件，指出资料一所列事项是否表明可能存在重大错报风险。如果认为可能存在重大错报风险，则简要说明理由，并说明该风险主要与哪些财务报表项目的哪些认定相关(不考虑税务影响)。

3. 上市公司甲公司是 ABC 会计师事务所的常年审计客户，主要从事信息技术服务和智能产品的研发、生产与销售。A 注册会计师负责审计甲公司 2023 年度财务报表，相关的部分事项如下：

(1)在制订存货监盘计划时，A 注册会计师从甲公司信息系统中导出存货存放地点清单，与管理层存货盘点计划中的信息进行了核对，从中选取了拟执行存货监盘的地点。

(2)A 注册会计师拟委托境外网络所的 B 注册会计师对甲公司境外仓库的存货执行现场监盘，并通过视频直播观察监盘过程。

(3)因航班临时取消，A 注册会计师无法在甲公司重要异地仓库的存货盘点日到达现场，遂通过实施替代程序获取了有关该仓库存货存在和状况的审计证据。

(4)甲公司智能产品的部分硬件委托丁公司加工。因丁公司未在年末执行存货盘点，A 注册会计师预期不能通过函证获取有关委托加工物资存在和状况的审计证据，遂要求甲公司对存放在丁公司的存货进行盘点，并计划实施监盘程序。

要求：针对上述第(1)至(4)项，逐项指出 A 注册会计师的做法是否恰当。如不恰当，简要说明理由。

第三十二章　筹资与投资循环审计

第一节　本章考点、重点与难点

一、本章考点

本章考核的知识点是：(1)筹资与投资循环的特性；(2)筹资与投资循环的内部控制测试；(3)筹资与投资循环主要账户的审计；(4)筹资与投资循环其他相关账户的审计。

二、本章重点与难点

（一）本章重点

理解筹资与投资的内部控制测试。

（二）本章难点

掌握并理解银行借款、应付债券、所有者权益、交易性金融资产、可供出售金融资产、持有至到期投资、长期股权投资、实收资本（或股本）、资本公积、盈余公积、未分配利润的审计目标及其实质性程序。

第二节　本章学业水平测试题

一、单选题

1. A 注册会计师审计甲公司 2023 年度财务报表。当发现记录的债券利息费用大大超过相应的应付债券账户余额与票面利率乘积时，注册会计师应当怀疑(　　)。

    A. 应付债券被高估　　　　　　B. 应付债券的折价被低估
    C. 应付债券被低估　　　　　　D. 应付债券的溢价被高估

2. 甲注册会计师审计 A 公司长期借款业务时，为确定长期借款账户余额的真实性进行函证。函证的对象应当是(　　)。

    A. A 公司财务人员　　　　　　B. 银行或其他有关债权人
    C. 金融监管机构　　　　　　　D. A 公司法人

3. 注册会计师对负债项目进行审计，主要是防止企业(　　)。

    A. 低估负债　　　　　　　　　B. 低估利润

C. 低估资产　　　　　　　　　D. 高估负债

4. 下列选项中,不属于筹资与投资循环的财务报表项目的是(　　)。

　A. 交易性金融资产　　　　　B. 资本公积

　C. 短期借款　　　　　　　　D. 固定资产

5. 在筹资与投资循环的财务报表项目中,下列审计目标侧重点与众不同的是(　　)。

　A. 银行借款　　　　　　　　B. 应付债券

　C. 应付股利　　　　　　　　D. 长期股权投资

6. 下列项目中,属于筹资业务的控制测试程序的是(　　)。

　A. 了解银行借款业务的内部控制　　B. 函证借款的实有数

　C. 获取或编制银行借款明细表　　　D. 检查实收资本增减变动的原因

7. "投资业务经过授权审批"是为了实现投资活动控制目标中的(　　)。

　A. 存在与发生　　　　　　　B. 列报与披露

　C. 完整性　　　　　　　　　D. 准确性

8. 注册会计师对盈余公积进行审查时,应当注意盈余公积提取不超过其净资产的(　　)。

　A. 25%　　　B. 50%　　　C. 65%　　　D. 75%

9. 对管理费用和财务费用进行审查,一般不需要执行的实质性程序是(　　)。

　A. 趋势分析　　　　　　　　B. 截止测试

　C. 抽查原始凭证　　　　　　D. 是否长期挂账

10. 下列各项中,不属于投资的内部控制测试的是(　　)。

　A. 了解投资内部控制　　　　B. 审阅内部盘核报告

　C. 评价投资内部控制　　　　D. 获取或编制有关明细表

11. 下列各项中,不属于注册会计师对资本公积的实质性测试的是(　　)。

　A. 检查拨款转入　　　　　　B. 检查外币资本折算差额

　C. 检查股票发行溢价　　　　D. 检查在税后利润中的提取情况

12. 在注册会计师关于投资项目的审计目标中,首要的是(　　)。

　A. 投资是否存在　　　　　　B. 投资的增减变动记录是否完整

　C. 投资的会计处理是否正确　D. 投资的金额是否准确

13. 注册会计师对借款进行实质性程序时,一般不需获取的审计证据是(　　)。

　A. 借款明细表　　　　　　　B. 借款的合同和授权批准文件

　C. 相关抵押资产的所有权证明文件　D. 借款银行的信用情况

14. 注册会计师在检查投资性房地产的真实性时,应当（　　）。

   A. 检查其采购发票

   B. 检查其所有权或使用权凭证

   C. 检查是否已办理了法律手续、接收了有关技术资料

   D. 检查其合计的金额

15. 有价证券实质性测试程序一般不包括（　　）。

   A. 盘点　　　　　　　　　　B. 函证

   C. 审查投资收益　　　　　　D. 实地观察

16. 授权批准是筹资与投资循环内部控制目标中（　　）的关键内部控制程序。

   A. 存在　　　　　　　　　　B. 完整性

   C. 分类和列报　　　　　　　D. 权利和义务

17. 注册会计师在审计股票发行费用的会计处理时,若股票溢价发行,则应查实被审计单位是否按规定将各种发行费用（　　）。

   A. 冲减溢价收入　　　　　　B. 计入长期待摊费用

   C. 计入资本公积　　　　　　D. 计入管理费用

18. A 注册会计师审计甲公司 2023 年度财务报表。在审计长期投资项目时,注册会计师应查实企业各项投资的应计利息并及时（　　）。

   A. 予以收回　　　　　　　　B. 计入当期损益

   C. 同被投资企业核对相符　　D. 同相应的长期投资账户核对相符

19. 注册会计师在审查托管证券是否真实存在时,首先应采取的措施是（　　）。

   A. 向代管机构函证　　　　　B. 亲往代管机构盘点

   C. 检查公司股票债券存根簿　D. 同代管机构逐笔核对记录

20. 注册会计师在对投资业务实施分析程序时,通过计算交易性金融资产、长期股权投资、期货等高风险投资所占的比例,可以判断（　　）。

   A. 被审计单位盈利能力的稳定性

   B. 是否存在异常变动

   C. 交易性金融资产和长期投资的真实性

   D. 交易性金融资产和长期投资的安全性

二、多选题

1. 下列各项中,属于筹资活动的凭证和会计记录的有（　　）。

A. 经济人通知单 B. 股票

C. 债券 D. 债券契约

E. 股东名册

2. 下列各项中,属于投资活动的凭证和会计记录的有( )。

A. 股票 B. 债券

C. 债券合同 D. 承销协议

E. 经济人通知单

3. 下列关于投资与筹资循环的审计程序中,属于分析程序的有( )。

A. 根据长期借款的加权平均总额和加权平均利息率计算全年的利息费用,并与实际利息费用比较

B. 根据票面利率和债券的面值计算应计利息数,并验证企业的账面记录

C. 验算需要资本化的利息金额

D. 根据每月的借款利息和平均利息率推算长期借款的金额,据以检查长期借款的漏计和低估情况

E. 验算需要费用化的利息金额

4. 为了核实被审计单位有关借款和所有者权益的增减变动及其利息和股利会计记录的完整性,注册会计师应做的控制测试通常包括( )。

A. 向债券持有人函证

B. 了解债券持有人明细资料的保管制度

C. 观察并描述筹资企业的职责分工

D. 计算利息和股利金额的准确性

E. 检查公司是否与外部机构核对

5. 下列有关所有者权益审计的说法中,正确的有( )。

A. 通常以实质性程序为主

B. 通常不需要了解相关的内部控制

C. 控制测试是必须执行的程序

D. 通常的审计重点是有无高估

E. 需要确定所有者权益的披露是否恰当

6. 注册会计师关注的下列现象中,应在筹资与投资循环中审计的有( )。

A. 分配给关联方的利润多于其应得利润

B. 短期借款的实有数与应有数不相符

C. 以不正常的低价向顾客开账单

D. 支付不正当的货款

E. 为虚列的购货业务付款

7. 下列各项中,属于投资活动内部控制测试程序的有( )。

A. 实地盘点投资资产

B. 检查本期发生的重大股权变动

C. 审阅内部盘核报告

D. 查阅有价证券保管制度

E. 检查长期投资业务是否符合国家的限制性规定

8. 下列各项中,属于借款审计目标的有( )。

A. 确定被审计单位在特定期间发生的借款业务是否均已记录完毕,有无遗漏

B. 确定被审计单位是否遵守了有关债务合同的规定

C. 确定被审计单位借款余额在有关财务报表中的反映是否恰当

D. 了解并确定被审计单位有关借款的内部控制是否存在、有效且一贯遵守

E. 确定被审计单位所有借款的会计处理是否正确

9. 下列关于筹资与投资循环审计的说法中,正确的有( )。

A. 注册会计师分析企业投资业务管理报告的目的是判断企业长期投资业务的管理情况

B. 如果企业应付债券业务不多,则注册会计师也必须对应付债券的内容控制进行控制测试

C. 长期借款的实质性测试与短期借款的实质性测试较为相似

D. 在任何情况下,短期投资都应以企业为取得短期投资时实际支付的全部价款作为入账价值

E. 由于有价证券的特殊性,企业在对投资进行定期盘点时,必须由内部审计人员负责

10. 下列关于筹资与投资循环审计的说法中,不正确的有( )。

A. 为确定应付债券账户期末余额的真实性,注册会计师必须直接向债权人及债券的承销人或包销人进行函证

B. 由于所有者权益增减变动的业务较少、金额较大的特点,注册会计师在审计企业的资产和负债后,往往不必再对所有者权益进行单独审计

C. 对于长期股权投资减值损失,注册会计师应提醒被审计单位在以后会计期间转回

D. 对于已用于债务担保的可供出售金融资产,注册会计师应提请被审计单位恰当

披露

E. 筹资活动的凭证和会计记录包括债券契约

三、简答题

1. 简述投资循环的内部控制目标及相应的控制测试。

2. 简述注册会计师对筹资业务的审计目标。

3. 简述注册会计师对筹资与投资循环进行实质性程序时涉及的主要会计科目。

四、应用与计算分析题

1. 注册会计师 A 和 B 审计 XYZ 股份有限公司 2023 年度财务报表。该公司 2023 年度未发生购并、分立和债务重组行为,供产销形势与上年相当。该公司提供的未经审计的 2023 年度合并财务报表附注的部分内容如表 32－1 所示。

长期借款项目附注:2023 年年末余额为 13 730 万元。

表 32－1　　　　　　　　2023 年度合并财务报表附注

贷款单位	金额(万元)	借款期限	年利率(%)	借款条件
A 银行第一营业部	1 800	2021 年 8 月至 2025 年 7 月	4.72	抵押借款
B 银行第一营业部	11 650	2020 年 9 月至 2024 年 8 月	3.65	抵押借款
C 银行第一营业部	280	2023 年 1 月至 2025 年 8 月	3.925	担保借款
合　　计	13 730			

要求:假定上述附注内容中的年初数和上年比较数均已审定无误,作为注册会计师 A 和 B,在审计计划阶段,请运用专业判断,必要时运用分析程序,分别指出上述附注内容中存在或可能存在的不合理之处,并简要说明理由。

2. 甲股份有限公司是一家上市公司,从事投资、设备制造等方面的业务。ABC 会计师事务所 2023 年 9 月接受了甲公司 2023 年财务报表的审计业务,并指派注册会计师 A 和 B 了解甲公司 2023 年度投资业务的相关内部控制并进行控制测试,同时对部分财务资料预审。在预审过程中,注册会计师 A 和 B 了解到以下情况:

(1)甲公司的股票、债券的买卖业务须由董事会批准、经董事长签字后,由财务经理 K 具体办理股票、债券的买卖业务。但在具体办理的过程中,遇到股票价格大幅波动等的异常情况时,财务经理 K 可自行决定买进或卖出,并在度过紧急情况后及时向董事长汇报并备案。

(2)指定专职财务人员 S 负责进行会计记录和财务处理,专人 T 负责股票及债券的保管。

(3)每月末,由内部审计人员 U 组织财务经理 K、财务人员 S、专人 T 和其他人员共同参与股票、债券的定期盘点以及与账面记录的核对,以确定股票、债券的真实性、完整性、所有权、正确性。

要求:指出甲公司股票、债券交易的相关内部控制是否存在缺陷,并说明原因。

3. 注册会计师对 A 公司长期股权投资进行审计时发现以下事项:该公司于 2023 年 1 月 1 日取得 B 公司 40% 的股权,被投资单位初始成本为 2 000 万元;投资当日 B 公司各项资产、负债的公允价值等于账面价值;双方采用的会计政策、会计期间相同;2023 年年初 B 公司可辨认净资产公允价值为 4 000 万元。2023 年度 B 公司实现净利润 500 万元。假定不考虑所得税等相关税费及其他因素。其会计分录为(金额单位:万元):

(1)初始投资时,A 公司的会计处理如下:

  借:长期股权投资——投资成本   2 000
    贷:银行存款   2 000

(2)2023 年年末 B 公司实现净利润时 A 公司的会计处理如下:

  借:投资收益   200
    贷:长期股权投资——投资成本   200

要求:分析存在的问题,提出处理意见,并编制审计调整分录。

4. 注册会计师 A 和 B 于 2023 年 12 月 1—7 日对甲公司筹资与投资循环的内部控制进行了了解和测试,并在相关审计工作底稿中记录了了解和测试的事项,摘录如下:甲公司股东大会批准董事会的投资权限为 1 亿元以下。董事会决定由总经理负责实施。总经理决定由证券部负责总额在 1 亿元以下的股票买卖。甲公司规定:公司划入营业部的款项由证券部申请,由会计部审核,总经理批准后划入公司在营业部开立的资金账户,经总经理批准,证券部直接从营业部资金账户支取款项。证券买卖、资金存取的会计记录由会计部处理。注册会计师 A 和 B 了解和测试投资的内部控制系统后发现:证券部在某营业部开户的有关协议及补充协议未经会计部或其他部门审核。根据总经理的批准,会计部已将 8 000 万元汇入该账户。证券部处理证券买卖的会计记录,月底将证券买卖清单交给会计部,会计部据以汇总登记。

要求:根据上述摘录,请代注册会计师 A 和 B 指出筹资与投资循环内部控制的缺陷,并提出改进建议。

参考答案

第三十三章 货币资金审计

第一节 本章考点、重点与难点

一、本章考点

本章考核的知识点是:(1)货币资金审计概述;(2)货币资金的内部控制测试;(3)货币资金的实质性程序。

二、本章重点与难点

(一)本章重点

理解货币资金的审计范围、货币资金的内部控制测试。

(二)本章难点

掌握并理解库存现金、银行存款、其他货币资金的实质性程序。

第二节 本章学业水平测试题

一、单选题

1. 下列关于岗位职责描述的说法中,不正确的是( )。

A. 出纳人员不得兼任会计档案保管

B. 对于小型被审计单位,可以由出纳一人办理货币资金业务的全过程

C. 负责银行存款日记账登记的人员与债权债务登记的人员不能是同一人

D. 现金收支与记账岗位分离

2. 针对银行存款管理业务活动涉及的内部控制,下列说法中不正确的是( )。

A. 按照我国现金管理的有关规定,超过规定限额的现金支出一律使用支票

B. 对于支票报销和现金报销,企业应建立报销制度

C. 按月编制银行存款余额调节表,做到账实相符

D. 企业内设管理部门可以根据需要自行开立银行账户

3. 在对甲公司2023年度财务报表进行审计时,A注册会计师负责审计货币资金项目。2024年1月15日对甲公司全部现金进行监盘后,确认实有现金数额为2 500元。甲

公司2024年1月1日至1月15日现金收入总额为17 000元、现金支出总额为18 500元,则推断2023年12月31日库存现金余额应为( )元。

  A. 3 000   B. 3 500   C. 4 000   D. 4 500

4. 在对银行存款进行函证时,以下说法中不正确的是( )。

  A. 当函证信息与银行回函结果不符时,注册会计师应当调查不符事项,以确定是否表明存在错报

  B. 函证可以用于被审计单位未登记的银行借款

  C. 注册会计师在执行审计业务时,以被审计单位的名义向有关单位发函询证

  D. 注册会计师应向被审计单位在本年存过款的所有银行发函,但不包括被审计单位存款账户已结清的银行

5. 监盘库存现金是现金实质性程序中的重要步骤,被审计单位必须参加盘点的人员是( )。

  A. 出纳员和会计主管人员   B. 出纳员和总账会计

  C. 会计主管人员和总账会计   D. 会计主管人员和内部审计人员

6. 货币资金的审计范围不包括( )。

  A. 企业为取得银行汇票而存入银行款项所形成的银行汇票存款

  B. 企业进行经营活动所持有的商业汇票

  C. 企业取得银行本票按照规定存入银行的款项而形成的银行本票存款

  D. 企业到外地进行临时或零星采购而汇往采购地开立的采购专户款项所形成的外埠存款

7. 下列各项中,不属于货币资金审计目标的是( )。

  A. 发生   B. 完整性

  C. 存在   D. 列报与披露

8. 若有冲抵库存现金的借条、未提现支票、未作报销的原始凭证,则应在库存现金盘点表中注明或( )。

  A. 重新盘点   B. 在工作底稿上记录

  C. 作出必要调整   D. 重新计算

9. 下列各项中,属于货币资金审计涉及的单据和会计记录的是( )。

  A. 现金盘点表   B. 存货计价审计表

  C. 应收账款账龄分析表   D. 采购发票

10. 下列各项中,属于注册会计师在实施货币资金审计的过程中无须保持警觉的事

项是( )。

   A. 在有经营业务的地区开立银行账户

   B. 银行存款明细账存在非正常转账的"一借一贷"

   C. 存在大额外币收付记录,而被审计单位并不涉足外贸业务

   D. 存款收益金额与存款的规模明显不匹配

11. 下列关于货币资金审计的说法中,正确的是( )。

   A. 一般而言,注册会计师必须对其他货币资金实行控制测试

   B. 注册会计师在函证银行存款余额时,不必向企业存款账户已结清的银行发函

   C. 对存款期限跨越资产负债表日的未质押定期存款,检查开户证实书复印件

   D. 若被审计单位库存现金存放部门有两处或两处以上的,应同时进行盘点

12. 下列关于银行存款函证的表述中,不正确的是( )。

   A. 以被审计单位的名义函证

   B. 以会计师事务所的名义函证

   C. 银行业金融机构应按照要求将回函直接回复会计师事务所或交付跟函注册会计师

   D. 在收到回函后,注册会计师应针对疑问和未被确证的内容与银行联系

13. 监盘库存现金时,通常实施的是( )。

   A. 定时检查　　　　　　　B. 定期检查

   C. 突击检查　　　　　　　D. 预约检查

14. 下列有关货币资金的内部控制中,存在设计缺陷的是( )。

   A. 出纳一人办理货币资金业务的全过程

   B. 加强现金库存限额的管理,超过库存限额的现金应及时存入银行

   C. 不属于现金开支范围的业务应当通过银行办理转账结算

   D. 对货币资金进行内部审计

15. 注册会计师在对被审计单位实施风险评估程序时,发现存在未经过授权的人员接触现金的情况,在评估重大错报风险时,重点审计领域应是( )。

   A. 存在认定　　　　　　　B. 完整性认定

   C. 计价和分摊认定　　　　D. 权利和义务认定

16. 银行存款截止测试的关键在于( )。

   A. 确定被审计单位各银行账户最后一张支票的号码

   B. 检查大额银行存款的收支

C. 确定被审计单位当年记录的最后一笔银行存款业务

D. 取得并检查银行存款余额调节表

17. 注册会计师测试库存现金余额的起点是(　　)。

A. 盘点库存现金

B. 核对库存现金日记账与总账的余额是否相符

C. 检查所有现金支出凭证和已开出的支票

D. 审查现金收支的截止

18. 在进行年度财务报表审计时,为了证实被审计单位在临近12月31日签发的支票未予入账,注册会计师实施的最有效审计程序是(　　)。

A. 审查12月31日的银行存款余额调节表

B. 函证12月31日的银行存款余额

C. 审查12月31日的银行对账单

D. 审查12月份的支票存根

19. 如果在资产负债表日后对库存现金进行盘点,则应当根据盘点数、资产负债表日至(　　)的库存现金数,倒推计算资产负债表上所包含的库存现金数是否正确。

A. 审计报告日　　　　　　　　B. 资产负债表日

C. 盘点日　　　　　　　　　　D. 财务报表批准日

20. 在对被审计单位库存现金实施监盘过程中,负责清点现金的应当是(　　)。

A. 审计人员　　　　　　　　　B. 出纳员

C. 会计主管　　　　　　　　　D. 仓库保管员

二、多选题

1. 在实施货币资金审计的过程中,如果被审计单位存在以下事项或情形,审计人员就需要保持警觉(　　)。

A. 被审计单位的现金交易比例较高,并且与其所在行业的常用结算模式不同

B. 库存现金规模明显超过业务周转所需资金

C. 存在期末余额为负数的银行账户

D. 受限货币资金占比较高

E. 针对同一交易对方,在报告期内存在现金和其他结算方式并存的情形

2. 在对库存现金进行盘点时,参与盘点的人员必须包括(　　)。

A. 注册会计师　　　　　　　　B. 被审计单位出纳员

C. 被审计单位会计主管人员　　D. 项目合伙人

E. 被审计单位管理层

3. 一般而言,一个良好的货币资金内部控制应该达到的要求有(　　)。

A. 现金收支与记账的岗位分离

B. 现金收支要有合理、合法的凭据

C. 对货币资金进行内部审计

D. 控制现金坐支,当日收入现金应及时送存银行

E. 货币资金收支截止的正确性

4. 一般而言,一个良好的银行存款的内部控制应该达到的要求有(　　)。

A. 银行存款收支与记账的岗位分离

B. 银行存款收支要有合理、合法的凭据

C. 全部收入及时、准确入账,全部支出要有核准手续

D. 按月编制银行存款余额调节表,以做到账实相符

E. 加强对银行存款收支业务的内部审计

5. 针对现金付款的控制测试程序,下列说法中,正确的有(　　)。

A. 询问相关业务部门的部门经理和财务经理其在日常现金付款业务中执行的内部控制,以确定其是否与被审计单位内部控制政策要求保持一致

B. 询问相关业务部门的部门经理和财务经理其在日常现金付款业务中执行的内部控制,以确定内部控制是否得到执行

C. 观察财务经理复核付款申请的过程,是否核对了付款申请的用途、金额及后附相关凭证,以及在核对无误后是否经签字确认

D. 重新核对经审批及复核的付款申请及其相关凭据,并检查是否经签字确认

E. 重新计算现金付款的金额,检查现金付款金额的总计数是否正确

6. 下列各项中,属于库存现金的盘点范围的有(　　)。

A. 已收到但未存入银行的现金　　B. 零用金

C. 找换金　　D. 销售部门的库存现金

E. 管理部门的库存现金

7. 注册会计师在盘点现金时,时间最好在上午上班前或下午下班后,不应实施(　　)。

A. 突击检查　　B. 临时检查

C. 定期检查　　D. 通知检查

E. 预约检查

8. 下列各项中,属于银行存款的审计目标的有(　　)。

A. 存在
B. 发生
C. 完整性
D. 权利和义务
E. 计价和分摊

9. 下列针对银行函证的说法中,正确的有(　　)。

A. 银行函证程序是证实资产负债表所列银行存款是否存在的重要程序
B. 注册会计师不需要对本期内注销的账户实施函证程序
C. 在实施函证时,注册会计师需要以被审计单位名义向银行发函
D. 向往来银行函证有助于发现企业未入账的银行借款和未披露的或有负债
E. 应向每一家开户银行寄发询证函

10. 下列有关函证银行存款的目的的说法中,正确的有(　　)。

A. 银行借款的金额是否正确
B. 是否存在企业未入账的银行借款
C. 银行存款是否存在
D. 结合财务费用和投资收益审计分析利息收入的合理性
E. 是否存在未披露的或有负债

三、简答题

1. 简述库存现金的审计目标。
2. 简述银行存款的实质性程序。
3. 简述货币资金的审计范围。

四、应用与计算分析题

1. ABC 会计师事务所的 A 注册会计师负责审计甲公司 2023 年度财务报表。与货币资金审计相关的部分事项如下:

(1)A 注册会计师在测试甲公司与银行账户开立、变更和注销相关的内部控制时,获取了出纳编制的 2023 年度银行账户开立、变更和注销清单,从中选取样本进行测试,并对结果表示满意,据此认为该控制运行有效。

(2)甲公司银行余额调节表中存在一笔大额的"企付银未付"款项。A 注册会计师检查了该笔付款入账的原始凭证,并对结果表示满意,据此认可了该调节事项。

(3)为核实甲公司是否存在未被记录的借款及与金融机构往来的其他重要信息，A注册会计师亲自前往金融机构获取了加盖该金融机构公章的甲公司信用记录，并与甲公司会计记录、银行回函信息核对，并对结果表示满意。

(4)A注册会计师在实施实质性分析程序时发现，甲公司2023年度账面记录的银行存款利息收入明显少于预期值。经调查，原因是年内向关联方借出资金，但这一交易在甲公司账面未作记录。因为借出资金已于年末收回，不影响银行存款余额，所以A注册会计师认为不存在错报。

(5)为验证银行对账单的真实性，A注册会计师要求甲公司的财务人员提供相关的网银记录截屏，并将网银截屏信息与银行对账单信息进行了核对，并对结果表示满意。

要求：针对上述第(1)至(5)项，逐项指出A注册会计师的做法是否恰当。如不恰当，简要说明理由。

2. ABC会计师事务所的A注册会计师负责审计甲公司2023年度财务报表。2023年2月3日，A注册会计师对甲公司的库存现金进行监盘。与监盘库存现金相关的部分事项如下：

(1)为顺利监盘库存现金，A注册会计师在监盘前一天已通知甲公司会计主管人员做好监盘准备。

(2)甲公司在总部和营业部均设有出纳部门。考虑到出纳日常工作安排，A注册会计师对总部和营业部库存现金的监盘时间分别定在上午10点和下午3点。

(3)A注册会计师监盘时，未要求甲公司会计主管人员参加，出纳把现金放入保险柜，并将已办妥现金收付手续的交易登入现金日记账，结出库存现金日记账余额。

(4)A注册会计师在向某银行乙分行函证前，从甲公司获悉，受疫情影响，乙分行无法接收函证，由该银行丙分行代为接收和处理函证。因此，A注册会计师根据该银行官网公布的丙分行地址，向丙分行进行函证，回函相符，据此认可了函证结果。

(5)在测试银行存款余额调节表时，A注册会计师针对企付银未付和企收银未收调节事项，分别检查了相关的付款和收款原始凭证，并据此确认了调节事项的适当性。

要求：针对上述第(1)至(5)项，逐项指出A注册会计师的做法是否恰当。如不恰当，简要说明理由。

3. 审计项目组在对甲公司2023年度财务报表进行审计时，在审计工作底稿中记录的有关货币资金审计的相关情况如下：

(1)2024年1月5日，审计项目组监督甲公司对库存现金进行盘点，并将结果与现金日记账进行了核对，未发现差异，因此认可了库存现金余额。

(2)审计项目组成员审查发现,银行对账单上有一收一付相同金额的记录,但是银行存款日记账上没有对应的记录。出纳员解释这是客户销售退回业务的正常处理。审计项目组认为情况合理。

(3)审计项目组针对银行账户的完整性存在疑虑,于是委托甲公司财务人员打印"已开立银行结算账户清单",没有发现异常。

(4)对甲公司 2023 年 12 月 31 日的银行存款实施函证时,审计项目组选择对有往来余额的银行账户实施函证程序。

(5)甲公司为某银行的重要客户,有业务专员上门办理各类业务。2024 年 1 月 8 日,审计项目组成员在甲公司财务经理的陪同下将询证函交予上门办理业务的银行业务专员,银行业务专员当场盖章回函,据此认为函证结果满意。

要求:针对上述第(1)至(5)项,逐项指出审计项目组的做法是否恰当。如不恰当,简要说明理由。

第三十四章 审计报告

第一节 本章考点、重点与难点

一、本章考点

本章考核的知识点是:(1)审计报告概述;(2)审计报告的基本要素;(3)标准审计报告;(4)非标准审计报告。

二、本章重点与难点

(一)本章重点

理解审计报告的作用、特征、要素及内容。

(二)本章难点

掌握并理解出具标准审计报告的条件及其标准审计报告的格式,出具非标准审计报告的条件及其格式,带强调事项段的无保留意见的审计报告,保留意见的审计报告,否定意见的审计报告,以及无法表示意见的审计报告。

第二节 本章学业水平测试题

一、单选题

1. 注册会计师审计报告的主要作用是(　　)。

A. 监督　　　　B. 鉴证　　　　C. 评价　　　　D. 审阅

2. 下列有关审计过程中发现的错报及沟通的说法中,正确的是(　　)。

A. 注册会计师应当将超过财务报表整体重要性水平的错报视为未更正错报

B. 如果错报单独或汇总起来未超过财务报表整体的重要性,则注册会计师可以不要求管理层更正

C. 如果注册会计师认为某一单项错报是重大的,则该项错报不太可能被其他错报抵消

D. 除非法律法规禁止,否则注册会计师应当及时将审计过程中发现的所有错报与适当层级的管理层进行沟通

3. 被审计单位对审计范围进行限定,致使某些重要的审计程序无法实施,注册会计师发表的审计意见应该是(　　)。

A. 无法表示意见　　　　　　　B. 保留意见

C. 否定意见　　　　　　　　　D. 无保留意见

4. 某注册会计师于2024年2月19日完成了对A公司2023年度的审计,2024年2月26日撤离了审计现场。2024年3月1日,管理层签署了已审财务报表。2024年3月2日,被审计单位的年度财务报表正式对外公布,则被审计单位审计报告的日期通常应是(　　)。

A. 2024年2月19日　　　　　　B. 2024年2月26日

C. 2024年3月1日　　　　　　　D. 2024年3月2日

5. 下列有关期后事项审计的说法中,不正确的是(　　)。

A. 期后事项是指财务报表日至财务报表报出日之间发生的事项

B. 期后事项是指财务报表日至审计报告日之间发生的事项,以及注册会计师在审计报告日后知悉的事实

C. 审计报告日至财务报表报出日前发生的事实属于第二时段期后事项

D. 期后事项包括财务报表日后调整事项和财务报表日后非调整事项

6. 下列关于强调事项段的说法中,不正确的是(　　)。

A. 强调事项段是指审计报告中提及已在财务报表中恰当列报或披露的事项的段落

B. 增加强调事项段的事项对财务报表使用者理解财务报表至关重要

C. 增加强调事项段的事项未被确定为在审计报告中沟通的关键审计事项

D. 增加强调事项段的事项会导致注册会计师发表非无保留意见

7. 在审计结束或临近结束时,为了确定经审计调整后的财务报表整体是否与对被审计单位的了解一致,是否具有合理性,注册会计师应当运用(　　)。

A. 控制测试　　　　　　　　　B. 重新计算

C. 分析程序　　　　　　　　　D. 检查

8. 根据审计准则的规定,应当对管理和实现审计项目的高质量承担总体责任的是(　　)。

A. 项目合伙人　　　　　　　　B. 会计师事务所

C. 高级审计人员　　　　　　　D. 被审计单位管理层

9. 注册会计师在获取充分、适当的审计证据后,认为错报单独或汇总起来对财务报表影响重大,但不具有广泛性,则应当发表(　　)。

A. 非无保留意见　　　　　　　B. 保留意见

C. 否定意见　　　　　　　　　D. 无法表示意见

10. 注册会计师在获取充分、适当的审计证据后,如果认为错报单独或汇总起来对财务报表的影响重大且具有广泛性,则应当发表(　　)。

A. 非无保留意见　　　　　　　B. 保留意见

C. 否定意见　　　　　　　　　D. 无法表示意见

11. 注册会计师根据职业判断认为对当期财务报表审计最为重要的事项是(　　)。

A. 强调事项段　　　　　　　　B. 关键审计事项

C. 其他事项段　　　　　　　　D. 期后事项

12. 某一财务报表项目所报告的金额、分类或列报,与按照适用的财务报告编制基础应当列示的金额、分类或列报之间存在的差异是(　　)。

A. 错误　　　B. 错报　　　C. 认定　　　D. 意见

13. 下列各项中,可能需要在审计报告中增加其他事项段的情形的是(　　)。

A. 对两套以上财务报表出具审计报告的情形

B. 在财务报表日至审计报告日之间发生的重大期后事项

C. 提醒财务报表使用者注意财务报表按照特殊目的编制基础编制

D. 异常诉讼或监管行动的未来结果存在不确定性

14. 注册会计师对管理层的诚信产生重大疑虑,以至于认为其做出的书面声明不可靠,应当发表(　　)。

A. 非无保留意见　　　　　　　B. 保留意见

C. 否定意见　　　　　　　　　D. 无法表示意见

15. 下列关于错报的说法中,不正确的是(　　)。

A. 未更正错报是指注册会计师在审计过程中累积的且被审计单位未予更正的错报

B. 对于同一账户余额或同一类别的交易内部的错报,这种抵消可能是适当的

C. 如果管理层拒绝更正沟通的部分或全部错报,注册会计师就应拒绝承接该业务

D. 确定一项分类错报是否重大,需要进行定性评估

16. 下列关于期初余额审计的说法中,不正确的是(　　)。

A. 判断期初余额对本期财务报表的影响程度应着眼于上期结转至本期的金额、上期所采用的会计政策以及上期期末已存在的或有事项及承诺三方面

B. 首次审计业务是指在上期财务报表未经审计的情况下承接的审计业务

C. 一般无须专门对期初余额发表审计意见

D. 要对期初余额实施适当的审计程序

17. 下列关于管理层声明的表述中,不正确的是( )。

A. 如果合理预期不存在其他充分、适当的审计证据,注册会计师应当就对财务报表具有重大影响的事项向管理层获取书面声明

B. 在特定情况下,管理层声明可以替代能够合理预期获取的其他审计理论证据

C. 如果管理层的某项声明与其他审计证据相矛盾,注册会计师应当调查这种情况

D. 管理层声明是指被审计单位管理层向注册会计师提供的关于财务报表的各项陈述

18. 审计报告的收件人应该是( )。

A. 审计业务的委托人　　　　　B. 社会公众

C. 被审计单位的治理层　　　　D. 被审计单位的管理层

19. 审计报告中,必须说明管理层对财务报表的责任段。下列选项中,不属于管理层对财务报表的责任的是( )。

A. 选择和运用恰当的会计政策

B. 设计、实施和维护与财务报表编制相关的内部控制

C. 对财务报表发表审计意见

D. 作出合理的会计估计

20. 下列关于关键审计事项的决策框架的说法中,不正确的是( )。

A. 从"与治理层沟通的事项"中选出"在执行审计工作是重点关注过的事项"

B. 以"与治理层沟通的事项"为起点选择关键审计事项

C. 从"与治理层沟通的事项"中选出"最为重要的事项"

D. 从"在执行审计工作时重点关注过的事项"中选出"最为重要的事项"

二、多选题

1. 下列各项中,属于财务报表审计意见类型的有( )。

A. 保留意见　　　　　　　　　B. 否定意见

C. 肯定意见　　　　　　　　　D. 无法表示意见

E. 无保留意见

2. 下列各项中,属于审计报告基本要素的有( )。

A. 标题　　　　　　　　　　　B. 收件人

C. 审计意见段　　　　　　　　D. 报告日期

E. 管理层对财务报表的责任段

3. 审计报告是审计工作的最终结果,其作用具体表现为(   )。

A. 鉴证作用　　　　　　　　　B. 保护作用

C. 规避作用　　　　　　　　　D. 证明作用

E. 合规作用

4. 根据使用的目的不同,审计报告可以分为(   )。

A. 公布目的审计报告　　　　　B. 标准审计报告

C. 非标准审计报告　　　　　　D. 特殊审计报告

E. 非公布目的审计报告

5. 下列各项中,属于财务报表日后非调整事项的有(   )。

A. 财务报表日后发现了财务报表舞弊或差错

B. 财务报表日后发生巨额亏损

C. 财务报表日后资本公积转增资本

D. 财务报表日后发生企业合并

E. 财务报表日后进一步确定了财务报表日前购入资产的成本或售出资产的收入

6. 下列关于审计复核的说法中,正确的有(   )。

A. 如果项目质量复核人员确定项目质量复核已经完成,则应当签字确认并通知项目合伙人

B. 审计项目复核贯穿审计全过程

C. 项目合伙人应当对管理和实现审计项目的高质量承担总体责任

D. 项目合伙人和项目组其他成员可以成为本项目的项目质量复核人员

E. 项目质量复核需要在报告日或报告日之前完成

7. 下列有关在审计报告中沟通关键审计事项的作用的说法中,不正确的有(   )。

A. 通过提高已执行审计工作的透明度增加审计报告的沟通价值

B. 帮助财务报表预期使用者了解注册会计师根据职业判断认为对本期财务报表审计最为重要的事项

C. 帮助财务报表预期使用者了解已审计财务报表中涉及重大管理层判断的领域

D. 帮助注册会计师改进审计流程

E. 注册会计师对关键审计事项单独发表意见

8. 下列各项中,可能属于审计范围受到限制的情形有(   )。

A. 注册会计师无法实施特定程序,只能通过替代程序获取证据

B. 被审计单位的会计记录已被毁坏

C. 重要组成部分的会计记录已被政府有关机构无限期地查封

D. 管理层阻止注册会计师对特定账户余额实施函证

E. 管理层阻止注册会计师实施存货监盘

9. 下列关于书面声明的说法中,正确的有(　　)。

A. 如果未从管理层获取其确认已履行责任的书面声明,注册会计师在审计过程中获取的有关管理层已履行这些责任的其他审计证据是不充分的

B. 书面声明的日期应当尽量接近对财务报表出具审计报告的日期,可以在审计报告日后

C. 书面声明是指管理层向注册会计师提供的书面声明,用以确认某些事项或支持其他审计证据

D. 书面声明是注册会计师在财务报表审计中需要获取的必要信息,是审计证据的重要来源

E. 书面声明包括财务报表及其认定,以及支持性账簿和相关记录

10. 下列各项中,属于注册会计师在得出审计结论时应当考虑的内容的有(　　)。

A. 评价财务报表是否在所有重大方面按照适用的财务报告编制基础编制

B. 是否已获取充分、适当的审计证据

C. 评价财务报表是否实现公允反映

D. 评价财务报表是否恰当提及或者说明适用的财务报告编制基础

E. 评价未更正错报单独或汇总起来是否构成重大错报

三、简答题

1. 简述注册会计师应当出具无法表示意见的情形。

2. 简述注册会计师应当出具保留意见的情形。

3. 简述审计报告的作用。

四、应用与计算分析题

1. ABC会计师事务所的A注册会计师负责审计多家上市公司2023年度财务报表,他遇到了下列与审计报告相关的事项:

(1)A注册会计师认为甲公司的商誉减值事项存在特别风险。经审计后,未发现重大错报。在将商誉减值事项作为审计中最为重要的事项与甲公司治理层进行了沟通后,

A注册会计师将该事项作为审计报告中的关键审计事项,在审计应对部分说明了实施的审计程序和结果,并对商誉减值准备的计提是否符合企业会计准则发表了意见。

(2)2023年,乙公司的一项大额应收款项的债务人申请了破产清算。乙公司管理层认为损失金额无法可靠计量,因此未对该应收款项计提减值准备。A注册会计师与破产管理人沟通后认为,该应收款项存在重大减值损失,最终清偿金额难以准确估计。A注册会计师以审计范围受限为由,对乙公司2023年度财务报表发表了保留意见。

(3)丙公司因出现债务逾期,管理层在财务报表中披露了导致对持续经营能力产生重大疑虑的事项、未来的应对计划,以及这些事项存在重大不确定性。A注册会计师评价后认为丙公司运用持续经营假设适当,且财务报表中的披露充分、恰当。因该披露事项对财务报表使用者理解财务报表至关重要,A注册会计师在审计报告中增加强调事项段说明了该事项。

(4)A注册会计师因无法就丁公司2023年度财务报表的多个项目获取充分、适当的审计证据,发表了无法表示意见,并在审计报告的关键审计事项部分说明:除形成无法表示意见的基础部分所述事项外,不存在其他需要在审计报告中沟通的关键审计事项。

(5)因受自然灾害影响,A注册会计师无法对戊公司的境外重要子公司己公司财务信息执行审计,遂对戊公司2022年度财务报表发表了无法表示意见。2023年10月,戊公司转让己公司部分股权后失去控制,但仍具有重大影响。因自然灾害严重,A注册会计师仍无法对己公司2023年度财务信息执行审计。考虑到己公司财务信息仅影响戊公司个别财务报表项目,A注册会计师对戊公司2023年度财务报表发表了保留意见。

要求:针对上述第(1)至(5)项,指出A注册会计师的做法是否恰当。如不恰当,简要说明理由。

2.ABC会计师事务所的A注册会计师担任多家被审计单位2023年度财务报表审计的项目合伙人,他遇到了下列审计报告的事项:

(1)甲公司2020年在收购己公司时形成商誉原值20 000万元,每年年终甲公司均对其进行减值测试。经审计,2023年甲公司亏损金额为15 000万元,商誉出现减值迹象,但甲公司并未对收购己公司时形成的商誉计提减值准备。

(2)乙公司存在一笔5万元的应收账款,管理层以金额不大为由拒绝A注册会计师函证。A注册会计师通过查证销售合同条款、销售通知单、出库单、货物送达对方仓库的签收单,确认该笔应收账款属实。

(3)A注册会计师对丙公司进行审计时,发现丙公司内部控制极度混乱,会计记录缺乏系统性和完整性。

(4)丁公司由于经营不善连续三年亏损、资不抵债，原公司董事长、实际控制人和控股股东辞职失联，并且核心高级管理人员频繁离职，财务报表数据期初余额、往来款项确认和存货账面价值及数量存在诸多错报。该公司编制财务报表未能公允披露2023年12月31日的财务状况和2023年度的经营成果及现金流量。

(5)戊公司2023年度利润表列示了盈利10万元。A注册会计师经查证发现其存在少记存货跌价准备18万元，但管理层以错报较小的理由拒不调整。

要求：针对上述第(1)至(5)项，逐项指出A注册会计师应当发表的审计意见类型，并简要说明理由。

3. ABC会计师事务所的A注册会计师负责审计甲公司2023年度财务报表，财务报表整体的重要性为100万元。审计工作底稿中与完成审计工作阶段相关的部分内容摘录如下：

(1)甲公司应付账款存在高估风险。A注册会计师选取若干笔应付账款项目实施细节测试，发现一项因内部控制缺陷导致多计30万元的错报，遂要求管理层对该笔错报予以调整，并认可了调整后的应付账款余额。

(2)2024年2月，甲公司因2023年的食品安全事件向主管部门缴纳罚款300万元。管理层在2023年度财务报表中将其确认为营业外支出。A注册会计师检查了处罚文件和付款单据，并认可了管理层的处理。

(3)2024年1月，甲公司的客户丁公司因火灾导致重大损失，经营困难。甲公司管理层因此在2023年度财务报表中补提了200万元的应收账款坏账准备。A注册会计师在对该事项实施细节测试并获取书面声明后，认可了管理层的处理。

(4)甲公司持续经营假设适当，但是存在重大不确定性，管理层未在财务报表中进行披露。A注册会计师认可了管理层的处理。

(5)A注册会计师对甲公司2023年度财务报表发表了无法表示意见，同时在关键审计事项部分提及形成无法表示意见的基础部分。

要求：针对上述第(1)至(5)项，逐项指出A注册会计师的做法是否恰当。如不恰当，简要说明理由。

附 录

上海财经大学会计学专业学位课程考试卷（一）

考试时间　150分钟　　　　　　　　　考试形式　　闭卷
姓　　名＿＿＿＿＿　学　　号＿＿＿＿＿　总　　分＿＿＿＿＿

第一部分：学位基础能力（40分）

一、单选题（本题共40小题，每小题1分，共40分）

1. 会计信息质量要求企业提供的会计信息应当与财务报告使用者的经济决策相关，这有助于财务报告使用者对企业作出评价或预测，这种要求是（　　）。

   A. 可比性要求　　　　　　　　B. 及时性要求
   C. 可靠性要求　　　　　　　　D. 相关性要求

2. 固定资产采用折旧的会计处理方法将固定资产历史成本分摊到各个会计期间，运用的会计基本假设是（　　）。

   A. 会计主体　　　　　　　　　B. 持续经营
   C. 会计分期　　　　　　　　　D. 货币计量

3. 如果月末银行存款日记账余额与银行对账单余额之间出现差额，就必须编制（　　）。

   A. 现金流量表　　　　　　　　B. 银行存款科目余额表
   C. 银行存款余额调节表　　　　D. 银行存款收支明细表

4. 企业为外购存货发生的下列各项支出中，应计入存货成本的是（　　）。

   A. 入库后的仓储费（特殊情况除外）
   B. 运输途中的非正常损耗
   C. 不能抵扣的增值税进项税额
   D. 运输途中因自然灾害发生的损失

5. 企业进行存货清查盘点中盘亏的存货，经查实确认应当由保险公司赔偿的金额，应计入（　　）。

　　A. 主营业务成本　　　　　　　　B. 营业外支出

　　C. 其他应收款　　　　　　　　　D. 管理费用

6. 2024年9月1日，甲公司以银行存款2 400万元购入乙公司发行的股票400万股，占乙公司有表决权股份的1%，其中包含交易费用16万元和已宣告但尚未发放的现金股利24万元，甲公司将其划分为以公允价值计量且其变动计入当期损益的金融资产。若不考虑相关税费等其他因素，则该金融资产入账价值为（　　）万元。

　　A. 2 400　　　　B. 2 360　　　　C. 2 384　　　　D. 2 376

7. 对于分类为以摊余成本计量的金融资产，企业管理该金融资产的业务模式是以（　　）为目标。

　　A. 收取合同现金流量

　　B. 出售该金融资产

　　C. 收取合同现金流量和出售该金融资产

　　D. 以上说法均不正确

8. 下列投资中，不应作为长期股权投资核算的是（　　）。

　　A. 对子公司的投资

　　B. 对联营企业的投资

　　C. 对合营企业的投资

　　D. 在活跃市场中没有报价、公允价值无法可靠计量的、没有重大影响的权益性投资

9. 企业对某项固定资产计提折旧，该项资产原值为120 000元，预计残值为20 000元，使用年限为5年，采用平均年限法，该资产第四年的折旧额为（　　）元。

　　A. 20 000　　　　B. 22 000　　　　C. 40 000　　　　D. 44 000

10. 下列关于企业计提固定资产折旧会计处理的表述中，不正确的是（　　）。

　　A. 对管理部门使用的固定资产计提的折旧应计入管理费用

　　B. 对财务部门使用的固定资产计提的折旧应计入财务费用

　　C. 对生产车间使用的固定资产计提的折旧应计入制造费用

　　D. 对专设销售机构使用的固定资产计提的折旧应计入销售费用

11. 下面关于无形资产特征的描述中，错误的是（　　）。

　　A. 不具有实物形态　　　　　　　B. 成本不能可靠计量

　　C. 具有可辨认性　　　　　　　　D. 属于非货币性资产

12. 下列选项中，不属于企业投资性房地产的是（　　）。

A. 房地产开发企业将作为存货的商品房以经营租赁方式出租

B. 房地产企业拥有并自行经营的饭店

C. 企业开发完成后用于出租的房地产

D. 企业持有并准备增值后转让的土地使用权

13. 下列选项中,属于融资活动中形成的流动负债是(　　)。

A. 应付票据　　　　　　　　B. 短期借款

C. 预收账款　　　　　　　　D. 应交税费

14. 企业折价购入长期债券,是指债券的票面利率(　　)。

A. 高于当时的市场利率　　　B. 低于当时的市场利率

C. 等于当时的市场利率　　　D. 与当时的市场利率无关

15. 下列各项经济业务中,会引起公司所有者权益增减变动的是(　　)。

A. 向投资者分配股票股利

B. 用资本公积转增股本

C. 用盈余公积弥补亏损

D. 向投资者宣告分配现金股利

16. 企业采用支付手续费的方式委托代销商品,委托方确认商品销售收入的时间是(　　)。

A. 双方签订代销协议时　　　B. 委托方发出商品时

C. 委托方收到代销清单时　　D. 委托方收到代销款时

17. 下列各项中,应当计入制造业企业产品成本的是(　　)。

A. 销售费用　　　　　　　　B. 管理费用

C. 财务费用　　　　　　　　D. 制造费用

18. 如果"应付账款"科目所属明细账科目中出现借方余额,编制资产负债表时需将其列示的项目是(　　)。

A. 应收账款　　　　　　　　B. 预付账款

C. 预收账款　　　　　　　　D. 其他应收款

19. 下列项目中,属于筹资活动产生的现金流出的是(　　)。

A. 购买固定资产所支付的现金　　B. 分配股利所支付的现金

C. 购买公司股份所支付的现金　　D. 支付的职工薪酬

20. 资产负债表中资产的排列依据是(　　)。

A. 项目重要性　　　　　　　B. 项目流动性

C. 项目金额大小　　　　　　　　D. 项目收益性

21. 已知纯利率为1%,国库券利率为3%,则以下说法中正确的是(　　)。

A. 可以判断目前存在通货膨胀,但是不能判断通货膨胀补偿率的大小

B. 可以判断目前不存在通货膨胀

C. 可以判断目前存在通货膨胀,且通货膨胀补偿率为2%

D. 无法判断是否存在通货膨胀

22. 某企业向银行借款100万元,年利率为8%,半年复利一次,则该项借款的实际利率是(　　)。

A. 8%　　　　B. 10%　　　　C. 8.16%　　　　D. 9%

23. 反映公司在一定会计期间现金和现金等价物流入和流出的报表是(　　)。

A. 利润表　　　　　　　　　　B. 资产负债表

C. 现金流量表　　　　　　　　D. 现金预算表

24. 在成本性态分析基础上,依据业务量、成本和利润之间的关系,按照预算期内可预见的各种业务量而编制的不同水平的预算,被称为(　　)。

A. 固定预算　　　　　　　　　B. 弹性预算

C. 定期预算　　　　　　　　　D. 滚动预算

25. 按照筹集资本使用期限的长短,可以把公司筹集的资本分为(　　)。

A. 直接资本和间接资本　　　　B. 权益资本和负债资本

C. 内源资本和外源资本　　　　D. 短期资本和长期资本

26. 下列筹资活动中,不会加大财务杠杆作用的是(　　)。

A. 增发普通股　　　　　　　　B. 增发优先股

C. 增发公司债券　　　　　　　D. 增加银行借款

27. 按照基金的组织形式可将证券投资基金分为(　　)。

A. 契约型基金和公司型基金　　B. 封闭式基金和开放式基金

C. 债券基金和股票基金　　　　D. 债券基金和货币市场基金

28. 已知某投资项目按11%的折现率计算的净现值大于零,按13%的折现率计算的净现值小于零,则该项目的内含报酬率肯定(　　)。

A. 小于11%　　　　　　　　　B. 等于12%

C. 大于13%　　　　　　　　　D. 大于11%,小于13%

29. 下列费用中,属于应收账款机会成本的是(　　)。

A. 转换费用　　　　　　　　　B. 坏账损失

C. 收账费用　　　　　　　　　D. 投资于应收账款而丧失的再投资收益

30. 公司以股票形式发放股利,可能带来的结果是(　　)。

A. 公司资产减少　　　　　　　B. 公司负债减少

C. 股东权益内部结构变化　　　D. 股东权益与负债同时变化

31. 如果在审计客户成为公众利益实体之前,该合伙人作为关键审计合伙人为该客户服务了四年或更长时间,那么在取得客户治理层同意的前提下,该合伙人还可以继续服务(　　)年。

A. 1　　　　　B. 2　　　　　C. 3　　　　　D. 4

32. 注册会计师在执行审计业务时,未发现样本中存在明显涂改的错漏等行为,导致注册会计师方面承担责任,这属于注册会计师自身原因中的(　　)。

A. 没有过失　　B. 普通过失　　C. 重大过失　　D. 欺诈

33. 下列各项中,不属于初步业务活动的目的的是(　　)。

A. 具备执行业务所需的独立性和能力

B. 不存在因管理层诚信问题而可能影响注册会计师保持该项业务的意愿的事项

C. 与被审计单位之间不存在对业务约定条款的误解

D. 确定被审计单位财务报表是否具有内部控制制度

34. 下列有关审计证据相关性的说法中,正确的是(　　)。

A. 存货监盘可以证明存货的计价和分摊认定

B. 实地检查固定资产可以证明固定资产的权利和义务认定

C. 函证可以证明应收账款的存在认定

D. 重新计算可以证明固定资产的存在认定

35. 下列有关采用总体方案的说法中,正确的是(　　)。

A. 当评估的财务报表层次重大错报风险为高水平时,拟实施进一步审计程序的总体方案往往更倾向于综合性方案

B. 注册会计师可以采用综合性方案或实质性方案应对重大错报风险

C. 注册会计师应当采用实质性方案应对特别风险

D. 注册会计师应当采用与前期审计一致的审计方案,除非评估的重大错报风险发生重大变化

36. 下列关于应收账款实质性程序的表述中,不正确的是(　　)。

A. 应收账款明细出现贷方余额,应该编制重分类分录,借记应收账款,贷记预收款项

B. 分析应收账款账龄,可以实现其计价与分摊的认定

C. 对应收账款函证,可以实现存在的认定

D. 交易频繁的应收账款的余额为零,不必对其函证

37. 下列关于应付账款函证的说法中,不正确的是(　　)。

A. 应对询证函保持控制,包括确定需要确认或填列的信息、选择适当的被询证者、设计询证函,以及被询证者直接向注册会计师回函的地址等信息,必要时再次向被询证者寄发询证函等

B. 将询证函回函确认的余额与已记录金额相比较,如存在差异,检查支持性文件

C. 对未回函的项目实施替代程序,例如,检查付款单据(如支票存根)、相关的采购单据(如订购单、验收单、发票和合同)或其他适当文件

D. 如果管理层要求不实施函证且要求合理,注册会计师就应视为审计范围受限,并考虑对审计报告可能产生的影响

38. 下列有关存货监盘的说法中,不正确的是(　　)。

A. 如果只有少数项目构成了存货的主要部分,注册会计师就可能选择将存货监盘用作实质性程序

B. 尽管实施存货监盘,获取有关期末存货数量和状况的充分、适当的审计证据是注册会计师的责任,但这并不能取代被审计单位管理层定期盘点存货、合理确定存货的数量和状况的责任

C. 存货监盘的时间应当与被审计单位实施存货盘点的时间相协调

D. 存货监盘程序所得到的证据可以保证被审计单位对存货拥有所有权,但不能对存货的价值提供审计证据

39. 下列关于货币资金审计的说法中,正确的是(　　)。

A. 一般而言,注册会计师必须对其他货币资金实行控制测试

B. 注册会计师在函证银行存款余额时,不必向企业存款账户已结清的银行发函

C. 对存款期限跨越资产负债表日的未质押定期存款,检查开户证实书复印件

D. 若被审计单位库存现金存放部门有两处或两处以上的,则应同时盘点

40. 下列关于管理层声明的表述中,不正确的是(　　)。

A. 如果合理预期不存在其他充分、适当的审计证据,则注册会计师应当就对财务报表具有重大影响的事项向管理层获取书面声明

B. 在特定情况下,管理层声明可以替代能够合理预期获取的其他审计理论证据

C. 如果管理层的某项声明与其他审计证据相矛盾,则注册会计师应当调查这种情

况

D. 管理层声明是指被审计单位管理层向注册会计师提供的关于财务报表的各项陈述

第二部分 学位专业能力（38分）

二、多选题（本题共10小题，每小题2分，共20分）

41. 下列款项中，通过"其他货币资金"科目核算的有（　　）。

   A. 外埠存款　　　　　　　　B. 银行活期存款

   C. 银行本票存款　　　　　　D. 银行汇票存款

   E. 信用卡存款

42. 采用权益法核算时，不会引起长期股权投资账面价值增减变动的事项有（　　）。

   A. 被投资单位实际发放股票股利

   B. 持股比例不变的情况下，被投资单位增加资本公积

   C. 被投资单位股东大会宣告分派股票股利

   D. 实际收到已宣告的现金股利

   E. 期末计提长期股权投资减值准备

43. 下列有关职工薪酬的处理中，正确的有（　　）。

   A. 生产部门人员的职工薪酬，借记"生产成本""制造费用"科目，贷记"应付职工薪酬"科目

   B. 管理部门人员的职工薪酬，借记"管理费用"科目，贷记"应付职工薪酬"科目

   C. 销售人员的职工薪酬，借记"销售费用"科目，贷记"应付职工薪酬"科目

   D. 应由在建工程负担的职工薪酬，借记"在建工程"科目，贷记"应付职工薪酬"科目

   E. 应由研发支出负担的职工薪酬，借记"研发支出"科目，贷记"应付职工薪酬"科目

44. 下列各项中，年度终了需要转入"利润分配——未分配利润"科目的有（　　）。

   A. 本年利润　　　　　　　　B. 利润分配——应付现金股利

   C. 利润分配——盈余公积补亏　D. 利润分配——提取法定盈余公积

   E. 利润分配——提取任意盈余公积

45. 上市公司发放股利产生的影响有（　　）。

   A. 公司发行在外的股票数量增加　B. 公司股东持股结构不变

C. 公司股东持有股数增加　　　　D. 公司股东权益账面总额增加

E. 不会增加企业现金流出量

46. 下列选项中,属于公司短期资本筹集方式的有(　　)。

A. 发行股票　　　　　　　　　B. 商业信用

C. 融资租赁　　　　　　　　　D. 短期借款

E. 留存收益

47. 下列各项中,属于公司发放股票股利优点的有(　　)。

A. 有利于吸引投资者

B. 在一定程度上稳定股票价格

C. 可以降低公司股票的市场价格

D. 可以传递公司未来发展前景良好的信息

E. 有利于公司长期发展

48. 关于注册会计师的下列情形中,不会对保密原则构成不利影响的有(　　)。

A. 未经客户授权的情况下,向行业监管机构报告其发现的客户的偷税行为

B. 注册会计师在终止与客户的关系后,也不能将其获知的客户涉密信息提供给第三方

C. 未经客户授权的情况下,向网络事务所合伙人提供了部分审计工作底稿

D. 在客户授权后向后任注册会计师提供了部分审计工作底稿

E. 在法律法规要求的情况下,为法律诉讼提供审计工作底稿

49. 以下选项中,属于管理层为了降低税负或转移利润而少计或推迟确认收入的舞弊手段的有(　　)。

A. 通过隐瞒退货条款,在发货时全额确认销售收入

B. 对于属于在某一时段内履约的销售交易,通过高估履约进度的方法实现当期多确认收入

C. 被审计单位采用以旧换新的方式销售商品时,以新旧商品的差价确认收入

D. 在客户取得相关商品控制权前确认销售收入

E. 对于应采用总额法确认收入的销售交易,被审计单位采用净额法确认收入

50. 下列各项中,属于财务报表日后非调整事项的有(　　)。

A. 财务报表日后发现了财务报表舞弊或差错

B. 财务报表日后发生巨额亏损

C. 财务报表日后资本公积转增资本

D. 财务报表日后发生企业合并

E. 财务报表日后进一步确定了财务报表日前购入资产的成本或售出资产的收入

三、简答题（本题共 3 小题，每小题 6 分，共 18 分）

51. 什么是预计负债？预计负债的确认条件是什么？

52. 简述目标利润和盈亏临界点的影响因素。

53. 简述注册会计师审计与政府审计的区别。

第三部分：应用与计算分析能力（22 分）

四、应用与计算分析题（共 22 分）

54. B 公司 2024 年 7 月份存货的收、发、存数据资料如下：7 月 1 日结存 500 件，单位成本为 30 元/件；7 月 5 日购入 600 件，单位成本为 32 元/件；7 月 8 日发出存货 700 件；7 月 9 日购入 200 件，单位成本为 35 元/件；7 月 28 日发出存货 500 件。B 公司对存货发出采取先进先出法核算。

要求：请计算 7 月份每次发出存货的成本、发出存货总成本以及 7 月 31 日的存货余额。（列出必要的计算过程）(8 分)

55. 某投资者持有 A、B、C 三种股票购成的投资组合。A、B、C 的 β 系数分别为 0.5、2.0 和 1.0，它们在证券投资组合中所占的比例分别为 40%、30% 和 30%。已知股票市场的平均收益率为 12%，无风险收益率为 4%。

要求：(1)确定该证券组合的风险收益率；(2)如果该投资者为了降低风险，出售部分 C 股票，买进部分 A 股票，使得 A、B、C 三种股票在证券投资组合中所占的比例变为 50%、30% 和 20%，计算此时的风险收益率。（6 分）

56. ABC 会计师事务所的 A 注册会计师担任甲、乙两家被审计单位 2023 年度财务报表审计的项目合伙人，遇到下列事项：

(1)因航班临时取消，A 注册会计师无法在甲公司重要异地仓库的存货盘点日到达现场，遂通过实施替代程序获取了有关该仓库存货存在和状况的审计证据。

(2)甲公司智能产品的部分硬件委托丁公司加工。因丁公司未在年末执行存货盘点，A 注册会计师预期不能通过函证获取有关委托加工物资存在和状况方面的审计证据，要求甲公司对存放在丁公司的存货进行盘点，并计划实施监盘程序。

(3)审计项目组检查了固定资产明细账,实地观察了本期新增固定资产,未发现固定资产存在高估的错报,遂据此认为甲公司与新增固定资产相关的控制运行有效。

(4)乙公司存在一笔5万元的应收账款,管理层以金额不大为由拒绝A注册会计师函证。A注册会计师通过查证销售合同条款、销售通知单、出库单、货物送达对方仓库的签收单,确认该笔应收账款属实。

要求:针对上述第(1)至(3)项,逐项指出A注册会计师的做法是否恰当。如不恰当,简要说明理由。针对上述第(4)项,指出A注册会计师应当发表的审计意见类型,并简要说明理由。(8分)

上海财经大学会计学专业学位课程考试卷（二）

考试时间　150分钟　　　　　　　　　考试形式　　闭卷

姓　　名_____　学　号_____　总　分_____

第一部分：学位基础能力（40分）

一、单选题（本题共40小题，每小题1分，共40分）

1. 下列项目中，符合资产定义的是（　　）。

   A. 毁损的存货　　　　　　　　B. 经营租入的设备

   C. 融资租赁固定资产　　　　　D. 计划购买的专利技术

2. 下列说法中，体现了可比性要求的是（　　）。

   A. 对融资租入的固定资产视同自有固定资产核算

   B. 对有的资产、负债采用公允价值计量

   C. 期末对存货采用成本与可变现净值孰低法计价

   D. 发出存货的计价方法一经确定，不得随意改变，如有变更需在财务报告中说明

3. 下列款项中，不通过"其他货币资金"科目核算的是（　　）。

   A. 银行汇票存款　　　　　　　B. 银行定期存款

   C. 信用证保证金存款　　　　　D. 银行本票存款

4. 对于银行已经入账而企业尚未入账的未达账项，企业应当（　　）。

   A. 根据银行对账单记录的金额入账

   B. 根据银行对账单编制自制凭证入账

   C. 待结算凭证到达后入账

   D. 在编制银行存款余额调节表的同时入账

5. 下列各项中，不应计入存货成本的是（　　）。

   A. 存货加工过程中的制造费用

   B. 存货在生产过程中为达到下一个生产阶段所必需的仓储费用

   C. 为使存货达到可销售状态所发生的符合资本化条件的借款费用

   D. 非正常消耗的直接材料

6. 在备抵法下,已核销的应收账款坏账又收回时,贷记坏账准备科目,借记的科目应是(   )。

   A. 预收账款　　　B. 应收账款　　　C. 资产减值损失　D. 其他应收款

7. 企业购入的在活跃市场中有报价的债券投资,不可能划分为(   )。

   A. 以公允价值计量且其变动计入当期损益的金融资产

   B. 以摊余成本计量的金融资产

   C. 长期股权投资

   D. 以公允价值计量且其变动计入其他综合收益的金融资产

8. 投资企业对于下列企业的股权投资,应当采用成本法进行后续计量的是(   )。

   A. 投资企业对子公司的股权投资

   B. 投资企业对联营企业的股权投资

   C. 投资企业对合营企业的股权投资

   D. 对被投资单位不具有控制、共同控制或重大影响的股权投资

9. 同一控制下形成的企业合并,合并方以转让非现金资产作为合并对价的,应当以(   )作为长期股权投资的初始投资成本。

   A. 非现金资产的账面价值

   B. 非现金资产的公允价值

   C. 在合并日按照取得被合并方所有者权益在最终控制方合并财务报表中的账面价值的份额

   D. 在合并日按照取得被合并方所有者权益在最终控制方合并财务报表中的公允价值的份额

10. 某项固定资产的原值为80 000元,预计净残值为2 000元,预计使用5年,采用双倍余额递减法计提折旧,第2年的折旧额应是(   )元。

    A. 15 600　　　　B. 16 000　　　　C. 18 720　　　　D. 19 200

11. 下列因素中,不会影响固定资产折旧计算的是(   )。

    A. 固定资产原始价值　　　　B. 固定资产预计净残值

    C. 固定资产使用部门　　　　D. 固定资产预计使用年限

12. 下列项目中,能够确认为无形资产的是(   )。

    A. 客户关系

    B. 自创的商誉

    C. 企业内部产生的品牌

D. 通过支付出让金方式取得的土地使用权

13. 下列有关投资性房地产后续计量会计处理的表述中,不正确的是( )。

A. 不同企业可以分别采用成本模式或公允价值模式

B. 满足特定条件时可以采用公允价值模式

C. 同一企业可以分别采用成本模式和公允价值模式

D. 同一企业不得同时采用成本模式和公允价值模式

14. 企业在无形资产研究阶段发生的职工薪酬应计入( )。

A. 无形资产 B. 在建工程

C. 管理费用 D. 长期待摊费用

15. 企业在资产负债表日,按合同利率计提短期借款利息费用时的会计处理为( )。

A. 借记"短期借款"科目,贷记"应付利息"科目

B. 借记"财务费用"科目,贷记"短期借款"科目

C. 借记"财务费用"科目,贷记"应付利息"科目

D. 借记"应付利息"科目,贷记"财务费用"科目

16. 建造固定资产完工并达到预定可使用状态后发生的长期借款利息,应计入( )。

A. 财务费用 B. 管理费用

C. 在建工程 D. 制造费用

17. 下列各项中,能够引起企业所有者权益减少的是( )。

A. 宣告发放现金股利 B. 资本公积转增资本

C. 提取法定盈余公积 D. 盈余公积转增资本

18. 下列各项中,属于利润分配的是( )。

A. 股本溢价 B. 从净利润中提取的法定盈余公积

C. 资本公积转增股本 D. 资产评估增值

19. 下列各项中,应计入管理费用的是( )。

A. 行政管理部门职工工资 B. 广告费

C. 生产车间管理人员的工资 D. 专设销售机构的固定资产修理费

20. 下列各项中,属于企业经营活动产生的现金流量的是( )。

A. 收到的税费返还款 B. 取得借款收到的现金

C. 分配股利支付的现金 D. 取得投资收益收到的现金

21. 公司购买有价证券的活动属于（　　）
    A. 筹资引起的财务活动　　　　　　B. 投资引起的财务活动
    C. 经营引起的财务活动　　　　　　D. 利润分配引起的财务活动

22. 个别证券的 $β$ 系数是反映个别证券收益率与市场平均收益率之间变动关系的一个量化指标。下列关于 $β$ 的说法中，正确的是（　　）。
    A. 如果 $β=1$，则说明该证券的收益率与市场平均收益率无明显关联
    B. 如果 $β<1$，则说明该证券的收益率的变动幅度小于市场组合收益率的变动幅度
    C. 如果 $β>1$，则说明该证券的收益率的变动幅度小于市场组合收益率的变动幅度
    D. 如果 $β<0$，则说明该证券的收益率与市场组合收益率变化方向相同

23. 速动比率反映的是公司财务分析中的（　　）。
    A. 偿债能力　　　　　　　　　　　B. 盈利能力
    C. 营运能力　　　　　　　　　　　D. 发展能力

24. 在其他因素不变的条件下，单位变动成本增加，盈亏临界点销售量将（　　）。
    A. 升高　　　　　　　　　　　　　B. 降低
    C. 不变　　　　　　　　　　　　　D. 不一定变动

25. 某公司债券的资本成本为 8%，相对于该债券的普通股风险溢价为 2%，则根据风险溢价模型计算的留存收益资本成本为（　　）。
    A. 6%　　　　B. 2%　　　　C. 8%　　　　D. 10%

26. 下列各项中，不影响经营杠杆系数的是（　　）。
    A. 销售量　　　　　　　　　　　　B. 销售单价
    C. 利息费用　　　　　　　　　　　D. 固定成本

27. 某零增长型股票，预计未来每股年现金股利为 1.2 元，如果股东要求的收益率为 6%，则该股票的内在价值为（　　）元。
    A. 0.6　　　　B. 1.2　　　　C. 6　　　　D. 20

28. 项目投资中，属于经营期现金流出量的是（　　）。
    A. 外购原材料　　　　　　　　　　B. 固定资产投资
    C. 垫支营运资本的收回　　　　　　D. 与固定资产投资相关的培训费等

29. 公司采用固定或稳定增长股利政策发放股利的意义表现为（　　）。
    A. 增加额外股利　　　　　　　　　B. 增强投资者信心
    C. 提高支付能力　　　　　　　　　D. 实现资本保全

30. 能够使公司当年股利支付水平与公司盈利状况保持同步变化的股利政策类型是

( )。

  A. 固定股利政策   B. 剩余股利政策

  C. 固定股利支付率政策   D. 低正常股利加额外股利政策

31. 会计师事务所在考虑收费可能对独立性产生的不利影响时,下列说法中不正确的是( )。

  A. 如果审计客户长期未支付应付的审计费用,尤其是相当部分的审计费用在出具下一年度审计报告前仍未支付,可能因自身利益产生不利影响

  B. 会计师事务所在向审计客户提供非鉴证服务时,如果非鉴证服务以直接形式取得或有收费,也可能因自身利益产生不利影响

  C. 如果会计师事务所从某一审计客户收取的全部费用占收费总额的比重很大,可能因自身利益或外在压力产生不利影响

  D. 会计师事务所在提供审计服务时,以间接形式取得或有收费,不会对独立性产生不利影响

32. 如果注册会计师在发现可能存在错误和舞弊的迹象时,未能追加必要的审计程序予以证实或排除的,并导致不实报告,人民法院就应当认定( )。

  A. 会计师事务所不承担责任

  B. 会计师事务所承担连带责任

  C. 会计师事务所存在过失,按其过失大小确定其赔偿责任

  D. 注册会计师存在责任,会计师事务所不存在责任

33. 下列关于重要性的说法中,不正确的是( )。

  A. 审计人员在运用重要性原则时,应当考虑错报或漏报的金额和性质

  B. 注册会计师在确定重要性水平时,不需要考虑与具体项目计量相关的固有不确定性

  C. 实际执行的重要性通常为财务报表整体重要性的50%~80%

  D. 在运用审计抽样实施细节测试时,注册会计师可以将可容忍错报的金额设定为等于或低于实际执行的重要性

34. 下列有关审计证据的说法中,正确的是( )。

  A. 审计证据不包括会计师事务所接受与保持客户或业务时实施质量管理程序所获取的信息

  B. 注册会计师无须鉴定作为审计证据的文件记录的真伪

  C. 注册会计师可以考虑获取审计证据的成本与所获取信息的有用性之间的关系

D. 注册会计师仅依靠会计记录也能形成结论

35. 下列关于评估重大错报风险的说法中,不正确的是( )。

A. 评估重大错报风险是风险评估阶段的最后一个步骤

B. 在评估重大错报发生的可能性时,还要考虑控制对风险的抵消和遏制作用

C. 如果识别的风险重大,就会导致财务报表发生重大错报

D. 财务报表层次的重大错报风险很可能源于薄弱的控制环境

36. 注册会计师在检查登记入账的销货业务的真实性时,有效的做法是( )。

A. 从营业收入明细账追查至发运凭证

B. 从发运凭证追查至营业收入明细账

C. 从汇款通知书追查至发运凭证

D. 从发运凭证追查至汇款通知书

37. 采购与付款循环中"发生"认定的关键内部控制程序是( )。

A. 临近会计期末的采购均已记录在正确的会计期间

B. 已填制的验收单均已登记入账

C. 注销凭证以防重复使用

D. 采购的价格和折扣均经适当批准

38. 针对存货监盘中确定适当的监盘地点的说法中,不正确的是( )。

A. 如果被审计单位的存货存放在多个地点,注册会计师就可以要求被审计单位提供一份完整的存货存放地点清单,并考虑其完整性

B. 在获取完整的存货存放地点清单的基础上,注册会计师可以根据不同地点所存放存货的重要性以及对各个地点与存货相关的重大错报风险的评估结果,选择适当的地点进行监盘,并记录选择这些地点的原因

C. 在连续审计中,注册会计师可以考虑在不同期间的审计中变更所选择实施监盘的地点

D. 获取的存货存放地点清单,无须包括第三方代被审计单位保管存货的仓库

39. 在对银行存款进行函证时,以下说法中不正确的是( )。

A. 当函证信息与银行回函结果不符时,注册会计师应当调查不符事项,以确定是否表明存在错报

B. 函证可以用于被审计单位未登记的银行借款

C. 注册会计师在执行审计业务时,以被审计单位的名义向有关单位发函询证

D. 注册会计师应向被审计单位在本年存过款的所有银行发函,但不包括被审计单

位存款账户已结清的银行

40. 下列关于强调事项段的说法中,不正确的是(   )。

A. 强调事项段是指审计报告中提及已在财务报表中恰当列报或披露的事项的段落

B. 增加强调事项段的事项对财务报表使用者理解财务报表至关重要

C. 增加强调事项段的事项未被确定为在审计报告中沟通的关键审计事项

D. 增加强调事项段的事项会导致注册会计师发表非无保留意见

第二部分:学位专业能力(38分)

二、多选题(本题共 10 小题,每小题 2 分,共 20 分)

41. 下列各项中,通常表明存货的可变现净值为零的有(   )。

A. 该存货的市场价格持续下跌,且在可预见的未来无回升的希望

B. 已经霉烂变质的存货

C. 已过期且无转让价值的存货

D. 因产品更新换代,原有库存原材料已不适应新产品的需要

E. 企业使用该项原材料生产产品的成本大于产品的销售价格

42. 下列各项中,属于或有事项的有(   )。

A. 未决诉讼   B. 债务担保

C. 亏损合同   D. 产品质量保证

E. 环境污染整治

43. 下列关于留存收益的说法中,正确的有(   )。

A. 留存收益包括盈余公积和未分配利润两部分

B. 在提取法定公积金之前,应当先用当年利润弥补亏损

C. 弥补亏损后的净利润,先提取法定盈余公积,再提取任意盈余公积

D. 企业以当年实现的利润弥补以前年度亏损时,不需要进行专门的会计处理

E. 企业发生的亏损经过五年期间未弥补足额的,尚未弥补的亏损应用所得税后的利润弥补

44. 收入的特征有(   )。

A. 收入是在企业日常活动中形成的

B. 收入会导致所有者权益增加

C. 收入是与所有者投入资本有关的经济利益的流入

D. 收入是与所有者投入资本无关的经济利益的流入

E. 收入的金额能够可靠计量

45. 下列财务比率中,可以反映公司盈利能力的有(　　)。

A. 产权比率　　　　　　　　B. 流动比率

C. 速动比率　　　　　　　　D. 销售净利率

E. 净资产收益率

46. 下列各项中,属于变动成本的有(　　)。

A. 生产线人员的计件工资　　B. 按直线法计提的机器设备折旧费

C. 按产量法计提的机器设备折旧费　　D. 厂房租金

E. 职工培训费

47. 下列各项中,属于净现值指标缺点的有(　　)。

A. 不能直接反映投资项目的实际收益率水平

B. 当各项目投资额不等时,仅用净现值无法确定独立投资方案的优劣

C. 现金净流量的确定和折现率的确定有一定难度

D. 没有考虑投资的风险性

E. 没有考虑回收期以后的现金流

48. 下列各项中,属于财务报表层次重大错报风险的有(　　)。

A. 管理层缺乏胜任能力的缺陷

B. 对管理层的诚信产生严重疑虑

C. 被审计单位大额应收账款可收回性具有高度不确定性

D. 被审计单位所处行业陷入严重衰退

E. 被审计单位存货的可变现净值具有高度不确定性

49. 下列关于应收账款函证的说法中,恰当的有(　　)。

A. 应当对应收账款实施函证,除非有充分证据表明应收账款对财务报表不重要,或函证很可能无效

B. 如果认为函证很可能无效,则应当实施替代程序,获取相关、可靠的审计证据

C. 通常以财务报表批准日为截止日,在财务报表批准日后适当时间内实施函证

D. 如果不对应收账款进行函证,则应当在审计工作底稿中说明理由

E. 审计实务中通常对应收账款采用积极的函证方式

50. 注册会计师在实施存货监盘程序时,下列做法中不正确的有(　　)。

A. 将难以盘点或隐蔽性较强的存货纳入检查范围

B. 从存货盘点记录中选取项目追查至存货实物,以测试盘点记录的完整性

C. 事先就拟抽取测试的存货项目与被审计单位沟通,以提高存货监盘的效率

D. 即使观察程序表明被审计单位组织管理得当,盘点、监督以及复核程序充分有效,也不得减少所需检查的存货项目

E. 对未纳入盘点范围的存货,注册会计师应当查明未纳入的原因

三、简答题（本题共 3 小题,每小题 6 分,共 18 分）

51. 如何依据重要性原则判断项目在财务报表中是单独列报还是合并列报？

52. 简述长期借款、发行债券和融资租赁筹集资本的异同点。

53. 简述注册会计师应当出具保留意见的情形。

第三部分：应用与计算分析能力（22 分）

四、应用与计算分析题（共 22 分）

54. 2023 年至 2024 年甲公司发生的与 A 专有技术相关的交易或事项如下：

(1)资料一：2023 年 9 月 1 日,甲公司开始自主研发用于生产产品的 A 专有技术。2023 年 9 月 1 日至 2023 年 12 月 31 日为研究阶段,在此期间,耗用原材料 20 万元,应付研发人员薪酬 30 万元,计提研发专用设备折旧 50 万元。

(2)资料二：2024 年 1 月 1 日,A 专有技术研发活动进入开发阶段,截至 2024 年 6 月 30 日,耗用原材料 30 万元,应付研发人员薪酬 40 万元,计提研发专用设备折旧 100 万元,以银行存款支付其他费用 70 万元。上述研发支出均满足资本化条件。2024 年 7 月 1 日,A 专有技术研发完成达到预定用途,并用于生产产品。

本题不考虑相关税费及其他因素。

要求：("研发支出"科目应写出必要的明细科目)

(1)分别编制甲公司 2023 年发生和结转研发支出的相关会计分录。

(2)分别编制甲公司 2024 年发生研发支出、研发完成并达到预定用途的会计分录。(8 分)

55. 某公司流通在外的普通股为 2 000 万股,本年实现净利润为 4 000 万元。公司的经营杠杆系数为 5,财务杠杆系数为 2。假设明年的销售收入增加 5%。

要求：

(1)计算公司的复合杠杆系数；

(2)计算公司本年的每股收益；

(3)计算公司明年每股收益变动率及每股收益。(6分)

56.ABC会计师事务所的A注册会计师担任甲、丙两家被审计单位2023年度财务报表审计的项目合伙人，遇到下列事项：

(1)A注册会计师在期中审计时针对甲公司2023年1月至9月与采购相关的内部控制实施测试，发现存在控制缺陷，因此，未测试2023年10月至12月的相关控制，并通过细节测试获取了与2023年度采购交易相关的审计证据。

(2)A注册会计师在对甲公司2023年度的职工薪酬实施实质性分析程序时，获取了人事部门提供的员工人数和平均薪酬数据，在评价了这些数据的可靠性后作出预期，其预期值与已记录金额之间的差异低于可接受差异额，并对结果表示满意。

(3)甲公司2023年固定资产采购45%的业务量发生在上半年，55%的业务量发生在下半年，审计项目组全部从下半年固定资产采购中选取样本实施控制测试。

(4)A注册会计师对丙公司进行审计业务时，丙公司内部控制极度混乱，会计记录缺乏系统性和完整性。

要求：针对上述第(1)至(3)项，逐项指出A注册会计师的做法是否恰当。如不恰当，简要说明理由。针对上述第(4)项，指出A注册会计师应当发表的审计意见类型，并简要说明理由。(8分)

上海财经大学会计学专业学位课程考试卷（三）

考试时间　150分钟　　　　　　　　　　考试形式　　闭卷

姓　　名_____　学　　号_____　　总　　分_____

第一部分：学位基础能力（40分）

一、单选题（本题共40小题，每小题1分，共40分）

1. 下列各项中，体现实质重于形式会计信息质量要求的是（　　）。
   A. 将自然灾害报废固定资产产生的净损失计入营业外支出
   B. 对不存在标的资产的亏损合同确认预计负债
   C. 有确凿证据表明商品售后回购属于融资交易，不确认商品销售收入
   D. 对无形资产计提减值准备

2. 在进行现金清查时，发现现金长款，原因待查，编制会计分录时应贷记的科目是"（　　）"。
   A. 库存现金　　　　　　　　B. 其他应付款
   C. 管理费用　　　　　　　　D. 待处理财产损溢

3. 通过"应收票据"科目核算的票据是（　　）。
   A. 商业汇票　　　　　　　　B. 银行汇票
   C. 银行本票　　　　　　　　D. 支票

4. 按照新企业会计准则，下面各项中不能作为发出存货成本的计量方法的是（　　）。
   A. 移动加权平均法　　　　　B. 月末一次加权平均法
   C. 先进先出法　　　　　　　D. 后进先出法

5. 下列各项中，应当计入存货成本的是（　　）。
   A. 季节性停工损失　　　　　B. 超定额的废品损失
   C. 新产品研发人员的薪酬　　D. 采购材料入库后的储存费用

6. 甲公司在2024年7月1日从公开市场上购入当日发行的5年期债券。甲公司管理该债券的业务模式是以收取合同现金流量为目标，则甲公司购入债券时应将该债券分

类为( )。

A. 以公允价值计量且其变动计入其他综合收益的金融资产

B. 指定为以公允价值计量且其变动计入其他综合收益的非交易性权益工具投资

C. 以公允价值计量且其变动计入当期损益的金融资产

D. 以摊余成本计量的金融资产

7. 下列各项中,不是企业对被投资企业拥有实质控制权判断标准的是( )。

A. 投资企业在董事会或类似机构会议上有 1/3 以上的席位

B. 依据章程和协议,企业控制被投资企业的财务和经营决策

C. 投资企业有权任免被投资企业董事会等类似权力机构的多数成员

D. 投资企业拥有被投资企业 50% 以上表决权资本的控制权

8. 长期股权投资采用权益法核算时,下列各项中不会引起长期股权投资账面价值增减变动的是( )。

A. 被投资方实现净利润　　　B. 被投资方发生净亏损

C. 被投资方计提盈余公积　　D. 被投资方宣告发放现金股利

9. 非同一控制下形成的企业合并,合并方以转让非现金资产作为合并对价的,应当以( )作为长期股权投资的初始投资成本。

A. 非现金资产的账面价值

B. 非现金资产的公允价值

C. 在合并日按照取得被合并方所有者权益在最终控制方合并财务报表中的账面价值的份额

D. 在合并日按照取得被合并方所有者权益在最终控制方合并财务报表中的公允价值的份额

10. 下列固定资产中,应计提折旧的是( )。

A. 更新改造过程中停止使用的固定资产(符合固定资产确认条件)

B. 按规定单独计价作为固定资产入账的土地

C. 未交付使用但已达到预定可使用状态的固定资产

D. 未提足折旧提前报废的固定资产

11. 下列关于无形资产会计处理的表述中,不正确的是( )。

A. 预期不能为企业带来经济利益的无形资产的账面价值应转销转入营业外支出

B. 计提的无形资产减值准备在该资产价值恢复时应予转回

C. 以支付土地出让金方式取得的自用土地使用权应单独确认为无形资产

D. 无形资产的摊销方法至少应于每年年度终了进行复核

12. 房地产开发企业将作为存货的商品房转换为采用公允价值模式进行后续计量的投资性房地产时,转换日商品房公允价值大于账面价值的差额应当计入( )。

    A. 其他综合收益   B. 投资收益

    C. 营业外收入   D. 公允价值变动损益

13. 下列项目中,不属于职工薪酬的是( )。

    A. 职工工资   B. 职工福利费

    C. 医疗保险费   D. 职工出差报销的火车票

14. 下列有关应付票据处理的表述中,不正确的是( )。

    A. 企业开出商业承兑汇票时,按其票面金额贷记"应付票据"

    B. 不带息应付票据到期支付时,按票面金额结转

    C. 企业支付的银行承兑手续费,计入当期财务费用

    D. 企业到期无力支付的银行承兑汇票,应按票面金额转入应付账款

15. 关于应付债券,下列说法中正确的是( )。

    A. 应按摊余成本和实际利率计算确定应付债券的利息费用

    B. 应按摊余成本和合同约定的名义利率计算确定利息费用

    C. 企业发行债券所发生的交易费用,计入财务费用或在建工程

    D. 企业发行一般公司债券所发生的交易费用,增加应付债券初始确认金额

16. 下列各项中,应通过"资本公积"科目核算的有( )。

    A. 发行股票取得的股本溢价   B. 转销确实无法偿还的应付账款

    C. 出售无形资产利得   D. 企业接受捐赠

17. 股份有限公司采用收购本企业股票方式减资的,应按实际支付的金额,在贷记"银行存款"科目的同时,应借记的科目是( )。

    A. 股本   B. 库存股

    C. 资本公积   D. 盈余公积

18. 依据收入准则,下列对于合同存在形式的说法中,错误的是( )。

    A. 只能是书面形式合同   B. 口头形式合同

    C. 其他形式合同   D. 书面形式合同

19. 下列各项中,不影响营业利润的是( )。

    A. 营业外支出   B. 投资收益

    C. 资产减值损失   D. 财务费用

20. 下列业务产生的现金流量中,属于"筹资活动产生的现金流量"的是( )。

A. 收到的现金股利　　　　　　B. 投资所支付的现金

C. 支付的货款　　　　　　　　D. 偿还债务所支付的现金

21. 假定目前市场上的短期国库券利率为4.5%,通货膨胀补偿率为2%,则无通货膨胀和无风险情况下的社会平均利润率为( )。

A. 5.5%　　　B. 2%　　　C. 4.5%　　　D. 2.5%

22. 下列关于递延年金的表述中,正确的是( )。

A. 从第一期开始,在一定时期内每期期末等额收付的系列款项

B. 从第一期开始,在一定时期内每期期初等额收付的系列款项

C. 从第一期开始,无限期每期期末等额收付的系列款项

D. 从第二期开始,在一定时期内每期期末等额收付的系列款项

23. 目前甲企业的速动比率为1.5,假设此时企业赊购一批材料,则企业的速动比率将会( )。

A. 降低　　　B. 提高　　　C. 不变　　　D. 不能确定

24. 下列选项中,不属于日常业务预算内容的是( )。

A. 生产预算　　B. 制造费用预算　　C. 预计利润表　　D. 销售预算

25. 以下选项中,不属于直接吸收投资优点的是( )。

A. 增强公司信誉　　　　　　　B. 快速形成生产能力

C. 降低财务风险　　　　　　　D. 资本成本低

26. 有关财务杠杆系数,下列表述中正确的是( )。

A. 财务杠杆系数与公司负债正相关

B. 财务杠杆系数与公司净资产正相关

C. 财务杠杆系数与公司财务风险负相关

D. 财务杠杆系数与公司固定资产负相关

27. 下列选项中,属于债券投资优点的是( )。

A. 投资收益高　　　　　　　　B. 购买力风险小

C. 本金安全性高　　　　　　　D. 拥有公司控制权

28. 计算下列投资决策评价指标时,受折现率影响的是( )。

A. 静态回收期　　　　　　　　B. 净现值

C. 内含报酬率　　　　　　　　D. 会计平均收益率

29. 在不考虑保险储备的前提下,计算存货再订货点需考虑的因素是( )。

A. 缺货成本 B. 储存成本
C. 平均库存量 D. 存货每日需求量

30. 股票分割带来的影响是(　　)。

A. 增加股东权益总额 B. 改变股东权益构成
C. 增加股东持股数量 D. 改变股东持股比例

31. 下列有关职业道德基本原则的说法中,正确的是(　　)。

A. 如果注册会计师终止了与工作单位的关系,则不存在保密问题

B. 注册会计师对拟承接的客户向其披露的涉密信息,不存在保密义务

C. 专业胜任能力要求注册会计师在执业过程中保持职业谨慎

D. 注册会计师不得推介客户的产品、股份或其他利益

32. 下列各项中,不属于会计师事务所制定的项目质量控制复核政策和程序应当包括的要求的是(　　)。

A. 对符合适当标准的所有业务实施项目质量控制复核

B. 规定适当的标准,据此评价上市公司财务报表审计以外的历史财务信息审计和审阅、其他鉴证业务及相关服务业务,以确定是否应当实施项目质量控制复核

C. 对所有上市公司财务报表审计实施项目质量控制复核

D. 在某项业务或某类业务中已识别的异常情况或风险实施项目质量控制复核

33. 在对财务报表进行分析后,确定资产负债表的重要性水平为 300 万元,利润表的重要性水平为 150 万元,则注册会计师应确定的财务报表层次重要性水平是(　　)万元。

A. 150　　　　B. 225　　　　C. 300　　　　D. 450

34. 下列关于审计工作底稿归档期限的说法中,正确的是(　　)。

A. 注册会计师应当自财务报表批准日起 45 天内将审计工作底稿归档

B. 如果注册会计师未能完成审计业务,则应当自审计业务中止后的 30 天内将审计工作底稿归档

C. 如果注册会计师未能完成审计业务,则应当自审计业务中止后的 60 天内将审计工作底稿归档

D. 如对同一财务信息出具两份日期较近的审计报告,则注册会计师应当在较早的审计报告日后 60 天内将审计工作底稿归档

35. 下列有关经营风险与重大错报风险的说法中,不正确的是(　　)。

A. 注册会计师有责任识别或评估对财务报表没有重大影响的经营风险

B. 多数经营风险最终都会产生财务后果,从而影响财务报表

C. 注册会计师了解被审计单位的经营风险有助于其识别财务报表重大错报风险

D. 并非所有的经营风险都与财务报表相关

36. 在确定"登记入账的销售交易是真实的"目标时,下列各项中不属于注册会计师关心的可能性错误的是(　　)。

A. 未曾发货却已将销售交易登记入账

B. 销售交易的重复入账

C. 向虚构的客户发货,并作为销售交易登记入账

D. 乱摊成本而导致的销售成本高估

37. 下列实质性程序中,与查找未入账应付账款无关的是(　　)。

A. 检查资产负债表日后现金支出的主要凭证

B. 检查资产负债表日后应付账款明细账贷方发生额的相应凭证

C. 以应付账款明细账为起点,选取异常项目追查至相关验收单、供应商发票以及订购单等原始凭证

D. 针对资产负债表日后偿付的应付账款,追查至银行对账单、银行付款单据和其他原始凭证,检查在资产负债表日前是否应计入应付账款

38. 下列关于存货的实质性程序的说法中,正确的是(　　)。

A. 注册会计师在对期末存货进行截止测试时,通常应当关注所有在截止日期以前入库的存货项目是否均已包括在盘点范围内,并已反映在截止日以前的会计记录中

B. 从存货实物中选取项目追查至盘点记录,以获取有关盘点记录准确性的认定

C. 如果由于不可预见的交易情况无法在存货盘点现场实施监盘,则注册会计师可以不监盘

D. 广义地看,存货成本审计与存货计价测试是两项内容

39. 在对甲公司2023年度财务报表进行审计时,A注册会计师负责审计货币资金项目。2024年1月15日,A注册会计师对甲公司全部现金进行监盘后,确认实有现金数额为2 500元。2024年1月1日至1月15日,甲公司的现金收入总额为17 000元、现金支出总额为18 500元,则推断2023年12月31日库存现金余额应为(　　)元。

A. 3 000　　　　B. 3 500　　　　C. 4 000　　　　D. 4 500

40. 下列关于关键审计事项的决策框架的说法中,不正确的是(　　)。

A. 从"与治理层沟通的事项"中选出"在执行审计工作时重点关注过的事项"

B. 以"与治理层沟通的事项"为起点选择关键审计事项

C. 从"与治理层沟通的事项"中选出"最为重要的事项"

D. 从"在执行审计工作时重点关注过的事项"中选出"最为重要的事项"

第二部分：学位专业能力（38分）

二、多选题（本题共10小题，每小题2分，共20分）

41. 下列选项中，一般可作为固定资产入账价值的有（　　）。

    A. 买价　　　　　　　　　　B. 运杂费

    C. 增值税　　　　　　　　　D. 安装成本

    E. 进口关税

42. 下列各项资产中，无论是否存在减值迹象，每年年末均应进行减值测试的有（　　）。

    A. 使用寿命不确定的无形资产

    B. 企业合并形成的商誉

    C. 满足资本化条件但尚未达到预定用途的研发支出

    D. 采用公允价值模式后续计量的投资性房地产

    E. 采用成本价值模式后续计量的投资性房地产

43. 借款费用包括（　　）。

    A. 借款利息　　　　　　　　B. 辅助费用

    C. 现金股利　　　　　　　　D. 发行债券折价或者溢价的摊销

    E. 因外币借款而发生的汇兑差额

44. 下列各项中，应填列在资产负债表中的"存货"项目的有（　　）。

    A. 原材料　　　　　　　　　B. 库存商品

    C. 发出商品　　　　　　　　D. 工程物资

    E. 委托加工物资

45. 假定某股票的 β 系数为0.6，无风险利率为5%，同期市场上所有股票的平均收益率为8%，根据资本资产定价模型，下列说法中正确的有（　　）。

    A. 该股票的风险收益率为3%　　　B. 该股票的风险收益率为4%

    C. 该股票的要求收益率为8%　　　D. 该股票的要求收益率为10%

E. 该股票的市场风险溢价为3%

46. 下列选项中,属于优先股股东权利的有(　　)。

    A. 优先分配利润　　　　　　B. 优先分配剩余财产

    C. 经营参与权　　　　　　　D. 剩余财产要求权

    E. 认股优先权

47. 估计项目现金流量需要考虑的因素有(　　)。

    A. 机会成本　　　　　　　　B. 沉没成本

    C. 设备安装成本　　　　　　D. 垫支的营运资本

    E. 固定资产变价收入

48. 下列有关影响进一步审计程序范围的说法中,正确的有(　　)。

    A. 如果实际执行的重要性水平越高,则越可以缩小进一步审计程序的范围

    B. 如果评估的认定层次重大错报风险越高,则越应当扩大进一步审计程序的范围

    C. 如果拟从控制测试中获取更低的保证程度,则应当扩大控制测试的范围

    D. 如果拟从控制测试中获取更高的保证程度,则应当扩大控制测试的范围

    E. 只有当审计程序本身与特定风险相关时,扩大审计程序的范围才是有效的

49. 函证被审计单位的应付账款时,注册会计师的以下做法中正确的有(　　)。

    A. 某账户在资产负债表日账户余额较小,但为被审计单位重要供应商,注册会计师决定不对其函证

    B. 注册会计师对未回函的项目实施替代程序

    C. 注册会计师不需要对函证的过程保持控制

    D. 某账户在资产负债表日账户余额为零,但为被审计单位重要供应商,注册会计师决定不对其函证

    E. 如果认为回函不可靠,评价对评估的重大错报风险以及其他审计程序的性质、时间安排和范围的影响

50. 注册会计师对被审计单位的采购业务进行年底截止测试的方法可采用(　　)。

    A. 实地观察期末存货和固定资产状况

    B. 比较验收单上的日期与采购明细账中的日期

    C. 比较购货发票上的日期与采购明细账中的日期

    D. 了解年末存货盘亏调整和损失处理

    E. 检查付款应付账款长期挂账的原因并作出记录

三、简答题（本题共 3 小题，每小题 6 分，共 18 分）

51. 简述会计信息质量的可靠性要求。

52. 简述财务杠杆的含义并说明其如何反映财务风险。

53. 简述鉴证业务三方关系人及其关系。

第三部分：应用与计算分析能力（22 分）

四、应用与计算分析题（22 分）

54. C 公司于 2023 年 1 月 1 日购买了 A 股票，实际买价为 120 万元，并将 A 股票划分为交易性金融资产。2023 年 6 月 30 日，A 股票的公允价值为 150 万元。2023 年 12 月 31 日，A 股票的公允价值为 70 万元。C 公司于 2024 年 4 月 2 日将 A 股票全部出售，出售价格为 180 万元。

要求：编制 2023 年 1 月 1 日、2023 年 6 月 30 日、2023 年 12 月 31 日以及 2024 年 4 月 2 日的相关会计分录。（不考虑任何交易税费，金额单位用"万元"表示）(8 分)

55. 某公司发行面值为 1 000 元的债券，票面利率为 7%，期限 8 年，每年年末付息一次。当前市场利率为 10%。

要求：

(1) 计算每张债券每年支付的利息额；

(2) 计算债券的内在价值；

(3) 若债券的发行价格为 925 元，判断可否对该债券进行投资？（6 分）

56. ABC 会计师事务所的 A 注册会计师担任甲、戊两家被审计单位 2023 年度财务报表审计的项目合伙人，遇到下列事项：

(1) 在制订存货监盘计划时，A 注册会计师从甲公司信息系统中导出存货存放地点清单，与管理层存货盘点计划中的信息进行了核对，从中选取了拟执行存货监盘的地点。

(2) A 注册会计师拟委托境外网络所的 B 注册会计师对甲公司境外仓库的存货执行现场监盘，并通过视频直播观察监盘过程。

(3) 为顺利监盘库存现金，A 注册会计师在监盘前一天已通知甲公司会计主管人员做好监盘准备。

(4) 戊公司 2023 年度利润表列示了盈利 10 万元，A 注册会计师查证发现其存在少记存货跌价准备 18 万元,但管理层以错报较小为理由拒不调整。

要求:针对上述第(1)至(3)项,逐项指出 A 注册会计师的做法是否恰当。如不恰当,简要说明理由。针对上述第(4)项,逐项指出 A 注册会计师应当发表的审计意见类型,并简要说明理由。(8分)